성찬의 위로

Taler ved Altergang om Fredagen[01]
Christelige Taler

af

S. KIERKEGAARD

Kjøbenhavn

Forlagt af Universitetsboghandler C.A. Reitzel

Trykt hos Kgl. Hofbogtrykker Bianco Luno

1848

Christian
Discourses
Vol. IV

성찬의
위로

쇠얀 키르케고르 지음
윤덕영·이창우 옮김

카리스
아카데미

성찬의 위로

2022년 3월 14일 초판 1쇄 발행
2022년 6월 20일 2쇄 발행

지은이 | 쇠얀 키르케고르
옮긴이 | 윤덕영, 이창우

발행인 | 이창우
기획편집 | 이창우
표지 디자인 | 이형민
본문 디자인 | 이창우
교정·교열 | 나원규, 지혜령

펴낸곳 | 도서출판 카리스 아카데미
주소 | 세종시 대평로 56 515동 1902호
전화 | 대표 (044)868-3551
편집부 | 010-4436-1404
팩스 | (044)868-3551
이메일 | truththeway@naver.com

출판등록 | 2019년 12월 31일 제 569-2019-000052호

책값은 뒤표지에 있습니다.
ISBN 979-11-971751-2-1(세트)
ISBN 979-11-971751-9-0

참고자료를 보며 책 읽기

이 책을 읽을 때, 가능하면 각 챕터 뒤에 있는 참고자료를 보며 읽기를 추천드립니다. 강화를 이해하는 데 많은 도움이 될 것입니다. 관련 성경구절뿐 아니라 일기 및 기타 관련 자료를 실었습니다. 성경구절은 책을 이해하기 위한 핵심 열쇠입니다.

키르케고르에 대해 더 많은 공부를 원하는 독자들을 위해 부족한 자료나마 티스토리와 유튜브를 운영 중에 있습니다. 더 많은 공부를 원한다면, 아래 주소를 방문해 주기 바랍니다.

티스토리: https://truththeway.tistory.com/

이 책을 밀어주신 분들

이 책은 후원자분들이 없었다면, 세상에 빛을 보지 못할 책이었습니다. 출판 프로젝트에 동참해주신 여러분들께 진심으로 감사드립니다.

김대원	김두현	김영준	류광호
권진룡	김미란	김온유	릴리네이션
강신우	김민구	김원	마은희
강원명	김민수	김정민	맹채린
강지혁	김범서	김종걸	믿음향기
곽용주	김병순	김종국	박강국
구정모	김보람	김종순	박관수
권소재	김상혁	김진태	박광현
권순영	김석환	김찬영	박기완
권순화	김성찬	김현수	박길홍
김경태	김성훈	김현희	박서연
김경환	김세영	김형규	박석환
김기원	김슬기	김환규	박선화
김동석	김영무	나상국	박성욱
김동영	김영조	노경희	박순애

박영	여환옥	이승기	정천성
박정환	염덕균	이영섭	정현기
박창균	오세준	이용우	조영수
박태진	오택현	이재원	지건일
박하종	오희준	이종수	최정성
박호진	우동윤	이종혁	최희규
박희은	우인진	이준우	추세랑
반상규	우지훈	이지혜	한상민
반율리	원순일	이춘성	홍순명
배상수	유진우	이해민	황혜정
배용하	윤덕영	이현경	Jameson Ryan Lee
배인수	윤선영	임길수	
배진성	윤요담	임양래	
서성규	윤정태	임진수	
성윤모	이경미	임한식	
신두철	이병두	장동수	
신영선	이보형	장민석	
신재철	이상은	장은아	
신태성	이상준	장종수	
신현관	이상진	전경옥	
신현태	이성대	전명성	
양선영	이수창	정기광	
어린양	이슬기	정석원	

Contents

역자 해제 _15

Chapter 1
누가복음 22장 15절   _41

Chapter 2
마태복음 11장 28절   _81

Chapter 3
요한복음 10장 27절   _99

Chapter 4
고린도전서 11장 23절   _127

Chapter 5
디모데후서 2장 12-13절 _155

Chapter 6
요한일서 3장 20절 _179

Chapter 7
누가복음 24장 51절 _205

부록
위기와 여배우의 삶에서의 한 위기 _223

역자 해제 _275

대장 스키피오 역의 피스터 _295

역자 해제 _334

|일러두기|

번역대본으로는 Søren Kierkegaard, Christian Discourses, tr. Howard V. Hong and Edna H. Hong, Princeton: Princeton University Press, 1997을 번역하면서, 덴마크의 키르케고르 연구소에서 제공하는 덴마크어 원문과 주석을 참고하였다. 부언한다면, 만연체의 문장을 단문으로 바꾸었고, 분명하지 않은 지시대명사를 구체적으로 표현했고, 독자들의 이해를 돕기 위해 문장을 추가한 곳도 있다. 가능하면 쉬운 어휘를 선택했다는 점을 밝힌다. 중요 단어는 영어와 덴마크어를 병기하여 의미를 명확히 하고자 했다.

성경구절의 인용은 한글 개역개정판 성경을 사용하였고, 가능하면 성경의 어휘를 사용하여 원문을 번역하였다.

추천의 글

대부분의 목사는 성경의 가르침을 바로 전달하고 있는지 점검합니다. 키르케고르의 글은 홍수가 나서 마실 물이 없는 곳에 오염되지 않은 샘과 같습니다. 「성찬의 위로」는 성찬의 의미가 무엇인지 깊이 생각하게 합니다. 성찬식은 단순히 종교 행위가 아니라 살아계신 예수님을 기억하는 시간입니다. 성찬식에서 예수님께서 십자가에 달리신 죽음의 의미를 기억하는 사람은 죄 용서 받았으니 부담없이 죄를 짓는 것이 아니라 거룩하게 살려고 몸부림을 치는 사람이라는 키르케고르의 가르침이 가슴을 울립니다. 성찬의 참 의미를 이해하고 삶 속에서 적용하기 원하는 사람들에게 이 책 권합니다.

이영호 목사_부천침례교회 담임목사

오늘날 철학자들은 물론하고 성서학자들도 관심두지 않는 이 많은 성경에 대한 키르케고르의 저작들을 오래전부터 외롭게 천착해온 한국의 학자가 있습니다. 그는 제가 사랑하고 아끼는 이창우 목사입니다.

이 목사는, 덴마크어를 배우고, 영어와 덴마크어로 키르케고르를 독해하고 나서 번역하고, 이를 온라인에 게시하고, 종국에는 종이책으로 출판하는 지난한 작업을 수행하고 있습니다. 그는 또한 각 책마다 해제를 달고 있습니다. 그는 이 모든 작업을 지금까지 10년 넘게 혼자서 합니다.

독자제위께서는 이러한 몇 가지 배경을 염두에 두고 본 번역서를 읽는다면 하나님의 말씀에 대한 이해가 깊어지는 동시에 그리스도의 제자로서의 자신의 믿음을 점검해보는데 지대한 감동을 받으실 것으로 확신하여 일독만 아니라 숙독을 권합니다.

장동수 교수_한국침례신학대학교 신약학 교수

「성찬의 위로」는 7개의 장으로 구성되었다. 1장 누가복음 22:15는 제자들과 유월절 음식을 먹자는 말씀이다. 마지막 식사를 하자는 말씀이다. 이 마지막 식사가 예수의 죽음을 의미하는 성찬이 되었다.

2장 마태복음 11:28은 잘 알고 있는 무거운 짐진 자들을 쉬게 하시겠다는 말씀이다. 이 말씀이 성찬과 어떤 상관성이 있는가? 무거운 짐은 우리의 죄책과 죄의식이다. 회개함으로 용서를 받고 속죄가 이루어짐을 통해 쉼을 얻게 되는 것이다. 이 일을 위해 내게로 오라는 초대는 구원자만이 하실 수 있다. 성찬은 주님의 초대에 응하여 죄의식의 짐을 지고 주님 앞으로 나가는 일이다. 그리고 은밀히 죄책을 고백함으로 영혼의 쉼을 얻게 되는 일이다. 여기에서는 성찬이라는 초대에 응하는 사람의 자세가 강조된다.

3장 요한복음 10:27은 양은 그분의 음성을 들으며 그분은 양을 아신다는 말씀이다. 성찬대에서 주님의 종을 통해 주시는 말씀을 통해 그분의 음성을 듣지 못한다면 그 성찬은 헛될 수 있다. 그분의 음성을 듣지 못한다면 그분도 나를 모를 것이고 나는 그분께 속한 사람이 아닌 것이다. 성찬에 참여하여 떡과 포도주를 받았을 지라도 그분이 나를 모르면 내가 받은 성찬은 무의미하게 된다. 여기에서는 그분의 음성을 듣는 일과 그분이 나를 아시는 일이 강조된다.

4장 고린도전서 11:23은 성찬식때 많이 사용되는 말씀이다. 이 부분에는 키르케고르의 역설적 표현이 많이 나온다. '그분은 왕으로 대환영을 받지만 조롱을 받는다.' '자색옷을 입었으나 모욕으로 입게 된다.' '사람들이 그분을 왕으로 선포하려고 했을 때 도망치셨다.' '그분을 체포하러 왔을 때 파수병을 만나러 가셨다.' '유다의 배신의 입맞춤을 거절하지 않으셨다.' 키르케고르는 인류가 그분을 십자가에 못 박았지만, 결과적으로 우리는 현재 사건에서의 공범이라고 지적한다. 그러나 인류가 속죄자를 십자가에 못 박았기 때문에 현재 속죄자가 더욱 필요하다는 점을 말한다. 궁극적으로 우리는 배신했지만 그분은 화해의 성찬을 제정하셨다. 따라서 우리는 화해의 성찬에 참여해야 한다.

5장 디모데후서 2:12-13에는 '부인'과 '성실'이라는 용어가 나온다. 우리가 주를 부인하면 주도 우리를 부인하실 것이다. 우리가 성실하지 않더라도 주는 항상 성실하신 분이다. 우리의 불성실함을 성찬대 앞에서 고백함으로 짐을 내려놓고 주의 성실하심으로 위로함을 받아 영혼의 쉼을 찾으라고 말한다. 그것이 성찬이 주는 의미이다.

6장 요한일서 3:20에는 우리가 마음에 가책을 받는 일과 하나님의 크신 마음이 언급된다. 우리가 스스로를 고발할 때 하나님의 긍휼이 나타난다. 그때 하나님의 크심이 믿는 자에게 존재하게 되는데 이 표적이 성찬식이다.

7장 누가복음 24:51은 승천에 관한 말씀이다. 그분은 하늘로 올라가실 때 축복하며 떠나셨다. 축복은 우리의 기도에 대한 하나님의 동의이다. 기도는 경건한 일이고, 하나님의 집에 가는 것도 경건한 일이다. 더욱 경건한 것은 성찬식에 참여하는 일이다. 성찬식에 참여함으로 주님을 만나게 된다. 성찬대 앞에서 우리의 죄와 죄책에 대한 속죄가 이루어진다. 그것이 주님의 축복이다. 성찬 자체가 복이 되는 것이다.

이와 같은 글은 성찬의 중요성을 깨닫게 해주고, 진지한 마음으로 성찬에 참여하게 해준다. 성찬을 통해 주님을 만나고 용서와 속죄의 기쁨을 갖는 복된 사람들이 되어야 한다. 성찬은 이렇게 우리에게 위로를 준다. 이것이 키르케고르가 오늘 우리에게 전하는 메시지이다. 이 귀한 책을 번역한 이창우 목사님의 노고에 감사하며 일독을 권한다.

조은식 교수_키르케고르 학회 회장•숭실대 교수

역자
해제

약속과 실천의 변증법 「성찬의 위로」

1. 간략 소개

「성찬의 위로」는 1848년에 출간된 《기독교 강화》의 4부에 실린 '금요일 성찬식 때의 강화'를 번역한 것입니다. 덴마크어 원제목은 'Taler ved Altergang om Fredagen'입니다. 이번에 네 번째 책을 번역하여 출판하는 것으로 《기독교 강화》 전체 시리즈가 완결된 것입니다. 1부 「이방인의 염려」, 2부 「고난의 기쁨」, 3부 「기독교의 공격」으로 출판되었습니다. 4부 「성찬의 위로」에는 1848년에 저술했던 가명의 작품도 함께 포함되어 있습니다. 가명의 작품을 단행본으로 출간하기에 어려운 점이 있어,「성찬의 위로」에 포함시킨 것입니다. 가명의 작품은 독해하기에 더 어렵습니다. 이 책에 포함된 가명의 작품으로는 저자 인터 엣 인터$^{\text{inter et inter}}$가 저술한「위기 및 여배우의 삶에서의 한 위기$^{\text{The Crisis And a Crisis in The Life of an Actress}}$」와 프로쿨^{Proculo}이 저술한「스키피오 대장 역의 피스터$^{\text{Phister as Captain Scipio}}$」가 있습니다. 가명의 작품 역시 중요한 의미를 다루고 있으나 내용은 어렵습니다. 향후, 가명의 작품을 다룰 수 있는 강좌를 열어 도움을 드릴 계획입니다.

2. 기독교 강화

《기독교 강화》 전체를 한 마디로 요약하자면, 기독교적 변증법의 실천입니다. 변증법에 대해 잘 모르시는 독자들을 위해 간단하게 소개하자면, 일단 변증법은 변증학과는 아무런 관련이 없습니다. 기독교 변증학은 기독교를 변호하거나 증명하기 위한 학문입니다. 하지만 변증법은 철학분야의 한 영역으로 고대 그리스에서는 문답법으로 통했고, 엘레아 학파나 소크라테스도 이 대화

법을 사용하였습니다. 한 마디로, 변증법은 정명제와 반대명제를 사용하여 이들 간의 모순을 해결함으로써 합명제에 도달하도록 돕는 대화의 방법입니다.

이런 모순을 원리적 관점에서 더 적극적으로 포착한 사람은 헤겔이었습니다. 너무 방대한 이론이기에 여기에서 다 설명드릴 수는 없으나, 핵심은, 헤겔의 변증법과 키르케고르의 변증법이 근본적으로 다르다는 것입니다. 헤겔에게서의 변증법은 '인정투쟁'이 중요한 역할을 합니다. 그가 설명했던 주인과 노예의 변증법에서도, 인정받고 싶은 욕구는 다른 동물에게는 발견되지 않는 인간만의 특질로서, 변증법의 운동을 가능케 하는 핵심 요소입니다. 하지만 키르케고르에게 있어, 그리스도인은 인정받기 위한 투쟁을 하지 않습니다. 따라서 역자인 제가 평가하기에, 키르케고르의 변증법이라 함은, 헤겔의 역방향으로의 변증법이라 생각합니다. 이런 키르케고르의 변증법은 헤겔 좌파라 불리는 마르크스의 유물론 입장에서의 변증법과도 또 다릅니다.

《기독교 강화》 전체를 볼 때, 이런 변증법적인 면을 고려할 필요가 있습니다. 예를 들어, 「이방인의 염려」에서는 새와 백합이 등장합니다. 가난한 새와 가난한 그리스도인을 비교해 봅시다. 누가 더 가난할까요? 가난한 새는 구하지 않아도 하나님께서 다 먹이십니다. 일용할 양식으로 말입니다. 하지만 가난한 그리스도인은 일용할 양식을 위해 기도해야 하고 구해야 합니다.

정 입장에서 생각해 보면, 가난한 그리스도인이 새보다 더 가난합니다. 새는 구하지 않아도 하나님께서 먹이시지만, 그리스도인은 주기도문의 한 구절처럼 "오늘날 우리에게 일용할 양식을 주시옵고"라고 기도함으로 일용할 양식을 구해야 하기 때문입니다. 키르케고르는 이런 정(正) 입장에서의 사유가 이방인들의 생각이라고 말합니다. 하지만 반(反) 입장에서 생각하면 어떨까요? 이 똑같은 상황 하에서 반 입장에서는 새가 더 가난합니다. 가난한 새는 '공짜'로 일용할 양식을 받습니다. 이것은 하나님께서 새에게 베푼 선물과 같습니다. 하지만 가난한 새는 하나님께 감사할 줄 모릅니다. 한 마디로 말해, 배은망덕하다는 겁니다. 그러나 가난한 그리스도인은 일용할 양식에 대해 감사함으로써 준 자를 잊지 않습니다. 그렇다면, 은인을 잊고 사는 배은망덕한 새와 은인을 기억하는 가난한 그리스도인 중에서 누가 더 가난한 걸까요? 반 입장에서는 이런 점에서는 새가 더 가난하다는 겁니다. 이 관점에 대해 여러분들의 의견은 어떠하신지 여쭙고 싶군요.

키르케고르는 여기에서 다시 정과 반의 의견을 종합하여 설명하기 위해 이방인을 끌어들입니다. 이런 관점에서 정말로 가난한 자는, 가난한 새도 가난한 그리스도인도 아닌 부한 이방인 이라는 것입니다. 어째서 그럴까요? 준 자를 기억하는 삶, 날마다 감사를 실천하는 가난한 그리스도인의 삶의 관점에서 생각해 봅시다.

아무리 적은 것이라도, 겨우 빵 한 조각이라도, 사랑하는 사람이 준 것이라면 얼마나 소중합니까? 가난한 그리스도인은 일용할 양식을 먹을 정도로 가난하지만, 이 양식을 공급해 주신 분께서 사랑으로 공급한다는 것을 믿고, 날마다 주님께 감사하는 삶을 잊지 않습니다. 다시 말해, 날마다 은인을 감사로 기억합니다. 하지만 새는 이런 감사를 모릅니다. 따라서 이런 관점에서 보자면, 새는 가난한 그리스도인에 비해 한없이 가난합니다.

이방인은 어떨까요? 이방인은 평생 먹을 것을 한 방에 받습니다. 그는 지상에서 부자로 삽니다. 이렇게 부자로 사는 삶이 마치 자신의 노력과 자신의 능력으로 이룬 것인 양 한껏 거드름을 피우며 목에 힘이 잔뜩 들어 있습니다. 그는 주신 분을, 은인을, 망각합니다. 가난한 새보다 더욱 배은망덕한 자입니다. 그때 그가 아무리 부자라 하더라도 그 재물을 허락하신 하나님을 망각한다면, 그는 얼마나 무한히 가난한 자인지요!

바로 이것이 키르케고르의 「이방인의 염려」 1장 처음부터 나타나 있는 변증법적 요소들을 간략히 말씀드리고자 한 시도입니다. 이런 식으로 그는 자신의 작품에 전부 변증법적인 요소를 갖고 있습니다. 본문을 그냥 읽기만 하더라도 나름대로의 의미를 얻을 수 있겠으나, 이렇듯 정명제와 반대명제를 제시하고 기독교적 관점에서의 종합에 이르는 기독교적 실천을 제시했다는 점에서, 키르케고르의 《기독교 강화》를 통해 큰 의미를 발견하실 수 있을 거라 생각합니다.

3. 각 작품들간의 관계

역자로서 제가 볼 때, 「성찬의 위로」는 《기독교 강화》 총 4부의 강화 중에서 가장 중요한 강화라고 생각합니다. 또한, 《기독교 강화》는 기독교 실존을 구성하고 있는 '약속과 책임의 긴장'을 탐구하는 데 관심이 많습니다. 이 약속과 실천의 변증법이 바로 「성찬의 위로」입니다. 1부 「이방인의 염려」와 3부 「기독교의 공격」은 기독교의 이상을 표현하고 있으며, 그 당시 그리스도인들이 이런 기독교적 이상에서 얼마나 멀어졌는지를 폭로합니다. 이 기독교적 이상은 더욱 예리해집니다.

1부 「이방인의 염려」는 이방인이 가지는 염려와 괴로움을 그리스도인이 지닌 기쁨과 대조합니다. 그 당시의 덴마크는 기독교 국가였습니다. 그렇다면 이 국가에서 절대 발견되지 말아야 하는 것은 이방인의 염려이어야만 한다고 키르케고르는 주장합니다. 그럼에도 불구하고 이런 염려들이 발견된다는 점에서 덴마크는 실제로 이교도의 국가라고 주장합니다. 키르케고르는 기독교 세계 안의 덴마크인들이 도리어 기독교 밖의 이방인보다 더 못하다고 말합니다. 이방인은 타락한 인류에 속하는 반면, 그리스도인인 덴마크 사람들은 한 번 높여진 후에 다시 한 번 타락하여 이전보다 더욱 비천해졌다는 것입니다.[02] 3부 「기독교의 공격」은 논쟁적이고 비판적인 책입니다. 키르케고르가 그 당시 덴마크 국교회와

어떤 갈등을 빚고 있었는지에 대한 흔적을 엿볼 수 있습니다.[03]

2부와 4부는 우리가 기독교적 이상대로 사는 데 실패했을지라도, 이런 인류에게 베풀어 주신 '하나님의 은혜'에 집중하고 있습니다. 바로 죄의 용서입니다. 이 용서 역시 변증법적인 면을 포함하고 있습니다. 왜냐하면 하나님의 은혜로운 선물인 죄 용서야말로, 인간으로 하여금 기독교적 이상을 실천할 수 있도록 하는 원동력이 되기 때문입니다. 이런 점에서 2부와 4부 각 강화는, 1부와 3부 각 강화가 비난하고 있는 요소와는 상대적 측면을 구성하고 있습니다. 강화 2부는 1부에 대한 은혜의 답변이며, 4부는 강화 3부에 대한 답변이라 볼 수 있습니다. 1부와 2부, 3부와 4부가 각각 짝을 이루고 있음을 의미합니다. 다시 말해, 1부와 2부, 3부와 4부가 각각 변증법적 대화법으로 묶여 있습니다.

조금 긴 이야기가 될 수도 있으나, 「성찬의 위로」와 관련한 은혜의 변증법을 생각해 보겠습니다. 죄를 지은 자는 반드시 처벌을 받아야 합니다. 그러나 수많은 죄를 짓고도 처벌을 받기는커녕, 용서를 약속받았던 대로 용서받은 것이지요. 아무리 많은 죄를 지었더라도, 하나님의 놀라우신 사랑은 이토록 허다한 죄들을 언제나 용서하십니다. 일곱 번을 일흔 번까지도 용서해 주셨습니다.[04] 이것을 정 입장에서 생각해 보면, 이런 무조건적인 용서는 마치 죄를 더 짓도록 '방관'하는 것처럼 보입니다. 쉽게 말해 "아무리 죄를 많이 지어도 다 용서받는다고? 그럼 막 살아도 되겠네!"라는 식의 해석을 할 수도 있는 것이지요.

다시 말해, 정 입장에서는, 기독교가 말하는 죄의 용서는 세상의 죄를 감소시키는 것이 아니라, 죄를 더욱 증가시킬 것처럼 보입니다. 죄의 용서를 믿는 자들은 더욱 많은 죄를 짓고도, 교회에 와서 죄 용서를 선포하는 '복음'을 만나게 될 것이고, 죄를 용서받고 또 구원받겠지요. 바로 이것이 기독교 밖에 서 있는 이방인의 생각입니다. 하지만 이와 같은 현상을 정 반대로 해석할 수도 있습니다.

누군가 나로 인해 온갖 핍박과 조롱을 다 당하다가, 결국 나의 죄로 인해 죽었으나, 그런 그가 나의 모든 죄를 용서했다고 생각해 보십시오. 그런데 그런 그가 나에게 이 사건을 잊지 말고 기억해 달라는 유언을 남기고 죽었습니다. 나중에 알게 된 사실인데, 그랬던 그가 사실은 왕이었다는 겁니다. 그런 고귀한 사람이, 나의 죄 때문에 비천한 자가 되었고 모진 고통을 당하다가 죽었으며, 죽기 직전에 나에게 이 삶을 잊지 말고 기억해 달라는 유언 하나를 남기고 죽은 것입니다. 그럼 이 사실을 믿는 자에게, "아무리 크고 많은 죄를 지어도 다 용서받는다고? 그럼 막 살아도 되겠네!"라는 생각이 과연 들까요?

더 심층적으로 이해하기 위해, '기억'에 대해 이야기를 나눠 보겠습니다. 그렇다면 도대체 누가 누구를 '기억'하는 겁니까? 예를 들어, 왕이 작은 마을의 한 가난한 농부를 만났다고 가정한다면, 이 때 누가 누구를 기억해야 할까요? 일반적인 생각에, 가난한 농부가 왕께 부탁했을 겁니다.

"왕이시여, 제발 저를 좀 기억해 주십시오!"

그러나 복음은 달리 말합니다. 왕이신 분께서 도리어, 죽기 전에 나를 좀 기억해 달라고 부탁하십니다. 그것도 죄인에게 말입니다. 이 죄인 때문에 대신 죽게 되었음에도 불구하고 그는 자신을 죽음으로 몰아간 죄인에게 나를 좀 기억해 달라고, 나의 희생이 어떤 의미를 갖는지 잊지 말아 달라고 간곡히 부탁하고 죽습니다. 이게 말이 된다고 생각하시는지요?

주님은 왕보다 더 높으신 분으로, 하나님의 독생자였습니다. 그런 그분께서 나의 죄로 인해 모진 고통을 당하다가 죽으셨고 또 자신이 용서받았다고 믿는 자에게, 이런 사실을 날마다 기억하려 애쓰는 자에게, 주님은 모든 죄를 용서하시는 분이니 나는 인생을 함부로 살아도 되겠다는 식의 생각이 싹틀 수 있을까요? 키르케고르는 그럴 수 없다고 말합니다. 그가 「성찬의 위로」에서 전달하려는 내용의 일부를 소개한 것입니다.

따라서 동일한 용서의 현상을 반 입장에서 생각해 보면, 나의 죄를 용서하신 분이 어떤 분인지를 내가 항상 기억할 때, 인생을 함부로 살 수 없다는 것입니다. 오히려 이 은혜가 삶의 무거운 책임을 내게 지운다는 결론에 이를 수 있는 것이지요. 따라서 은혜가 죄를 더하는 것이 아니라, 은혜가 죄를 감소시킨다 말해야 합니다. 은혜가 삶을 함부로 살 수 없도록, 두렵고 떨리는 책임 앞으로 이끈다는 것입니다.

정리하자면 이렇습니다. 정 입장에서 생각해 보면, 은혜는 죄를 날마다 증가시킨다고 생각하는 반면, 반 입장에서의 은혜는 날마다 죄를 감소시킵니다. 그래서 역자는 「성찬의 위로」를 약속과 실천의 변증법이라 말한 것입니다. 이런 대립적인 사유가 키르케고르의 강화에 담겨 있습니다. 따라서 글을 읽다 보면 머리가 어지럽습니다. 책이 나에게 무엇을 말하려고 하는지를 알아보기 위해 고민하지 않고 그냥 읽으면서 앞으로 넘어가기만 한다면, 글에서 아무런 중요한 맥락도 파악하지 못하고 읽다가 덮어버리기가 쉽습니다. 결국 책을 통해 키르케고르가 우리에게 말해주고자 했던 중요한 의미는 파악하지 못한 채, 말만 많고 골치 아프게 하는 이상한 책으로 간주하게 되는 것입니다.

「성찬의 위로」의 중요성을 설명하기 위해, 한 번 더 실존철학의 관점에서 말씀드리고자 합니다. 실존철학이 강조하는 점은 삶의 책임이라고 역자는 생각합니다. 사람이 자신의 인생을 책임지지 않으려 하면, 인생을 가볍게 살게 됩니다. 다른 사람을 이용해서 돈을 벌거나, 보험사기 등과 같은 범죄에 빠져 인생의 쉬운 길을 선택하게 됩니다. 한 마디로, 굉장히 '싼 티'나는 삶을 삽니다. 하지만, 정도(正道)로 가려는 누구에게나 삶은 어렵습니다. 인생이 그렇게 호락호락하지 않습니다. 그런데 어떻게 이런 호락호락하지 않은 인생을 '정면대응'할 수 있을까요?

키르케고르가 인생에게 주는 해답이 바로 이 「성찬의 위로」에 들어 있습니다. 오직 주님의 은혜를 몸에 새긴 자만이, 그가 '성찬대'를 떠나더라도 '성찬대'가 그를 따라다니는 삶을 살게 됩니다. 키르케고르는 성찬에 대한 조직신학적인 의미에는 아무런 관심이 없습니다. 아니 오히려, 조직신학적인 의미가 성찬의 의미를 파괴할 뿐입니다. 키르케고르가 조직신학적인 성찬의 의미, 예를 들어, 화채설이니 공재설이니, 또는 기념 상징설이니 하는 이런 주제들을 몰랐을 리가 없습니다. 그런데 이런 논의는 한 마디도 하지 않습니다. 왜냐하면, 이런 의미가 오히려, 우리가 성찬의 진정한 의미를 숙고하는 것을 방해하기 때문입니다.

키르케고르는 「성찬의 위로」 강화 중 3장을 통해, 우리가 성찬을 마치고 성찬대를 떠날지라도 성찬대에 여전히 남아 있는 것이 우리의 과업이라고 말합니다. 성찬대를 떠나면 당연히 성찬대와 멀어지는 것인데, 어떻게 우리가 여전히 성찬대에 남을 수 있는 것일까요? 이 설명 역시 변증법적입니다. 하지만 더 이상 변증법에 대해서는 설명하지 않겠습니다. 그럼에도 불구하고, 강화를 보면서 스스로 이런 질문을 하지 않고 그냥 넘어가면 글을 읽다가 결국 글 안에서 길을 잃고 말 뿐입니다.

이 부분은 키르케고르가 성찬의 본질에 대해 말하고 있는 곳입니다. 성찬이 가능한 이유는 주님께서 '계시기' 때문입니다. 다시 말해, 주님이 계신 곳에 제단이 있다는 것입니다. 우리는 보통 성찬대가 있는 곳은 교회 '건물'이라고 생각합니다. 하지만, 성찬이 가능한 이유가 주님이 계시기 때문이고, 주님께서 우리와 동행하는 어디든, 성찬대가 우리를 따라다닌다고 말해야 한다는 것입니다. 바로 이것이 키르케고르가 "우리가 성찬대를 떠날지라도, 성찬대에 남는 것이 우리의 과업"이라고 말한 이유입니다.

실존철학적 관점에서 설명하자면, 이것이야말로 날마다 그분을 기억하는 삶이고, 자신의 인생에 스스로 책임을 지는 삶인 것입니다. 그분의 삶을 생각하고, 그 삶을 몸으로 새기는 것을 의미하는 것입니다. 성서적 의미에서 말하자면, '날마다의 예배'라 말할 수 있을 것입니다.

"그러므로 형제들아 내가 하나님의 모든 자비하심으로 너희를 권하노니 너희 몸을 하나님이 기뻐하시는 거룩한 산 제물로 드리라. 이는 너희가 드릴 영적 예배니라."(롬 12:1)

따라서 이것은 용서의 약속과 삶의 실천의 문제입니다. 성찬대는 이러한 삶의 시작에 불과합니다. 우리가 성찬대를 떠나더라도 날마다 성찬대가 우리를 따라다니는 삶은 그 다음입니다. 그래서 제가 초반에, 이것을 존재론적 관점에서 보자면 겨우 시작에 불과하다고 말씀드린 이유입니다. 그리스도인에게 있어, 각자의 삶의 책임은 바로 성찬대에서 시작하고, 성찬대가 우리를 따라다니도록 하는 과업으로 끝납니다. 키르케고르의 설명대로라면, 이것이 바로 예수 그리스도의 날이고, 이 날은 그분께서 완성하실 것입니다.

이 짧은 해제에 모든 것을 다 담지는 못했습니다. 하

지만, 이쯤에서 결론을 짓고자 합니다. 「이방인의 염려」는 삶의 기본적인 문제를 다루었습니다. 그 중에서 특별히 1장에서, '진정한 삶이란 은인을 위해 존재하는 것'이란 결론에 도달했습니다. 「이방인의 염려」에서는 이 은인이 어떤 은인인지 명확하게 드러내지는 않았습니다. 그러나 「성찬의 위로」에서는 이 은인이 어떤 은인인지, 어떻게 살다가 가신 분인지 명확하게 말하고 있습니다. 또한 도대체 이 은인의 어떤 점을 우리가 매일 기억해야 하는지를 분명히 밝힌다는 점에서 이 책의 진정한 의미가 있습니다. 이 의미가 밝히 드러날 때, 이것을 믿는 자가, 인생의 책임과 결단의 실천이라는 진정한 실존 앞에 바로 설 수 있습니다. 바로 은인의 도움으로 말입니다. 이것이 약속과 책임의 변증법입니다. 제가 쓰는 이 글은 여기에서 끝을 맺지만, 독자들께 있어서는, 각 사람마다 귀한 열매를 맺을 수 있는 또 하나의 새로운 시작이 되기를 주님의 이름으로 축복합니다.

서문[05]

이 강화들 중에서 두 강화(2장과 3장)는 성모교회 Frue Church에서 전한 것입니다. 그러나 이 강화는 본질적인 것이 부족하기 때문에 설교라 부르지 않습니다. 지적인 독자는 이 강화를 듣지 않아도, 그 형태와 방법에서 이 두 강화가 "전한 강화"라는 것을 쉽게 알 수 있을 것입니다. 이 강화는 전하기 위해 쓰였거나 전한 대로 쓰인 것입니다.

1848년 2월
S. K.

참고자료

01 제 4부에 대한 헌정은 다음 자료를 참고하라.

원고에서;
이 책을 주교 뮌스터(Mynster)에게 바친다.

-JP V 6068 (Pap. VIII2 B 116) n.d., 1847-48

원고에서;
금요일 강화의 서문.
추가: "세 개의 각주"에서 각주 3에 사용된 것.

-Pap. VIII2 B 117 n.d., 1847-48

Pap. VIII2 B 117에 추가:

St. D., DM., a.o.
주교 뮌스터 각하에게,

깊이 존경하여 이 작은 책을 바칩니다.

-JP V 6069 (Pap. VIII2 B 118) n.d., 1847-48

11월 20일

현대 시대의 기저에 있는 근본적인 착란(derangement)(이 착란은 논리학, 형이상학, 교리학과 전체 현대인의 삶까지 확장되고 있다.)은

실제로 이것에 있다: 하나님과 인간 사이의 차이에서 질적으로 갈라진 깊은 심연이 제거되었다는 것. 이것 때문에(논리학과 형이상학에서 나온) 교리학에 이교도에서는 절대 알지 못했던 깊은 신성모독이 존재한다.(왜냐하면 그것은 하나님에 대한 신성모독이 무엇인지 알았으나 정확히 우리 시대에, 이런 신중심의 시대에, 이것을 망각하였기 때문이다.) 윤리학에서도 이런 뻔뻔한 무관심이 존재한다. 혹은 더 정확하게, 결코 윤리가 존재하지 않는다.

이 착란은 온갖 방법으로 생겨났고, 수많은 형태를 갖고 있으나 주요하게 다음과 같다. 군중이 왕을 위협했던 것처럼, 대중이 국가의 상담자들과 입안자들(authors)을 위협했던 것처럼, 그 세대는 궁극적으로 하나님을 위협하기 원할 것이다. 그분을 굴복하도록 억압할 것이고, 그분 앞에서 자만해질 것이다. 뻔뻔스럽게도 그들의 숫자로 반항할 것이다.

따라서 현대시대에, 오늘날 우리가 갖고 있는 것은 실제로 의심이 아니다. 그것은 불순종(insubordination)이다. 종교를 앞으로 가져와 봐야 아무런 소용이 없다. 그런 장치를 갖추는 것은 불가능하다. 왜냐하면 이미 그 땅이 늪이거나 수렁이기 때문이다. "물론, 우리 모두는 구원받을 것이다."등은 대략 이런 후렴구이다. 이것이 이럴 경우, 종교의 위로에 대한 이 모든 것이 무엇을 의미하겠는가!

반역자뿐 아니라 밀수업자가 밀거래하는 이 변경에서, 나는 보잘것없는 사무원으로 나의 자리를 할당받았다. 나는 이 자리에서 무슨 수를 써서라도, 교활함으로, 힘으로라도(즉, 영적 힘이다.) 모든 착각을 빼앗을 것이다. 하나님을 향한 이런 뻔뻔함에 토대를 두고 있는 거만한 망상을 포획할 것이다. 이런 뻔뻔함은 일찍이 유대교나 이교도에서도 유래가 없던 것이다. 이것은 거대한 사기이고, 하나님-사람의 교리를 저하시키는 것이다. 내가 이런 일을 감당함에 대한 보상으로, 나는 물론 사람들로부터 모든 고난을 겪을 준비를 해야 한다. 그렇게도 많은 소피스트들이 지속해서 강화시켰던 이 모든 과장된 망상을 찢어 버리는 것을 그들이 동의할 수 없을 테니까.

내가 겸손해지고, 으스러지고, 완전히 소멸되어(annihilated), 누구나 나로부터 혹은 나를 통해서 열정적으로 배우려 했던 것만큼 나 스스로 심오하게 배워야 했다. 즉, 인간은 하나님 앞에서 무(nothing)이다.

이것이 내가 가르쳐야 했던 것이다. 직접적으로가 아니라 간접적으로. 그렇게 할 수 있기 위해, 나는 계속해서 하나님의 학교에 가야 한다. 필요할 때, 그분께서 나의 있는 모습 그대로를 이해시키기 위해서, 그분 앞에서 사람이란 무엇인지 이해시키기 위해서, 시작점에서 다시 나를 시작하게 하실 것이다.

나의 과업은 진리를 섬기는 것이다. 이 과업의 본질적인 형태는 순종(obedience)이다. 어떤 새로운 것도 소개되지 말아야 한다. 그러나 옛것 말고는 아무것도 없지만, 옛것은 다시 새것이 될 수 있도록 어디에서든 스프링은 다시 수리될 것이다. 인간적으로 말해, 내가 사는 한, 나는 괴로움 외에 아무 것도 갖지 못한 것이고, 배은망덕을 수확할 것이다. 그러나 내가 죽은 후에도, 나의 일은 누구 못지않게 오래 지속될 것이다. 내가 사는 한, 나는 인정받을 수 없다. 왜냐하면 단지 몇 명만이 나를 이해할 수 있다. 사람들이 나를 인정하기 시작하면, 새로운 속임수(mystification)로 그런 일이 일어나지 않도록 나는 최선의 노력을 다할 것이다.

내가 관심을 갖고 있었던 유일한 동시대인이 있다면, 그는 뮌스터(Mynster)이다. 하지만 뮌스터는 사무실을 유지하고 관리하는 일만 관심이 있다. 이것이 진리라고 생각하면서 말이다. 그는 자신의 눈 아래에 고난이 있음에도, 진리에 대해 아무 것도 신경 쓰지 않는다. 단지 진리가 통치해야 하고 통치할 것이라고 이해할 뿐이다. 진리가 고난당해야 하고, 고난당할 것이라는 것은 그의 이해 밖에 있다. -JP V 6075(Pap. VIII1 A 414) November 20, 1847

뮌스터의 관점에 의하면, 기독교는 승마술이 말과 관계하는 것과 같은 방식으로 일반 사람들과 관계한다. 훈련받는 말과 훈련받지 않는 말과의 관계처럼, 기독교는 그 본질을 빼앗는 문제가 아니라 개선시키는 문제다. 다시 말해, 기독교는 문화다. 그리스도인이 된다는 것은 대략 일반적인 사람이 가장 행복한 순간에 최고가 되는 것을 바랄 수 있는 것이다. 즉, 그 자체로 균형 있고, 조화로운 완전성과 자신 속에 완전하게 준비된 기량(virtuosity)을 갖추는 것이다. 그러나 이런 이야기는 구원의 해산하는 고통과 같은 이 모든 고통, 육체가 십자가에 못 박히는 것을 요구하셨던 분, 세상에서 고난당해야 했던 분인 구세주(Redeemer)로부터 10만 마일이나 떨어져 있다. 왜냐하면 이런 상황에서, 사실 하나님과 사람 사이에 무한한 차이, 질적 차이가 존재하고, 기독교의 공포가 바로 이 축복이기 때문이다. 즉, 하나님이 선생이 되기 원하고, 학생은 그분을 닮기 원하는 것.

하나님이 선생이 된다면, 그때 가르침은 배우는 자(사람)를 붕괴시킴으로 시작해야 한다. 질(quality)을 위해서, 다른 방식으로는 불가능하다. 선생으로서 하나님에 대해 말하고, 그때 그 가르침이 순수하게 인간적인 개발 프로그램이 되게 하는 것은 아무런 소용이 없다.

온갖 방법을 동원해서 뮌스터는 이런 기독교의 혼란과 문화의 발명가가 된다. 그러나 다른 의미에서, 그는 기이하게 섬긴 것이고 확실히 그의 옛날과는 다른 인상으로 입증했던 것이다. 기독교와 세계 사이에 어떤 충돌도 없어야 한다면, 전투의 훈장을 달지 말아야 한다면, 그런 류의 평화가 있어야 한다면, 뮌스터와 같은 모습을 갖추는 것은 아주 훌륭한 것이다. 그는 가장 어려운 문제를 풀었다. 토론 중에 "국가 교회"의 개념을 불러내는 논쟁이 시작된다면, 뮌스터의 입장은 의심스럽다. 국가 교회의 개념이 받아들여지면, 뮌스터는 주인이다. 사람을 심판할 때, 심판하는 모든 전제를 제거하는 것은 인정사정없는 잔혹한 잘못임을 언제나 기억해야만 할 것이다.

우리가 뮌스터 주교에게 찬사를 보내자. 나는 뮌스터를 제외한 누구도, 살아 있는 누구도 존경하지 않는다. 나의 아버지를 기억하는 것은 언제나 나에게 기쁨이다. 그의 입장은 그를 공격했던 누구보다도 더 명확하게, 내가 이 반칙(irregularity)을 알아차리는 것이다. 그러나 내가 말해야 하는 본질은 그에게 아무런 영향을 주지 않고 그것을 말할 수 있어야 하는 것이다. 그가 스스로 실수하지만 않는다면.

그의 삶에 피할 수 없는 모순(ambivalence)이 있다. 왜냐하면 "국가 교회"가 모순이기 때문이다. 그러나 지금은 국교회(established order)에 일깨우는 전체 요소를 그의 공헌으로 돌릴 수 있다. 그때 그는 다시 한 번 높게 설 것이다. 그가 실수한다면, 고결한 명성으로 앉아 있기보다, 그의 홀(scepter)를 붙잡기보다, 부관(second lieutenant)이 의사결정 하도록 한다면, 그는 전투를 시작해야 한다고 믿는 실수를 범할 것이고, 그때 누구도 결과를 보증할 수 없다. 나의 군대는 그가 필요로 하는 증강병력이다. 그가 실수한다면, 그는 나의 예비 군대를 상실할 뿐 아니라(그것은 별로 중요치 않다.), 자신의 지위를 상실하게 될 것이다. -JP V 6076 (Pap. VIII1 A 415) n.d., 1847.

그러나 금요일 강화를 뮌스터에게 바칠 수 없다. 마음속에 나의 아버지를 품고 내가 이 일을 하고 싶다. 이것은 일반적인 헌사가 아니었다. 그러나 일종의 시기를 맞춘 바로 그 순간에, 적어도 나의 노력에도, 가장 엄숙한 방식에서도 여기에 없다면, 그에게 이것을 바치는 것은 내가 바랐던 바이다. 다시 그에 대한 존경을 집중시키는 것이다. 그러나 이것을 행할 수는 없다. 내가 명예와 존경을 즐겼는지, 조롱과 핍박받으려 했는지에 관하여, 나의 인생여정은 의심스럽다. 내가 나의 작품을 어떤 살이 있는 사람에게 바치기에는 너무 의심스럽다. 게다가, 우리 사이에는 너무나 의미심장한 차이가 존재한다. 또한 그런 헌사는 이런 저런 유한한 상황에서 나의 명분을 그릇되게 뒤엉키게 할 수 있다.-Pap. VIII1 A 438 n.d., 1847

02 「이방인의 염려」, 38쪽

03 이 지점에서 키르케고르는 덴마크의 교회가 기독교를 왜곡시켰다는 것을 진정으로 인정하기를 바랐다. 무엇보다 뮌스터로부터 듣고 싶어 했다.(CD, 384-87, 405-406; JP, 1:376) 3부의 이런 공격적인 면으로 인해, 키르케고르는 원래 4부에 추가하려고 했던 뮌스터에 대한 헌사를 제외시켰다.

04 마태복음 18:21-22 "그 때에 베드로가 나아와 이르되 주여 형제가 내게 죄를 범하면 몇 번이나 용서하여 주리이까? 일곱 번까지 하오리이까? 예수께서 이르시되 네게 이르노니 일곱 번뿐 아니라, 일곱 번을 일흔 번까지라도 할지니라."

05 서문 자료에 대하여는 다음을 참고하라.

원고에서;

금요일 성만찬식 때의 강화

서문

이 강화들 중에서 두 번째 강화(2장과 3장)는 성모교회(Frue Church)에서 전달되었다. (이것은 본질적인 측면에서 설교가 아니다.

따라서 그렇게 불리지도 않는다.) . . .

이 강화들 중에서 두 번째 강화(2장과 3장)는 성모교회(Frue Church)에서 전달되었다. (이것은 설교가 되기 위해서는 이중으로 본질적인 것이 부족하다.[바뀐 것: 본질적인 것 한 가지 이상으로] 따라서 '설교'라 부르지 않는다.) . . .

-Pap. VIII2 B 114 n.d., 1847-48

원고에서;

서문

식자공에게
가능하면 가장 작은 활자로 준비할 것.

이 강화 중에 두 개(2장과 3장)는 성모교회에서 전달되었다.(이 강화는 설교가 되기 위해서는 이중으로 본질적인 것이 결핍되었다. 따라서 '설교'라 부르지 않는다.) 「이것이냐 저것이냐」와 함께 출발했던 저술은 여기에서 결정적인 안식의 장소를 찾는다. 이 장소를 위한 이름으로 애를 썼고, 이 제단 아래에서, 나는 결단하여 자신을 바쳤다.[*] 저술 전체에서 이와 같은 수고를 조사하는 것, 점차적으로 진보하는 저술을 따라가는 것, 물론, 능력과 전제는 말할 것도 없고 그럴 시간과 기회도 거의 없다. 내 생각에, 그것은 성공적이었다(이 작업에 대한 상당한 두려움과 떨림이 있는 동안 내가 감히 즉각적으로 말했던 것). 그것은 나의 기대를 넘어 형용할 수 없이 성공적이었다. 이에 대해 나는 형용할 수 없이 하나님께 감사한다. 그분의 축복은 아마도 보기를 원하는 누구나 볼 수 있다. 그러나 최고로, 그리고 다른 의미에서, 내가 볼 수 있다. 나는 이 축복에 의해 내가 하고 싶었던 것을 할 수 있도록, 내가 이해해야만 하는 것을 이해할 수 있도록 도움을 받았을 뿐 아니라, 때로는 나중에야 비로소 내가 도움을 받은 일의 정당성을 완전히 이해할 수 있는 방식으로 도움을 받았다. 누군가 나에게 어떤 방식에서 하나님과 특별한 관계를 했는지 나에게 묻는다면, 나는 다음과 같이 대답할 것이다.

"아니, 오, 아닙니다. 오, 전혀 아니지요!"

누구도 기독교 세계(Christendom)에서 산 적이 없다. 어떤 사람도,

무조건적으로 어떤 사람도, 하나님께 사랑받으면서, 무조건적으로 똑같이 그분께 가까이 있지 않은 사람은 없다. 하지만 한편, 하나님께서 그들을 사랑하신다는 것을 심사숙고할 만큼 내가 복된 이해를 갖고 있을 정도 그렇게 사로잡힌 수많은 사람들이 있었다고 나는 정말이지 믿을 수가 없다. 하나님께서 나에게 주었던 아낌없는 사랑만큼 그들도 풍부하게 받은 이 아낌없는 사랑을 다른 사람이 경멸한다면, 나는 어쩔 도리가 없다. 이렇게 말할 때, 나는 말하자면 작은 나라에 이 저술들을 제시하고 싶다. 나는 그 나라의 언어로 쓸 수 있는 영광을 얻는다. 그렇게 썼던 것이 불명예가 되지 않을 것이라 신뢰하면서,[**] 그 나라에 누구라도 이 저술이 불명예가 되도록 나를 반대하며 수행했던 일을 기꺼이 잊으면서, 이 글을 쓸 수 있는 영광을 얻는다.

S.K.

1847년 10월

[*] 여백에서: 이런 식으로 돌아설 때, 나는 더 이상 추가할 아무 것도 없다. 그러나 다른 편으로 돌아갈 때, 말하자면 작은 나라에게 이 저술들을 제시하고 싶다. 나는 그 나라의 언어로 쓸 수 있는 영광을 얻는다. . .

[**] 여백에서: 나에게 보여줄 수 있었던 동정과 격려에 대한 배은망덕. . .

-Pap. VIII2 B 119 October 1847

원고에서,

금요일 강화의 서문에서

[삭제: 제시하고] 추천하는 것: 이것 아니고-추천하는 것: 이것만 넣음

기꺼이 잊으면서 등은 뺀다.

역시 한 사람을 위한 모든 것으로서 기독교에 대한 딱 두 단어만 추가하라.

"그 많은 사람들"을 걱정하는 데에 사로잡힐 수 없는 반면, 나는 천천히, 더욱 내적으로 그 사람들의 모든 개인을 걱정하는 데에

사로잡혔다. 그러나 아마도 이런 노력이 그 사람들을 걱정하게 한다. 연합한 20명은 막대한 힘이다. 그럼에도 나는 무엇이 막대한 차이를 만드는지(힘과 관련하여) 주장하지 않았다: 그들이 연합하는 것에서. 그리스도인이 되는 데에 연합했던 20명의 남자들은 세상의 모양을 변화시켰다. 따라서 기독교 세계에서 한 사람에 대한 실제적인 단 하나의 위험이 존재한다. 이 개인들이 그리스도인이 아니라는 것이다. 이 위험은 한 사람의 파멸이 될 수 있다. 이것이 사실이라면, 여타의 다른 위험은 기독교적인 의미에서 승리할 수 있는 기회일 뿐이다. 모든 사람에 대한 단 하나의 위험이 존재하고, 그리스도인이 되지 못할 위험이다. 결과적으로 필수적인 것으로서, '단독자'[*]가 되지 않음으로써 그리스도인이 되는 것을 깨닫지 못할 위험이다. 기독교적인 의미에서, 여타의 다른 위험은 승리를 위한 기회[삭제된 것: 환영]일 뿐이다.

*이 위험은 그의 파멸이 될 수 있다. -Pap. VIII2 B 122 n.d., 1847-8

Chapter 1

누가복음 22장 15절

기도

하늘에 계신 아버지!
주님께서는 마음을 품게도 하시고
이루어 주시는 분이심을 압니다.

이 소원^{longings, Længselen}[01]이
우리의 구세주^{Savior}이자 속죄자^{Redeemer}와의 교제[02]를
새롭게 하기 위해 우리를 이끌 때,
이 소원 역시 주님께서 주신 것임을 압니다.

그러나 이 소원이 우리를 사로잡을 때,
오, 우리 역시 이 소원을 사로잡게 하소서.

이 소원이 우리를 이끌고 가려 할 때,
우리 또한 자신을 내려놓게 하소서.

주님께서 우리를 부르시며 가까이 올 때,
우리 또한 주님을 부르며 가까이 있게 하소서.

주님께서 우리에게 최고의 것을 주시기로 소원할 때,
우리 또한 그 기회의 순간을 구매하게 하소서.[03]

조용한 시간에 진지한 생각과 경건한 결심으로
이 순간을 붙잡게 하소서.
이 순간을 거룩하게 하소서.

그리하여 이 순간이 거룩한 성만찬식에
참여하고자 하는 사람들에게 필요한,
강하고 시험을 이긴 간절한 소원이 되게 하소서.

하늘에 계신 아버지!
이 소원이 주님의 선물입니다.
누구도 이 소원을 자신에게 줄 수는 없습니다.

이 소원이 주어지지 않는다면,
모든 것을 판다 해도,
누구도 그것을 구매할 수 없습니다.

그러나 주님께서 이 소원을 주실 때,

그는 이 소원을 구매하기 위해
모든 것을 팔 수 있습니다.[04]

이 시간 기도합니다.
오늘 여기에 모인 사람들이
간절한 소원으로 주님의 만찬에 나오게 하소서.

그들이 이 곳을 떠날 때,
우리의 구세주이며 속죄주이신 주님을 향한
더 강한 소원을 품고 돌아가게 하소서.

누가복음 22장 15절[05]
"내가 고난을 받기 전에 너희와 함께
이 유월절 먹기를 원하고 원하였노라."

주님의 간절한 소원

방금 전에 읽은 거룩한 말씀, 그리스도의 말씀은 주의 만찬의 관례에는 속하지 않는 것이 맞습니다. 그러나 이 이야기 속에서는 주의 만찬과 가장 밀접한 관련이 있습니다. 관례적으로 행하는 말씀은 이 말씀 후에 바로 나옵니다.

[06]주님이 배신당했던 것은 그날 밤이었습니다. 아니, 오히려 이미 배신당했던 것입니다. 유다는 이미 주님을 팔도록 매수된 상태였고, 이미 그분을 팔았던 것입니다. 이제 배신자는 "무리 없이 대제사장에게 그를 넘겨줄 기회"를 찾고 있었습니다.(눅22:6) 그로 인해, 그는 조용한 밤을 선택했습니다. 그 밤에 그리스도는 마지막 시간을 제자들과 함께 있었습니다.

"시간이 되자, 주님은 만찬 자리에 앉았고, 열두 제자도 함께 했다. 주님은 그들에게 말했다. '내가 고난을 받기 전 너희와 함께 이 유월절 먹기를 원하고 원했다.'"

이것이 마지막이 되리라는 것, 그분은 나중에 이를 알게 된 것이 아니었습니다. 그분은 이미 이것이 마지막이라는 것을 알고 있었습니다. 하지만 얼마나 위험이 가까이 있는지 제자들에게 알려줄 마음이 없었습니다. 이것이 그날 밤이었다는 것을, 그 위험이 무엇인지를 알려주지 않았습니다. 그것은 가장 수치스러운 죽음의 위험이고, 왜 피할 수 없는지를 알려주지 않았습니다.

세상의 죄를 홀로 지신 그분[07]은 또한 앞으로 일어날 일에 대한 끔찍한 지식을 홀로 지셨습니다. 겟세마네에서 홀로 싸우신 분, 제자들이 자고 있었으므로,[08] 역시 여기에서도 홀로 계셨습니다. 다시없는 친밀한 친구들과 저녁 만찬을 함께 했음에도 그분은 홀로 계셨습니다.

따라서 그날 밤에 무슨 일이 일어날지, 그 일이 어떻게 일어날지, 도대체 누구 때문에 일어날지, 이 작은 모임에서 알고 있는 딱 한 사람이 있었습니다. 배신당한 그분이었습니다. 맞습니다, 한 사람이 더 있습니다. 배신자, 그 역시 그 자리에 있었습니다. 그리스도는 사도들과 함께 저녁 만찬에 앉습니다. 만찬에 앉자마자 말합니다.

"내가 이 만찬을 얼마나 원했는지 모른다."

나의 독자, 이 주님의 말씀이 더 심오한 의미에서, 내면적일 뿐 아니라 모범적인 면에서, 주님의 성찬에 속한 것처럼 보이지 않나요? 이뿐만 아니라 역사적으로 거룩한 기록^{den hellige Beretning[09]}에 속하지 않습니까? 이 간절한 소원^{heartfelt longings}이 본질적으로 거룩한 성찬에 속하는 것이 사실이 아닙니까?

그렇다면, 누군가 습관적으로 이 성찬에 참여한다면, 그냥 관례적인 의식이니까, 혹은 우발적인 상황에 감동을 받아 참여한다면, 다시 말해, 누군가 간절한 소원도 없는 채로 주님의 거룩한 만찬에 갔다면, 성찬을 제정하신 분께서 얼마나 간절하게 이 만찬을 원했는지 설명하는 거룩한 기록과 가장 끔찍하게 대조가 되는 것 아닙니까!

그때, 방금 읽은 거룩한 본문은, 말하자면, 주의 만찬의 제정에 대해 소개하는 말씀입니다. 결과적으로 이것이 모든 단독자를 위한 경건한 소개요, 참된 참여입니다. 곧, 간절한 소원으로 참여하는 것입니다.

이제 우리가 규정된 짧은 시간을 통해 성찬 앞에서 다음에 대해 이야기해 봅시다.

주님의 만찬의 거룩한 식사를 위한 간절한 소원

성찬을 향한 소원

우리가 당신에게 가르치려 하는 것은 어떤 새로운 것이 아닙니다. 하물며 당신을 믿음 이외의 것으로 인도하여 더 곤란한 연구를 수행하려는 것이겠습니까? 당신이 간절한 소원으로 오늘 여기 나올 때, 성찬에 참여하려는 소원을 느꼈다면, 우리는 당신 속에서 움직이고 있는 것을 애써 표현하려는 것뿐입니다.

바람은 원하는 곳으로 붑니다. 당신은 이 바람 부는 소리를 듣습니다. 그러나 누구도 이 바람이 어디에서 와서 어디로 가는지 모릅니다.[10] 이 소원 또한 이와 같습니다. 하나님과 영원한 것을 향한 소원, 우리의 구주와 속죄자를 향한 소원이 그렇습니다. 당신은 이 소원을 파악할 수도 없고, 파악하지도 말아야 합니다. 당신은 감히 시도하려 하면 안 됩니다. 다만 이 소원을 이용해야 합니다.

상인이 상거래의 기회를 이용하지 못했을 때 책임져야 하는 것이라면, 선원이 순풍을 이용하지 못했을 때 책임져야 하는 것이라면, 이 소원이 제공되었을 때 이 소원을 이용하지 못한 자의 책임은 얼마나, 얼마나 큽니까.

오, 사람들은 하나님의 선물을 낭비하면 안 된다고 경건하게 말합니다. 하지만 더 깊은 의미에서, 성령의 모든 격려, 영혼의 모든 끌림, 마음의 모든 강렬한 감동, 마음의 모든 거룩한 기분, 모든 경건한 소원보다 더욱 하나님의 선물이라 부를 만한 것이 있을까요? 이것들은 음식과 의복[11]보다 더욱 깊은 의미에서 하나님의 선물입니다. 그것들을 주신 분이 하나님일 뿐 아니라, 이 선물 속에 자기 자신을 주시는 분이시기 때문입니다!

아, 당신이 사람의 속사람을, 당신 스스로의 속사람을 깊이 들여다 볼 수 있다면, 자신을 증언하지 않고는 떠나지 않는 하나님께서[12] 이 하나님의 최고의 선물을 모든 사람들에게 얼마나 아낌없이 주고 계신지를, 반면, 모든 사람은 많든 적든 이 선물을 얼마나 낭비하며[spilde], 얼마나 완벽하게 상실하는지[forspilde]를, 두려움과 떨림으로 발견하게 될 것입니다.

더 일찍 기억하지 않는다면, 언젠가 저 영원에서, 사람의 기억이 스스로를 고발하며 나타날 때, 하나님께서 얼마나 수도 없이 많은 방법과 수도 없이 많은 일에서 말씀하셨으나, 그의 속사람 속에서 그가 얼마나 이것을 무익하게 했는지를 기억할 때, 이것은 얼마나 끔찍한 책입니까! 그렇습니다. 기억입니다. 왜냐하면 그가 낭비했던 것을 그토록 오래 망각했을지라도, 따라서 기억하지 못했어도, 하나님과 영원은 이것을 망각한 적이 없습니다. 그에게 이것이 생각날 것이고, 영원에서 이것이 그의 기억이 될 것입니다.

성찬을 향한 소원이 마치 이와 같습니다. 사람은 이 소원의 부름을 무시할 수 있습니다. 이 소원을 순간적인 충동으로, 다음 순간에는 흔적도 없이 사라지는 변덕으로 바꿀 수 있습니다. 이 소원에 저항할 수도 있습니다. 그의 속에서 이 소원이 더욱 깊이 일어나는 것을 막을 수도 있습니다. 심지어 이 소원이 무익한 기분으로 죽어가도록 방치할 수 있습니다. 그러나 당신이 이 소원을 하나님의 선물로 감사함으로 받는다면, 이것은 당신에게 복이 될 것입니다.

오, 그러니 거룩한 소원이 당신에게 올 때에 빈손으로 돌아가게 하지 마십시오. 이 소원을 따를 때에 당신이 빈손으로 돌아가는 것처럼 보여도, 그것을 믿지 마십시오. 그것은 그렇지 않고, 그럴 수도 없습니다. 이 소원이 당신에게 복입니다.

그때, 당신의 영혼 속에 이 소원이 깨어났습니다. 이 소원이 당신을 이끌고 있는 하나님에게서 오는 까닭에 설명할 수 없어도, 이 소원이 "이 땅에서 들리면 그분께로 모든 사람들을 이끌겠다."(요 12:32)고 하신 그분을 통해 오는 까닭에 설명할 수 없어도, 이 소원이 당신 속에 성령의 역사인 까닭에 설명할 수 없어도, 당신에게 무엇이 요구되는지 이해했습니다.

진실로, 하나님께서 모든 것을 주시지만, 또한 모든 것을 요구하십니다. 하나님이 주신 것을 올바르게 사용하게 하기 위해 그 사람에게 모든 것을 하도록 요구하십니다. 오, 일상생활에서 습관적인 삶을 살면서 영적인 의미에서 잠에 빠지는 것은 얼마나 쉽습니까. 똑같은 습관적인 일에 빠져 살 때, 그 삶을 단절하는 것은 얼마나 어려운 일입니까!

이런 것을 고려할 때, 하나님은 당신의 영혼 속에 이 소원을 일깨움으로 당신을 도우러 오셨습니다. 그때 당신은 당신 자신과 하나님께 약속했습니다. 그렇지 않습니까? 당신 역시 감사함으로 이 소원을 이용하기로 약속한 것입니다. 당신은 홀로 말합니다.

"이 소원이 너무도 쉽게 마법에 사로잡힌 나를 풀어준 것처럼,[13] 나 역시 나를 억압했던 것으로부터 나 자신을 완전히 풀어줄 수 있도록 진지한 생각으로 협력하겠습니다. 내가 진지한 생각의 도움으로 이해했던 것을 확고하게 붙들 수 있도록 거룩한 결단으로 노력할 것입니다. 이 결단이 이를 위해, 이해했던 것에 스스로를 지키기 위해 유익하기 때문입니다."

간절한 소원을 위한 기억

지상적이고 시간적인 것은 얼마나 헛됩니까![14] 지금까지 나의 삶이 행운이 있었고, 염려에서 자유롭고, 끔찍하거나 슬픈 경험은 전혀 모르고 살았어도, 지금 나는 진지한 생각을 소환할 것입니다. 준비되지 않았다면 누구도 감히 나올 수 없는 이 만찬에, 영원한 것을 위한 소원과 나의 눈앞에 거룩한 만찬과의 언약으로, 내가 이 만찬에 나오기를, 진지해지기를 두려워하지 않을 것입니다. 기독교는 절대 무거운 마음이 아닙니다. 오히려 너무 기쁜 나머지 모든 무거

운 마음을 가진 자들에게 기쁜 소식입니다. 기독교는 단지 가벼운 마음을 가진 자와 반항하는 자들의 마음을 어둡게 할 뿐입니다. 보십시오. 내가 보는 이 모든 것, 이것이 존재하는 한 헛되고 부질없습니다. 결국, 이 모든 것은 타락의 먹잇감입니다.

따라서 달이 빛을 내며 떠오를 때, 나는 경건한 사람과 함께 별에게 말할 것입니다.[15]

"나는 너를 좋아하지 않아. 결국 너는 지금 어두워지고 있어."

그때 태양이 찬란하게 떠오르고 달이 어두워지면, 나는 달에게 말할 것입니다.

"나는 너를 좋아하지 않아. 왜냐하면 너는 지금 기울고 있기 때문이야."

태양이 질 때 나는 말할 것입니다.

"내가 그럴 줄 알았지. 왜냐하면 모든 것이 헛되기 때문이야."[16]

시냇물이 졸졸 흘러가는 것을 볼 때, 나는 말할 것입니다.

"계속 흘러가라. 너는 결코 바다를 채우지 못할 것이다."[17]

그렇습니다. 바람이 뿌리까지 나무를 갈기갈기 찢어버릴 때, 바람에게 나는 말할 것입니다.

"계속 불어라. 네 속에 어떤 사상도, 어떤 의미도 존재하지 않는다. 너, 정처 없는 자의 상징이여."[18]

들의 사랑스러움이 나의 눈을 사로잡는다 해도, 새의 노랫소리가 나의 귀를 감미롭게 한다 해도, 숲속의 평화로움이 나의 마음을 새롭게 한다 해도, 이 모든 것들이 아무리 나의 마음을 설득한다 해도, 나는 설득당하지 않을 것입니다. 나는 마음을 빼앗겨 현혹되지 않을 것입니다. 나는 이 모든 것들이 기만이라는 것을 기억할 것입니다.

아무리 별들이 수천 년을 변하지 않은 채 남아 있다 해도, 변하지 않은 채 하늘에 그 자리를 지킨다 해도, 나는 그들의 신뢰성에 속아 넘어가지 않을 것입니다. 나는 언젠가 그 별들도 떨어질 것을 기억할 것입니다.[19]

그리하여 나는 모든 것이 얼마나 불확실한지 기억할 것

입니다. 사람이 태어나면서 세상에 내던져지고 그 순간부터 수천만의 심연에 놓이게 될 것을 기억할 것입니다. 매순간마다, 그래, 그의 앞의 미래는 매순간마다 가장 어두운 밤과 같습니다. 누구도 지금까지 불행해질 수 없을 정도로 행복한 사람은 없었고,[20] 누구도 더 불행해질 수 없을 정도로 불행한 사람은 없었다는 것을 기억할 것입니다!

나의 모든 소원을 이루는 데 성공했어도, 이 모든 소원을 한 건물에 세우는 데 성공했어도, 이 전체 건물이 같은 순간에 나에게 무너져 내리지 않을 것이라고 장담할 수 있는 사람이, 아무도, 결코 아무도 없다는 것을 기억할 것입니다.[21]

이 파멸에서 나의 이전의 행운의 비참한 조각을 구해내는 데에 성공한다면(이것을 성공이라 부를 수 있다면), 인내하며 이 조각에 만족할 수 있도록 나의 영혼을 타이른다 해도, 이 남은 것이 다음 순간에 나에게서 빼앗기지 않을 것이라고 장담할 수 있는 사람이, 아무도, 결코 아무도 없다는 것을 기억할 것입니다!

내가 특별히 두려워했던 불행, 공포, 어떤 짧거나 느린 고통이 있었다면, 내가 이미 노인이 되었다 하더라도, 그것이 마지막 순간까지 닥치지 않을 것이라고 장담할 수 있는 사람이, 아무도, 결코 아무도 없다는 것을 기억할 것입니다!

다음 순간의 모든 불확실성이 어두운 밤과 같은 것처럼, 결국 모든 사건이나 발생에 대한 설명이 아무도 풀 수 없는 수수께끼 같습니다. 영원의 의미에서, 진리를 말하고 싶어 하는 자는 누구도 어떤 것이 어떤 것인지, 모든 소원이 이루어지는 것과 이 모든 소원이 나에게서 거절되는 것 중에서 어느 것이 실제로 더 이익인지, 확실하게 나에게 말해 줄 수 없다는 것을 기억할 것입니다.

내가 난파된 배에 있던 사람처럼, 널빤지에 의지하여 확실한 죽음에서 구조되었더라도, 나의 사랑하는 자가 내가 구조된 것에 놀라며 해변에서 기쁘게 인사하더라도, 현자가 옆에 서서 "아마도 당신이 파도에 휩쓸려 죽는 것이 당신에게는 더 나았을 것이다."라고 말할 수도 있었다는 것을, 아마도, 아마도, 그는 진리를 말하고 있다는 것을 기억할 것입니다![22]

여태껏 살았던 가장 현명한 사람도, 여태껏 살았던 가장 부족한 사람도, 다음 순간을 장담하는 문제일 때, 동일하게 멀리 갈 수 있다는 것을 기억할 것입니다. 최소한의 작은 사건을 설명하는 문제이더라도 동일하게 멀리 갑니다.

그들은 동일하게 '아마도'에 도착합니다. 누군가 이 '아마도'를 향해 돌진하는 열정이 커질수록, 그는 미치는 데에 더욱 가깝습니다. 죽을 운명인 어떤 인간도 이 '아마도'를 돌파한 적도, 단절한 적도 없습니다. 아무리 죄수가 14피트가 되는 두꺼운 벽에 갇혀 앉아 있다 해도, 손과 발이 사슬에 묶인 채로 벽에 고정되어 있다 해도, 모든 인간이 무^{nothing}에 의해 만들어진 족쇄에 묶인 것만큼, 이런 '아마도'에 묶인 것만큼 묶인 적이 없습니다. 내가 이것을 기억할 것입니다.

나의 영혼이 아무리 단 하나의 소원에 목맨다 해도, 이 소원을 이루기 위해 기꺼이 나의 영원한 구원을 던져버릴 만큼 필사적으로 매달린다 해도, 나의 소원이 이루어질 때, 이 소원이 나에게 얼마나 허무하고 아무런 의미가 없는지 미리 확실하게 말해줄 사람이 없다는 것을 기억할 것입니다. 더 비참하게도, 이 소원이 이루어지지 않을 것을, 내가 상실된 행복의 슬프고 고통스러운 생각에 고착될 것을, 미리 확실하게 말해줄 사람이 없다는 것을, 혹은 이 소원이 이루어졌고, 그 상태로 남아 있다 해도, 그 소원이 얼마나 허무한지 확실해지므로 나의 마음이 괴롭게 될 것을 미리 말해줄 사람이 없다는 것을 기억할 것입니다!

따라서 나는 죽음만 확실하다는 것을 명심할 것입니다. 죽음이 조롱하고, 또 나를 조롱하고 매순간마다 불확실한 이 땅의 모든 불확실한 것들을 조롱한다 해도, 죽음만 매순간마다 확실하다는 것을 명심할 것입니다. 어제 태어난 아기뿐 아니라, 노인에게도 죽음만큼 확실한 것은 없다는 것을, 내가 건강이 넘쳐흐르든 병상에 누워있든, 매순간마다 똑같이 죽음만 확실하다는 것을, 오직 이 땅의 어리석은 자들만 이 죽음에 대해 무지한 채로 남는다는 것을 명심할 것입니다. 개인 사이의 어떤 계약도, 가장 사랑스럽고, 가장 열정적인 계약도, 직무상 ex officio 모든 것에 현존하고 있는 죽음을 끼워 넣지 않고는 성립할 수 없음을 나는 기억할 것입니다.

결국 모든 사람은 무한한 세상에서 홀로, 홀로 있다는 것을 나는 기억할 것입니다. 그렇습니다. 좋은 날에, 행운이 미소를 짓고 있는 화창한 날에, 우리가 서로 관계하며 사는 것처럼 보입니다. 그러나 언제 나에게 새로운 소식이 올지, 비극, 빈곤, 공포의 소식이 언제 올지 아무도 모른다는 것을 기억할 것입니다.[23] 이 공포와 더불어, 나를 홀로 있게 하는 소식 혹은 내가 어떻게 홀로인지를 분명하게 하는 소식, 다른 모든 사람과 마찬가지로 가장 사랑스럽고 가장 가까운 사람에 의해 버림받고, 나의 가장 좋은 친구에게 오해를 받고, 모든 사람이 피하고 싶어 하는 불안의 대상이 되므로 나를 홀로 있게 하는 소식, 이 소식이 언제 올지 아무도 모른다는 것을 기억할 것입니다.

어떤 경악스런 비명소리도, 어떤 눈물도, 어떤 애원도 막지 못했던 공포를, 사랑하는 자와 사랑받는 자를 분리시켰고, 친구와 친구를, 부모와 자녀를 분리시켰던 공포를 나는 기억할 것입니다. 이 작은 오해가 치명적으로 잘못되었을 때, 때로는 그들을 분리시킬 만했다는 것을 기억할 것입니다. 인간적으로 말해, 아무도, 의지할 수 있는 사람은 아무도 없었다는 것을, 심지어 하늘의 하나님도 의지할 수 없었다는 것을 기억할 것입니다. 하지만 그분을 의지했다면, 나는 그분의 친구가 되었을 것입니다. 아, 그분은 하나님의 친구가 되었던 경건한 자보다 온갖 고난을 통해 더 시험을 당했고, 더욱 고난당했습니다.[24]

바로 이것이 당신이 당신 자신과 이야기하는 방식입니다. 이런 생각에 더욱 잠길수록, 영원한 것을 위한 소원은 당신 안에서 더욱 승리할 것입니다. 당신의 속죄자에 의한 하나님과의 교제를 위한 소원이 더욱 당신을 사로잡을 것입니다. 그때 당신은 말할 것입니다.

"내가 온 마음을 다해 이 만찬을 간절히 사모합니다."

오, 이 땅 위에서와 저 하늘에서 유일한 친구, 신뢰할 만한 친구가 존재합니다. 우리 주 예수 그리스도이십니다. 아, 사람은 호의를 베풀 만한 다른 사람을 찾기 위해 얼마나 많이 시도해야 하며 얼마나 많은 말을 사용해야 합니까? 누군가 약간의 희생으로 호의를 베푼다면, 이 호의를 되갚을 수 없을 때, 인간을 아는 법을, 이런 호의가 얼마나 보기 드문지를 배운 자는 얼마나 이런 은인을 의지하며 매달립니까!

그러나 그분, 그분은 나를 위하여, 맞습니다. 나를 위하여 입니다.(그분은 다른 모든 사람을 위하여도 같은 일을 행하신다는 것이 나의 감사를 감소시키지 않을 것입니다. 이 감사가 그분께서 나를 위해 행하신 일 때문이니까요.) 그분은 나를 위해 죽으셨습니다. 그러니 내가 어떻게 그분과의 교제를 소원하지 않을 수 있겠습니까! 어떤 친구도 죽음에 이를 정도로 충성하는 것보다 더 충성할 수 없습니다.[25] 그러나 그분은 죽음에서도 충성스럽게 남으셨습니다. 그분의 죽음은 진실로 나의 구원이었습니다. 어떤 친구도 자신의 죽음으로 다른 사람의 생명을 구하는 것 이상을 행할 수 없습니다. 그러나 그분은 죽음으로 나에게 생명을 주셨습니다. 죽은 것은 나였고, 그분의 죽음이 나에게 생명을 주셨습니다.

성찬에서의 고백

죄란 백성과 모든 인간의 타락입니다.[26] *그때 온 세상이 악 가운데 있다*[27]*는 기독교의 가르침을 제대로 고려하지 않고 내가 어떻게 생명에 대해 진지하게 생각할 수 있겠습니까! 나의 삶이 악한 세상의 공격과 핍박을 받지 않은 채 지금까지 조용하고 평화로웠어도, 내가 알았던 몇몇의 사람들이 모두 선하고, 사랑스럽고, 친절했어도, 이것은 그들뿐 아니라 나 역시 생명을 바치는 영적 결단의 위험 속에 내던져지지 않았기 때문이라는 사실을 명심할 것입니다. 바로*

이런 영적 결단의 위험 속에서만 사건의 크기에 의해 인간 속에 무엇이 선이고 무엇이 악인지 아주 심각하게 드러날 것입니다. 이것은 분명 그럴 것입니다. 따라서 계시가 인간 스스로의 힘으로 알 수 없는 것을 가르칠 필요가 있습니다. 인류가 얼마나 깊게 침몰했는지를.

그때 내가 들은 모든 가증한 일을 기억할 것입니다. 사람이 사람을 대적하고, 적이 적을, 아, 친구가 친구를 대적한 일을 기억할 것입니다. 폭력과 살인, 피에 굶주림, 짐승 같은 잔인함을, 아무 죄가 없었지만, 저 높은 하늘에까지 호소하는 핏소리를 기억할 것입니다.[28] 간계와 음흉, 속임과 불신을, 죄가 없었으나 공포에 질려 교살당한 모든 사람들을, 다시 말해, 실제로 피를 흘리지는 않았지만, 영적 죽음에 이른 자들을 기억할 것입니다.

무엇보다, 나는 이 땅을 걸으셨던 거룩하신 분의 경험을 기억할 것입니다. 죄인들의 반대로 인해 얼마나 많은 고난을 당하셨는지를,[29] 타락한 인류를 구원하러 오셨으나 구원받기를 원하지 않는 인류에 속함으로 그분의 전 생애가 얼마나 정신적이고 영적인 고난이었는지를 기억할 것입

니다. 살아 있는 사람이 아무리 잔인하게 시체와 사슬에 묶인다 해도, 인류에 속한 사람이 됨으로써 정신으로, 영적으로 고난당한 분만큼 그렇게 괴롭게 고난당할 수 없음을 기억할 것입니다!

그분이 어떻게 조롱을 당했는지를, 그분을 향한 새로운 조롱을 생각해낸 자들이 얼마나 많은 박수갈채를 받았는지를, 그분의 결백이나, 거룩함을 생각하기는커녕, 부드럽게 한 말이 "이 사람을 보라!"[30]는 동정의 말이었음을, 이 이상 어떤 언급이 없었음을 명심할 것입니다.

내가 저 끔찍한 시대에 살았다고 가정해봅니다. 그분을 조롱하고 침을 뱉었던 '군중' 속에 있었다[31]고 가정해 보십시오! 내가 저 군중 속에 현존했다고 말입니다. 모든 세대 중에 내가 열두 명의 제자 중에 한 사람이었다는 것을 감히 믿을 수가 없기에, 내가 다만 저 군중 틈에 있었다고 가정합니다! 그러나 내가 이 조롱에 동참하기 위해 그 현장에 있어야 하다니 이 또한 생각할 수 없군요. 그러면 이런 조롱에 참여하지 않는 나를 발견한 구경꾼이 있다고 가정해봅니다. 아, 나는 이미 이 사람들의 짐승 같은 눈초리를 봅니다. 잠시 동안 나를 향한 그들의 공격을 봅니다. 그때 나는 그들의 외침을 듣습니다.

"저 놈도 갈릴리 사람이고, 그 제자입니다. 저 놈도 때려 죽어야 합니다. 아니면 저 놈을 군중의 대의인 이 조롱에 참여시키십시오!"

자비로우신 하나님이여! 아, 각 세대가 조롱의 위험에 휘말릴 때, 삶과 죽음에 휘말릴 때, 게다가 예측할 수 없는 위험에 대한 결단이 소름끼치게 다가올 때, 자기의 신념을 고백할 용기 있는 자가 각 세대에 얼마나 있습니까! 내가 믿는 자도 아니고, 제자도 아니라면, 도대체 내가 이 위험을 감당할 힘을 어디에서 얻습니까? 혹은 다른 방법이야 있겠지만, 이 위험한 결단이 십자가상의 강도를 도운 것처럼[32] 나를 기적적으로 도울 수 있도록 저 순간에 어떻게 내가 믿는 자가 될 수 있을까요? 내가 이렇게 변화되지 않는다면, 도대체 어디에서 나와 상관없는 낯선 사람을 위해 위험을 무릅쓸 용기를 얻을 수 있단 말입니까!

자비로우신 하나님이여, 나는 목숨을 건지기 위해 분명이 조롱에 참여하였을 것입니다. 내가 다른 사람들과 소리 높여 외쳤을 것입니다.

"그의 피를 나에게 돌리시오!"[33]

나의 목숨을 건지기 위해. 맞습니다. 나의 목숨을 건지기 위해, 이것이 사실입니다! 나는 목사들이 다른 방식으로 말하고 있음을 잘 알고 있습니다. 그가 말할 때, 그 시대에 살았던 사람들의 끔찍한 맹목성을 묘사합니다. 하지만 그런 설교를 듣는 우리는, 우리는 그런 류의 사람이 아니라고 말합니다. 아마도 목사는 우리에게 심각하게 말하는 것을 좋아하지 않습니다. 맞습니다. 내가 목사라도 마찬가지였을 것입니다. 나는 감히 다른 사람에게 이런 식으로 행동하라 말하지 않을 것입니다. 다만, 아, 감히 나 자신에게 말하렵니다. 유감스럽게도 나 자신에게 말하렵니다.

"나는 여기 이 군중들보다 더 낫게 행동한 적이 없다!"

바로 이것이 당신이 홀로 이야기하는 방식입니다. 당신이 이런 생각에 더욱 잠길수록, 거룩하신 분, 그분과의 교제를 위한 소원은 당신 안에서 승리할 것입니다. 그때 당신은 홀로 말할 것입니다.

"내가 온 마음을 다해 이 만찬을 간절히 사모합니다."

나는 죄가 지배하고 있는 이 악한 세상을 떠나 그분과의 교제를 강렬하게 소원합니다! 그곳을 떠나십시오. 그러나 이것은 그렇게 쉽지 않습니다. 내가 세상의 허영과 타락에서 떠나기를 바랄 수 있습니다. 바람^{wish}은 이것을 행할 수 없어도, 영원한 것을 향한 간절한 소원은 나를 떠나게 할 수 있습니다. 왜냐하면 하나님을 위한 슬픔 속에 하나님이 계시듯,[34] 이 소원에 영원한 것이 존재하기 때문입니다. 그러나 죄는 이 슬픔을 억제할 특별한 능력이 있습니다. 죄인을 놓아주기 전에 죄인에게 받고 싶어 하는 빚과 특별한 장부를 갖고 있습니다. 게다가, 죄는 자신의 권리를 주장하는 법을 잘 압니다. 느슨한 말로 속는 법이 없습니다. 사람이 완전히 죄라는 말을 없애버리고 약함이라는 말로 대체해도, 엄밀히 말해, 약하기 때문에 죄를 지을 수밖에 없다 해도, 속지 않습니다.

바로 이것이 내가 간절한 방식으로 언제나 그분과

나의 교제를 새롭게 하기를 간절히 원했던 이유입니다. 그분이 나의 죄를 속죄하셨고, 모든 눈곱만 한 실제 죄도 속죄하셨습니다. 뿐만 아니라 나의 영혼 깊숙한 곳에 나조차 깨닫지 못하는 죄로, 내가 가장 두려운 결단을 할 때 터져 나올 죄까지도 속죄하셨습니다. 저 유대인들이 다른 사람들보다 더 사악한 범죄자였을까요? 오, 아닙니다. 다만 그들이 거룩하신 분과 동시대에 있었기 때문에 그들의 범죄가 무한히 더 끔찍하게 보였을 뿐입니다.

기념의 의미

내가 이 성찬을 간절히 원합니다. 왜냐하면 이 성찬을 기념하라 하셨기 때문입니다.[35] 그러나 누군가 간절한 소원으로 주의 성찬에 참여하고 난 다음 이 성찬에서 떠날 때, 이 소원은 감소하고 사라지는 것일까요? 보십시오. 당신을 사랑했던 사람이 죽었다면, 그를 기념하려는 소원이 계속해서 당신 안에서 깨어나는 일이 확실히 일어날 것입니다. 그때 당신은 그의 무덤으로 갑니다.

그가 지금 이 땅의 가슴 속에 깊이 묻혀 있는 것처럼, 당신 역시 영혼 속에 깊이 그에 대한 기억을 묻을 것입니다. 그리하여 이 소원은 약간 만족됩니다.

다시 한 번 당신은 삶의 힘에 휘둘립니다. 당신이 아무리 충성스럽게 고인을 기억한다 해도, 가끔 그를 갈망해도, 그것이 점점 더 삶을 떠나 고인의 무덤에서 살아야 함을 의미하는 것이 아닙니다. 그리하여 그를 향한 소원은 무덤을 방문할 때마다 더욱 증가됩니다. 이런 일이 사람에게 일어날 때, 죽는 자에 대한 그의 충성을 경탄한다 해도 그의 속에 어떤 병적인 것이 있음을 당신은 틀림없이 인정할 것입니다.

아니, 이 길이 본질적으로 분리되었음을 당신은 이해합니다. 당신은 삶에 속해 있고, 삶이 당신에게 부과하는 요구에 따라야 함을 이해합니다. 이 소원이 세월과 함께 너무 커진 나머지 당신이 무덤에 같이 묻히기를 원하지 말아야 함을 이해합니다.

오, 그러나 구세주와 속죄주와의 교제를 향한 소원은 당신이 그분을 기념할 때마다 증가해야 합니다. 그분은 죽은 자도, 고인이 된 자도 아니고, 살아 있는 분이십니다. 진실로, 당신은 그분 안에 살아야 하며, 그분과 함께 살아야 합니다. 그분은 당신의 삶이며 삶이 되어야 합니다. 그리하여 당신은 스스로를 위해 사는 것이 아닙니다. 더 이상 당신이 사는 것이 아니라 그리스도께서 당신 안에 사십니다.[36] 따라서 간절한 소원이 소중한 기념에 속해 있는 것처럼, 결국 기념을 통해 소원이 증가하는 것 역시 간절한 소원에 속합니다. 따라서 간절한 소원을 갖고 여기에 온 자만 합당하게 주님의 성찬대에 나온 것이고, 간절한 소원이 더욱 자라나서 이곳을 떠납니다.

참고자료

01 이 부분은 부분적으로는 빌립보서 2:13을 언급하고 있다. 또한 부분적으로는 빌립보서 1:6이다. 이 소원은 근본적으로 주의 만찬에 참여하고자 하는 소원을 의미한다. 예를 들어, 다음을 참고하라. JP IV 4409; V 5456 (Pap. II A 343; III A 56).

02 이 부분은 고린도전서 10:16을 의미하고 있다. 이 교제는 곧 성찬의 참여이다.

03 이 부분은 골로새서 4:5을 언급하고 있다. "세월을 아끼라"는 말의 덴마크어의 표현이다.

04 마태복음 13:44-46, "천국은 마치 밭에 감추인 보화와 같으니 사람이 이를 발견한 후 숨겨 두고 기뻐하며 돌아가서 자기의 소유를 다 팔아 그 밭을 사느니라. 또 천국은 마치 좋은 진주를 구하는 장사와 같으니 극히 값진 진주 하나를 발견하매 가서 자기의 소유를 다 팔아 그 진주를 사느니라."

05 다음을 참고하라.

금요일 설교

본문: 나는 너희들과 이 유월절 만찬 먹기를 원하고 원했다.
주제: 주의 만찬에 참여하기 위한 진실한 내적 소원

-JP IV 3922 (Pap. VIII1 A 287) n.d., 1847-48

06 이하의 구절은 다음을 참고하라.

> 1장 금요일 강화에서
>
> 그분께서 배신당한 그날 밤에. 그날은 한밤중이었다. 잠이 도시 전체를 뒤덮었다. 붐볐던 도시가 죽은 것 같았다. 모든 것이 그렇게 조용하고, 그렇게 평화로운 그날 밤이었다. 오직 배신만, 한밤중에 걷고 있었고, 어둠 속에서 몰래 움직이고 있었다. 오직 악만 밤을 낮으로 바꾸었고, 마치 대낮인 것처럼 깨어 있었다. 오직 "대제사장들만 기뻐했다."(눅22:5) 어둠은 이겼고 "무리 없이"(눅22:6) 정복할 수 있었다. "큰 방"에서 그분은 마지막 시간을 위해 제자들과 만찬 자리에 앉아 있었다.
>
> > 사용되지 않음-여기에서 실수임, 한밤중이 아니라 저녁임
> > 하지만 요한복음 13:30에서는 밤이었다고 말한다.
>
> -JP IV 3924 (Pap. VIII1 A 386) n.d., 1847-48

원고에서;

보라, 이것이 주의 만찬에 대한 소개다! 얼마나 감동적인가! 그분께서 이런 식으로 그의 제자들과 함께 한 것은 마지막 시간이었다. 아, 그러나 그는 이것을 나중에 발견한 것이 아니었다. 그는 이를 미리 알았다. 마지막 시간이었다. 그때 분리가 있었을 뿐만 아니라 고난이 따라왔다. 아, 그가 너희들과 유월절 식사를 원하고 또 원했다고 말하지 않았다 해도, 이것이 그러했다는 것은 이 사건 속에 함의되어 있다. 우리가 사랑하는 사람들과 헤어지는 것은 언제나 어렵다. 그러나 무슨 이별이 이만큼 어려울까? 이것은 그의 마지막 이별 만찬이다. 제자들과 헤어지는 것은 바로 이 선생이다. 제자들이 하나님의 독자로 인정했던 분이 바로 이 선생이다. 그가 그들과 함께 마지막 시간을 위해 저녁 만찬 자리에 앉아 있었다. 이미 배신당한 채로 말이다. 대사장만 "기뻐했다."(눅22:5) "큰 방"에서 그는 마지막 시간을 위해 저녁 만찬 자리에 앉아 있었다. 무슨 일이 일어날지는 유일한 한 사람만 안다. 배신자다. 그때 한 사람이 더 있다. 거기에 같이 있었던 배신당한 자였다.

여백에서: 아, 많은 선생들은 간절한 소원으로 마지막 시간을 위해

학생들과 함께 있었다. 그들을 헤어지게 만든 것이 죽음이든 삶이든 그랬다. 그러나 여기에서 이것은 얼마나 어려운가! 제자들이 하나님의 독자로 인정했던 분이 이 선생이었다. 오직 그분만이 위험이 얼마나 가까이 있는지 안다. 얼마나 큰 위험인지, 제자들 중에는 아무도 모른다.* 따라서 모든 슬픔은 그분의 영혼에 집중된다.

*오직 그분만 배신자가 누구인지 안다. 배신자가 함께 하고 있다는 것을 안다.

-Pap. VIII2 B 105:2 n.d., 1847-48

최종본에서;

그분이 배신당했던 밤이다! 한밤중이었다. 붐볐던 도시는 죽은 것 같았다. 잠은 도시 전체를 뒤덮었다. 모든 것이 그렇게 조용하고, 그렇게 평화로운 그날 밤이었다. 오직 악만 어두움 속에서 깨어 있었다. 오직 "대제사장들만 기뻐했다."(눅22:5) 어두움은 이겼다.(눅22:6) "큰 방"에서 그분은 마지막 시간을 위해 제자들과 만찬 자리에 앉아 있었다.

여백에서: 오직 배신만, 한밤중에 걷고 있었고, 어두움 속에서 몰래 움직이고 있었다. 오직 악만 밤을 낮으로 바꾸었고, 마치 대낮인 것처럼 깨어 있었다. 오직 "대제사장들만 기뻐했다."(눅22:5) 어두움은 이겼고 "무리 없이"(눅22:6) 정복할 수 있었다. "큰 방"에서 그분은 마지막 시간을 위해 제자들과 만찬 자리에 앉아 있었다.

-Pap. VIII2 B 106 n.d., 1847-48

07 요한복음 1:29, "이튿날 요한이 예수께서 자기에게 나아오심을 보고 이르되, 보라 세상 죄를 지고 가는 하나님의 어린 양이로다."

08 이 부분은 다음을 참고하라. 마 26:30-45, 막 14:32-41, 눅 22:39-46

09 이것은 성서의 복음서를 의미하는 것으로 보인다.

10 요한복음 3:8, "바람이 임의로 불매 네가 그 소리는 들어도 어디에서 와서 어디로 가는지를 알지 못하나니 성령으로 난 사람도 다 그러하니라."

11 마태복음 6:24-34를 암시하고 있다.

12 사도행전 14:17, "그러나 자기를 증언하지 아니하신 것이 아니니 곧 여러분에게 하늘로부터 비를 내리시며 결실기를 주시는 선한 일을 하사 음식과 기쁨을 여러분의 마음에 만족하게 하셨느니라 하고"

13 독자들은 이 소원이 성찬과 관련이 있음을 주의해야 한다. 또한 이런 소원은 어리석게도, 일상생활에 매몰되던 '마법'을 풀어주고, 단절시켜주는 역할을 한다는 것을 생각해야 한다.

14 전도서 1:2, "전도자가 이르되 헛되고 헛되며 헛되고 헛되니 모든 것이 헛되도다."

15 전도서 12:2, "해와 빛과 달과 별들이 어둡기 전에, 비 뒤에 구름이 다시 일어나기 전에 그리하라."

16 전도서 12:8, "전도자가 가로되 헛되고 헛되도다 모든 것이 헛되도다."

17 전도서 1:7, "모든 강물은 다 바다로 흐르되 바다를 채우지 못하며 어느 곳으로 흐르든지 그리로 연하여 흐르느니라."

18 전도서 1:6, "바람은 남으로 불다가 북으로 돌이키며 이리 돌며 저리 돌아 불던 곳으로 돌아가고"

19 마태복음 24:29, "그 날 환난 후에 즉시 해가 어두워지며 달이 빛을 내지 아니하며 별들이 하늘에서 떨어지며 하늘의 권능들이 흔들리리라."

20 이 부분은 솔론과 크로이소스를 암시하고 있다. 다음을 참고하라. 예를 들어, Herodotus, History, I, 32, 34, 86; Die Geschichten des Herodotos, I-II, tr. Friedrich Lange (Berlin: 1811-12; ASKB 1117), I, pp. 18-19, 20, 49-50; Herodotus, I-IV, tr. A. D. Godley (Loeb, Cambridge: Harvard University Press, 1981-82), I, pp. 38-39, 40-41, 108-11:

크로이소스여, 제가 말을 꺼낸다면, 당신은 부하고, 모든 사람들의 왕이라고 말할 수 있습니다. 그러나 폐하께서 인생을 잘 마감했다는 소식을 듣기 전에는 나는 이 질문에 대답할 수 없습니다.... 이 모든 것에도 불구하고 그런 사람이 인생을 잘 마감한다면, 그는 폐하께서 구했던 그 사람입니다. 가장 행복하다고 부를 만하지요. 그러나 우리는 그가 죽을 때까지 기다려야 합니다. 그는 가장 행복하다고 말할 수는 없지만 행복하지요.

그러나 솔론이 떠한 후에, 거룩한 분노가 크로이소스에게 끓어올랐다. 추측컨대, 그는 스스로를 모든 사람 중에 가장 행복한 자로 생각했기 때문이다.

…페르시아인들은 사르디스를 데리고 갔고 크로이소스를 죄수로 만들었다. 그는 신탁이 예언했던 대로 14년을 통치했고, 40일 동안 포위되었다. 그리고 그의 위대한 제국은 끝이 났다. 크로이소스 또한 사로잡혔다. 그는 키로스 앞으로 끌려와 차꼬를 찬 채 거대한 장작더미 위에 올려졌다. 키로스는 그를 화형에 처할 생각이었던 것이다. 장작더미 아래로 조금씩 타올라 오는 불꽃과 연기를 보았을 때, 한때 온 세상을 호령하던 크로이소스는 비로소 자신의 행복이 얼마나 허망한 것인가를 뼈저리게 느끼면서, "살아있는 한, 누구도 행복하지 않다."고 말하던 솔론의 이름을 기억했다. 인간의 삶은 얼마나 허약하고 불확실한가? 크로이소스는 왕이었으나 아들의 죽음을 막을 수 없었고, 그 많은 재산과 권력은 자기 하나의 목숨도 보호해 주지 못하는 무용지물이 되고 말았다. 스스로 행복하다고 생각하는 자, 한줌의 권력과 재산으로 자신의 행복을 스스로 지킬 수 있다고 믿는 자에게 화 있을진저! 자신의 비운과 어리석음을 한탄하며 그는 억누를 수 없는 회한에 잠겨 하늘을 향해 큰 소리로 솔론의 이름을 세 번 불렀다. 그러나 전제군주의 입에서 최후의 순간에 철학자의 이름을 듣는다는 것은 얼마나 기이한 일인가? 범상한 인물이 아니었던 키로스는 호기심을 이기지 못하고 집요하게 크로이소스가 솔론의 이름을 부른 내력을 캐물었다. 그리고 마지못해 입을 연 크로이소스로부터 솔론의 말을 들었을 때, 키로스는 지금 승리자로서 앉아 있는 자기 자신 역시 죽을 수밖에 없는 인간임을 깨닫고 화형을 즉시 중지할 것을 명령했다. 그러나 전해지는 이야기에 따르면 그때는 이미 불이 너무 많이 타올라 사람의 힘으로는 더 이상 불을 끌 수 없을 정도였다고 한다. 그러자 크로이소스가 하늘을 우러러 아폴론 신에게 불을 꺼 달라고 간절히 기도했는데, 신은 그 기도를 듣고 갑자기 온 하늘에 먹구름을 불러모아 소나기를 내려 불을 끄고 크로이소스의 목숨을 구해주었다는 것이다.

또한 다음을 참고하라. 헤로도토스 「역사」 박현태 역 (서울:

동서문화사, 2020), 24-28쪽

21 키르케고르는 이 부분에서 「아라비안 나이트」에서 알라딘의 명령으로 반지의 영이 하룻밤 사이에 지어 놓은 기적의 성을 생각하고 있는 것으로 보인다. 알라딘은 키르케고르에게 있어 소원의 천재였다. 이는 마치 돈 쥬앙이 감성적 사랑의 천재였던 것과 같다.

22 이 부분은 다음을 참고하라. Plato, Gorgias, 511 d-512 b; Platonis quae extan opera, I-XI, ed. Friedrich Ast (Leipzig: 1819-32; ASKB 1144-54), I, pp. 428-31; Udvalgte Dialoger of Platon, I-VIII, tr. Carl Johan Heise (Copenhagen: 1830-59: ASKB 1164-67, 1160 [I-VII], III, pp. 164-66; The Collected Dialogues of Plato, de. Edith Hamilton and Huntington Carns (Princeton: Princeton University Press, 1963), pp. 293-94 (소크라테스가 말한다):

23 이 부분은 욥기 1:13-19를 참고하라.

24 이 부분은 다음을 언급한 것처럼 보인다. 야고보서 2:23, "이에 성경에 이른바 아브라함이 하나님을 믿으니 이것을 의로 여기셨다는 말씀이 응하였고 그는 하나님의 벗이라 칭함을 받았나니"

역대하 20:7, "우리 하나님이시여 전에 이 땅 거민을 주의 백성 이스라엘 앞에서 쫓아내시고 그 땅으로 주의 벗 아브라함의 자손에게 영영히 주지 아니하셨나이까."

25 요한계시록 2:10, "네가 장차 받을 고난을 두려워 말라. 볼지어다. 마귀가 장차 너희 가운데 몇 사람을 옥에 던져 시험을 받게 하리니 너희가 십 일 동안 환난을 받으리라. 네가 죽도록 충성하라. 그리하면 내가 생명의 면류관을 네게 주리라."

26 이 부분에 대하여는 다음을 참고하라.

잠언 14:34, "의는 나라로 영화롭게 하고 죄는 백성을 욕되게 하느니라."

디모데전서 6:10, "돈을 사랑함이 일만 악의 뿌리가 되나니 이것을 탐내는 자들은 미혹을 받아 믿음에서 떠나 많은 근심으로써 자기를 찔렀도다."

야고보서 4:1-2, "너희 중에 싸움이 어디로부터 다툼이 어디로부터 나느냐? 너희 지체 중에 싸우는 정욕으로부터 나는 것이 아니냐? 너희는 욕심을 내어도 얻지 못하며 살인하며 시기하여도 능히 취하지 못하므로 다투고 싸우는도다. 너희가 얻지 못함은 구하지 아니하기 때문이요 구하여도 받지 못함은 정욕으로 쓰려고 잘못 구하기 때문이라."

27 요일 5:19, "또 아는 것은 우리는 하나님께 속하고 온 세상은 악한 자 안에 처한 것이며"

28 창세기 4:10, "이르시되 네가 무엇을 하였느냐 네 아우의 핏소리가 땅에서부터 호소하느니라."

29 히브리서 12:3, "너희가 피곤하여 낙심하지 않기 위하여 죄인들이 이같이 자기에게 거역한 일을 참으신 이를 생각하라."

30 요한복음 19:5, "이에 예수께서 가시관을 쓰고 자색 옷을 입고 나오시니 빌라도가 그들에게 말하되 보라 이 사람이로다 하매"

31 이 부분에 대하여는 다음을 참고하라. 마태복음 26:57-68

32 누가복음 23:39-43, "달린 행악자 중 하나는 비방하여 이르되 네가 그리스도가 아니냐 너와 우리를 구원하라 하되, 하나는 그 사람을 꾸짖어 이르되 네가 동일한 정죄를 받고서도 하나님을 두려워하지 아니하느냐? 우리는 우리가 행한 일에 상당한 보응을 받는 것이니 이에 당연하거니와 이 사람이 행한 것은 옳지 않은 것이 없느니라 하고 이르되 예수여 당신의 나라에 임하실 때에 나를 기억하소서 하니, 예수께서 이르시되 내가 진실로 네게 이르노니 오늘 네가 나와 함께 낙원에 있으리라 하시니라."

33 마태복음 27:25, "백성이 다 대답하여 이르되 그 피를 우리와 우리 자손에게 돌릴지어다 하거늘"

34 덴마크어로는 다음과 같다. den Sorg, som er efter ham(그분을 위한 근심) 여기에서 Sorg는 længsel(longing, 갈망, 소원)과 동의어이다. 이 부분에 대하여는 고린도후서 7:10을 참고하라. "하나님의 뜻대로 하는 근심은 후회할 것이 없는 구원에 이르게 하는 회개를 이루는 것이요 세상 근심은 사망을 이루는 것이니라." 우리말로는 "하나님

뜻대로 하는 근심"이고, 영어 NIV에서는 'Godly sorrow'이다.

또한 다음을 참고하라. "원죄에 대한 심오하게 예리한 의의는 모든 기독교는 단독자의 근심(슬픔)으로 시작한다는 사실에서 나타난다. 바로 이것이 하나님을 위한 슬픔이다. 1839년 2월 10일 -Pap. II A 360

35 고린도전서 11:24, "축사하시고 떼어 이르시되 이것은 너희를 위하는 내 몸이니 이것을 행하여 나를 기념하라 하시고"

36 갈라디아서 2:20, "내가 그리스도와 함께 십자가에 못 박혔나니 그런즉 이제는 내가 사는 것이 아니요 오직 내 안에 그리스도께서 사시는 것이라. 이제 내가 육체 가운데 사는 것은 나를 사랑하사 나를 위하여 자기 자신을 버리신 하나님의 아들을 믿는 믿음 안에서 사는 것이라."

though
Chapter 2

마태복음 11장 28절

기도

하늘에 계신 아버지,
회중이 중보 기도할 때 아픈 자와 슬퍼하는 자 모두를
주님께서 위로해달라고 간구하듯,
이 시간에 수고하며 무거운 짐을 진 자들에게
영혼의 쉼^{rest}을 허락해달라고 간구합니다.

그럼에도 이것은 중보기도가 아닙니다.
감히 누가 다른 사람을 위해서만 기도할 정도로
스스로를 건강하다고 생각할 수 있겠습니까?

아, 아닙니다.
각자가 영혼의 쉼을 허락해 달라고 주님께 기도하듯,
모든 사람은 자기 자신을 위해 기도하고 있습니다.

오, 하나님이여,
주님께서 보시기에 죄의 자각으로
수고하며 무거운 짐을 진 각 사람에게,
영혼의 쉼을 허락하여 주소서.

마태복음 11:28
"수고하고 무거운 짐 진 자들아,
다 내게로 오라 내가 너희를 쉬게 하리라."

초대받는 자

"수고하고 무거운 짐 진 자들아, 다 내게로 오라." 얼마나 놀라운 초대입니까! 일반적으로 사람들이 축하행사를 위해서나 일을 수행하기 위해 함께 모일 때, 강한 자와 쾌활한 자에게 다음과 같이 말합니다.

"여기에 오십시오. 우리와 함께 합시다. 우리가 서로 힘을 모아 봅시다."

그러나 괴로워하는 사람에 대하여, 그들은 말합니다.

"아니요, 별로 함께 하고 싶지 않군요. 함께 해봐야 흥을 깨고 일을 방해할 뿐이에요."

그렇습니다. 괴로워하는 사람은 말을 하지 않아도 잘 이해합니다. 그래서 수많은 괴로워하는 자가 아마도 홀로 따로 있었던 것입니다. 그들은 흥을 깨거나 일을 방해하는 일이 없도록 다른 사람과 함께 하지 않을 것입니다. 그러나 수고하고 무거운 짐 진 자들 '**모두**'를 부르는 이런 초대는 괴로워하는 모든 자들을 위한 초대이므로, 확실히 그에게 해당되어야 합니다. 괴로워하는 자 중에 누가 여기에서 "아니요, 이 초대는 나에게 해당되지 않습니다!"라고 감히 말할 수 있겠습니까!

"수고하고 무거운 짐 진 자들 모두," 그들 모두입니다. 그 누구도 배제되지 않습니다. 단 한 명도 말입니다. 아, 이 말씀은 얼마나 다양한 차이를 의미하는지요.

수고한 자들입니다. 이 사람은 이마에 땀을 흘리며 일용할 양식을 위해 일하는 수고한 자만을,[01] 비천한 직업으로 인해 대낮의 열기와 고통을 참으며 수고하는 자만을 의미하는 것도 아닙니다.[02] 오, 또한 어려운 생각으로 씨름하며 수고하는 자를, 마치 수영 선수가 수고한다고 말하는 것처럼, 의심에 푹 잠겨 수고하는 자를 의미합니다.[03]

짐 진 자들입니다! 눈에 보이는 무거운 짐을 운반하는 짐 진 자들만을 의미하는 것은 아닙니다. 그는 눈에 보이는 어려운 환경 속에 있습니다. 이뿐 아니라 어떤 사람도 볼 수 없는 짐을 진 자를 의미합니다. 그는 오히려 그 짐을 숨기기 위해 일할 수도 있습니다. 또한, 궁핍과 환란의 기나긴 삶과 괴로운 기억에 직면하여 무거운 짐을 진 자뿐 아니라, 아, 미래가 없는 것처럼 보이는 무거운 짐을 진 자를 의미합니다.

하지만 이 모든 차이들을 다 언급한다면, 어떻게 이 강화가 끝날 수 있겠습니까? 아무리 시도한다 해도, 이것은 올바른 안내 veilede라기보다는 잘못된 안내 vildlede일 것입니다. 필요한 한 가지에 마음을 집중시키기보다[04] 차이점들로 인해 오히려 관심이 분산되고 말 것입니다. 그렇게 많은 차이점들이 있음에도 불구하고, 많든 적든 간에 수고와 괴로움과는 상관없이 행운아라고 일컬을 수 있는 사람들이 있다는 것, 과연 이것이 복음의 의미일까요? 복음이 수고하고 무거운 짐 진 자 모두를 초대할 때, 몇 사람은 실제로 건강하고, 치유가 필요 없으므로[05] 이 초대에 해당되지 않는 사람이 있다는 것, 과연 이것이 복음의 의미일까요?

이것이 일반적으로 우리가 말하는 방식입니다. 당신

이 행복한 그룹의 아이들을 볼 때, 거기에 아픈 아이 하나가 있다면, 친절한 사람은 그 아이에게 말합니다.

"얘야, 이리 오렴. 우리와 같이 놀자."

물론 그는 이 아이는 아프지만 다른 아이들은 실제로 건강하다고 말할 것입니다. 그렇다면, 복음은 같은 방식으로 말하고 있는 것일까요? 혹은 우리는 복음에 대해 이렇게 어리석게 말했을까요? 이것이 사실이라면, 복음은 모든 사람에게 해당되지 않습니다. 복음은 모든 사람을 위한 평등을 선포한 것도 아닙니다. 오히려 반대로 차별을 만든 것이고, 인간적인 초대가 괴로운 자들을 배제하려는 것처럼, 행복한 사람들을 배제하려 한 것입니다.

보십시오, 이것이 이 초대가 다르게 이해되어야 하는 이유입니다. **복음은 모든 사람을 초대합니다.** 복음은 단지 몇몇의 고통당하는 자들을 위한 안락과 위로, 혹은 도피처가 되려는 것이 아닙니다. 아니, 수고하고 짐 진 모든 사람들에게 말을 겁니다. 다시 말해, 그들 모두에게 말을 걸고, 수고하고 짐을 진다는 것이 무엇을 뜻하는지 알기를 모든 사람에게 요구합니다.

예를 들어, 당신이 수많은 사람들이 부러워하는 가장 행복한 자라 하더라도, 복음은 동일하게 당신에게 말을 걸고, 수고하고 무거운 짐을 지기를 요구합니다. 혹은 예를 들어, 당신이 가장 행복한 자가 아니고, 어떤 특별한 특권을 가진 자가 아니더라도, 어떤 부족함도 없고, 가장 소중한 소원은 이루어졌으며, 행복한 만족 가운데 살 수 있습니다. 그렇더라도, 초대의 요구와 함께 복음은 동일하게 당신에게 말을 겁니다.

당신이 지상의 궁핍과 가난 중에 있다면, 그렇다 하더라도 복음이 말하고 있는 그런 수고하고 무서운 짐을 진 자가 아닙니다. 당신이 속담에서 나올 만큼 비참한 자라 하더라도,[06] 아직 복음이 말하는 그런 사람은 아닙니다.

복음의 요구

그때, 이 초대는 세속적 방식으로 공허하게 되길 바라지 않습니다. 따라서 이 초대는 요구조건 Fordring 을 포함하고 있습니다. **더욱 심오한 의미에서 초대받는 자가 수고하고 무거운 짐을 지기를 요구하고 있는 것입니다.** 여기에 하나님의 뜻대로 하는 근심^{소원, en Sorg efter Gud}[07]이 있습니다. 이 근심은 지상적이고 시간적인 어떤 것과도 아무 관련이 없습니다. 당신의 외적 조건도, 당신의 미래와도 관련이 없습니다. 이것이 하나님의 뜻대로 하는 근심입니다. 그의 마음 깊이, 겸손하고도 조용하게 이 근심을 지니고 있는 사람, 이 사람이 수고하고 있습니다.

거기에는 또한 무거운 짐이 존재합니다. 세속적인 어떤 힘도 당신 어깨 위에 이 짐을 지게 할 수 없습니다. 또한 당신이 이 짐을 내려놓을 수 없듯 어떤 사람도 이 짐을 가져갈 수 없습니다. 바로 **이것이 죄책**^{guilt}**과 죄책에 대한 의식입니다.** 혹은 더 무겁게, 죄^{sin}와 죄의식입니다.

이 짐을 지는 자, 아, 그렇습니다. 그가 짐을 지며, 극단적으로 무거운 짐을 집니다. 하지만 또한 바로 그가 복음의 초대가 요구한 대로 짐을 집니다. 게다가, 거기에 어떤 염려^{Bekymring}가 존재합니다. 어떤 깊고도 영원한 염려입니다. 이 염려는 외적인 것과는 아무런 관련이 없습니다. 당신의 과거든 미래든, 행운과도 관련이 없습니다. 이 염려는 당신의 행위와 관련이 있습니다. 아, 사람이 망각하기를 원했던 그런 행위들과 관련이 있습니다. 숨겨졌든 드러났든 이것은 당신이 하나님께, 다른 사람에게 죄를 저질렀던 행위와 관련이 있기 때문입니다. **이 염려가 회개**repentance**입니다. 회개하며 탄식하는 자, 그렇습니다. 바로 그가 수고하며 무거운 짐을 집니다.** 누구도, 다른 누구도 이런 식으로 수고하며 무거운 짐을 지지 못합니다. 하지만 이것이 정확히 복음의 초대가 요구하는 것입니다.

복음의 약속

그러나 복음이 이 초대를 통해 요구했던 것처럼, 또한 "내가 너희를 쉬게 하리라."고 약속을 선포합니다. 쉬쉽시오! 이것은 지친 노동자, 고달픈 나그네가 바랐던 바입니다. 거친 바다에서 풍랑에 시달린 선원은 쉼을 구합니다. 기진맥진한 노인이 쉼을 갈망합니다. 병상 침대에서 불안에 떨었으나 편안한 자리를 찾지 못한 환자가 쉼을 바랍니다. 생각의 바다에서 발 디딜 곳을 찾지 못한 의심하는 자가 쉼을 갈망합니다.

아, 그러나 오직 회개하는 자만 영혼의 쉼을 위해 기도하는 것이 무엇인지 올바르게 이해합니다. 회개하는 자가 쉼을 얻는다는 이 유일한 생각 속에만 쉼이 있다는 것을, 거기에 용서가 있음을 이해합니다. 회개하는 자를 안심시키는 유일한 선포 속에만 쉼이 있다는 것을, 거기에서 그가 용서받았다는 것을 이해합니다. 회개하는 자를 도울 수 있는 유일한 토대에 쉼이 있다는 것을, 거기에서 **속죄**atonement가 이루어졌음을 이해합니다.

그러나 복음은 이것을 약속합니다. **그가 영혼을 위한 쉼을 얻는다는 것입니다.** 나의 독자, 당신은 이 초대에 반응하여 이 시간에 여기에 왔습니다. 이 한 번의 초대로 쉼이 영원히 주어지는 것도 아니고, 쉼을 찾기 위해 이 거룩한 장소에 다시 올 필요가 없는 것이 아니더라도, **이 쉼은 당신의 영혼을 위해 약속되었습니다.**

당신은 길을 걷는 나그네이고, 하나님의 집은 당신의 영혼을 위해 쉬기를 바라는 주막집Bedested[08]입니다. 그러나 당신이 이 쉼을 찾기 위해 다시 온다 해도, 언젠가 당신의 최후의 순간이 올 때, 그 마지막 때에 당신의 영혼을 위해 쉬기를 바랄 때에도, 이 쉼은 당신의 마지막 때와도 동일한 쉼이라는 것이 확실합니다. 당신이 청년의 때에 쉼을 찾기 위해 오늘 여기에 왔든, 더 나이 들어 왔든, 당신의 마지막 때가 오고, 죽음의 때에 버려졌고 홀로 되었을 때, 더 이상 이 세상에 속하지 않을 최후의 것으로 당신은 이 쉼을 갈망할 것입니다. 바로 당신이 오늘 갈망하고 있는 것을 갈망할 것입니다.

초대한 자

이것이 이 초대에서의 약속입니다. 그러나 그때 누가 초대하는 자입니까! "이리 오라"는 초대가 세상에서 늘 울리지만 도대체 어디로 가야 하는지 언급이 없다면 아주 끔찍하게 혼란스러운 말일 수 있습니다. 따라서 초대하는 자가 없다면, 혹은 망각과 의심이 초대했던 자를 빼앗는다면, 초대의 이 말씀이 반복된다 한들 무슨 유익이 있겠습니까. 그때 이 초대를 수락하는 것은 불가능할 것입니다. 왜냐하면 그 장소를 찾을 수가 없기 때문입니다. 그러나 나의 독자, 물론 당신은 초대하는 자가 누구인지 압니다. 당신은 더욱 굳게 그분을 의지하기 위해 이 초대를 수락하였습니다. 보십시오. 그분이 두 팔을

벌리면서 말씀하십니다.[09]

"이리로 오라. 수고하고 무거운 짐 진 자들은 모두 내게로 오라."

보십시오. 그분은 두 팔을 벌리십니다. 우리 모두는 그분의 팔에 안겨 똑같이 편히 기대어 축복을 받고 쉴 수 있습니다. 왜냐하면 요한이 그분의 가슴에 가장 가깝게 안겼던 것[10]은 오직 우리 구세주께서 사신 이 땅의 삶에서만 있었던 일이기 때문입니다.

당신이 어떻게 여기에 왔든, 당신이 지금 수고하고 무거운 짐을 졌다고 말할 수 있든, 당신의 범죄가 중요하든 그렇지 않든, 그 죄책이 오래 되었으나 잊히지 않든, 아니, 오래 되었고 종종 회개했든, 혹은 새로운 범죄이고 추억으로 달래기에는 너무나 생생하든, 오, 그분과 함께 한다면, 당신은 영혼을 위한 쉼을 얻을 것입니다.

나의 독자, 나는 무엇이 특별히 당신을 괴롭히고 있는지 모릅니다. 아마도 나는 당신의 슬픔을 이해할 수 없거나 어떤 통찰력을 갖고 이 슬픔에 대해 이야기하는 법을 잘 모릅니다. 그러나 당신은 어떤 사람에게도 가고 있지 않습니다. 하나님 앞에 은밀하게 고백함으로 당신은 긍휼하신 초대자이신 그분께로 가고 있습니다. 그분은 인간의 모든 슬픔을 아십니다. 그분은 죄가 없으셨으나, 온갖 시험을 당하셨습니다.[11]

그분은 또한 이 땅의 궁핍을 아셨습니다. 사막에서 주리셨습니다.[12] 십자가에서 목마르셨습니다.[13] 그분은 또한 가난을 아셨습니다. 어디로 가든 머리 둘 곳조차 없으셨습니다.[14] 그분의 영혼은 죽음으로 슬퍼하셨습니다.[15] 진실로 그분은 어떤 사람보다도 더한 모든 인간적인 슬픔을 경험하셨고, 바로 그 끝에서 이 세상의 모든 죄를 지셨을 때, 결국 하나님께도 버림을 받으셨습니다.[16]

따라서 그분은 당신의 영적 안내자이실 뿐 아니라, 구원자이십니다. 그분은 당신의 슬픔을 스스로 이해하는 것보다 그 모든 슬픔을 더 잘 아십니다. 하지만 바로 그분께서 당신의 짐을 지기 원하시고 당신에게 영혼을 위한 쉼을 주시기를 원하십니다. 이해받지 못하는 것, 이것은 어렵습니다. 그렇지요, 사실입니다. 하지만 당신의 모든 슬픔을 완전히 이해하는 자가 있으나 그 슬픔을 가져갈 수 없다면, 당신의 모든 노력을 완전히 이해할 수 있는 자가 있으나 당신에게 쉼을 줄 수 없다면, 이것이 당신에게 무슨 도움이 되겠습니까!

그리하여 이것은 초대입니다. "수고하고 무거운 짐 진 자들아, 다 내게로 오라." 이 초대는 요구조건을 포함하고 있습니다. 즉, 초대받은 자는 죄의식의 짐을 지고 수고해야 합니다. 그리고 여기에 신실하신 초대자가 있습니다. 그분은 말씀으로 거기에 여전히 서 계시고, 모든 사람을 초대하십니다.

하나님이여,
구하는 자가 찾게 하여 주소서.

올바른 것을 구하고 있는 자가
필요한 한 가지를 얻게 하소서.

올바른 자리에서 구하는 자가
영혼을 위한 쉼을 얻게 하소서.

제단 아래에서 무릎을 꿇을 때가
쉴 수 있는 자리임을 고백합니다.

그러나 하나님이여,
죄가 용서되었음을 깨달음으로 인해,
이것이 하나님 안에서 영혼이 쉼을 얻었다는
희미한 암시가 되게 하소서.

참고자료

01 창세기 3:19, "네가 흙으로 돌아갈 때까지 얼굴에 땀을 흘려야 먹을 것을 먹으리니 네가 그것에서 취함을 입었음이라. 너는 흙이니 흙으로 돌아갈 것이니라 하시니라."

02 이 부분은 마태복음 20:1-16의 포도원 품꾼 비유를 참고하라. 이와 관련된 구절은 마태복음 20:12이다. "나중 온 이 사람들은 한 시간밖에 일하지 아니하였거늘 그들을 종일 수고와 더위를 견딘 우리와 같게 하였나이다."

03 또한 다른 곳에서는 "의심하는 자들은 생각의 바다에서 발 디딜 곳을 찾을 수 없다."고 말한다.

04 이 부분은 누가복음 10:41-42를 암시하고 있다. "주께서 대답하여 이르시되 마르다야 마르다야 네가 많은 일로 염려하고 근심하나 몇 가지만 하든지 혹은 한 가지만이라도 족하니라 마리아는 이 좋은 편을 택하였으니 빼앗기지 아니하리라 하시니라."

05 마가복음 2:17, "예수께서 들으시고 그들에게 이르시되 건강한 자에게는 의사가 쓸데없고 병든 자에게라야 쓸데있느니라. 나는 의인을 부르러 온 것이 아니요 죄인을 부르러 왔노라 하시니라." 또한 마태복음 9:12를 참고하라.

06 신명기 28:37, "여호와께서 너를 끌어 가시는 모든 민족 중에서 네가 놀람과 속담과 비방거리가 될 것이라." 여기에서 속담이 된다는 것은 조롱이나 비난의 대상이 된다는 것을 의미한다. 또한 열왕기상 9:7과 예레미야 24:9를 참고하라.

07 원래 이 말은 "하나님을 향한 슬픔"으로 옮길 수 있으나, 이 구절에 대한 성서 구절과의 관련성을 고려하여 다음의 성서 구절을 인용하였다.

고린도후서 7:10, "하나님의 뜻대로 하는 근심은 후회할 것이 없는 구원에 이르게 하는 회개를 이루는 것이요 세상 근심은 사망을 이루는 것이니라."

08 덴마크어의 이 단어는 이중의 의미가 있다. 첫째는 기도하는 집(Bede)이라는 뜻이고 둘째는 쉬는 장소를 의미한다.

09 이 부분은 코펜하겐의 성모교회 제단에 있는 예수 그리스도의 상을 암시한다. 그림을 참고하라.

10 요한복음 13:23, "예수의 제자 중 하나 곧 그가 사랑하시는 자가 예수의 품에 의지하여 누웠는지라."

요한복음 13:25, "그가 예수의 가슴에 그대로 의지하여 말하되 주여 누구니이까"

11 히브리서 4:15, "우리에게 있는 대제사장은 우리 연약함을 동정하지 못하실 이가 아니요, 모든 일에 우리와 한결같이 시험을 받은 이로되 죄는 없으시니라."

12 누가복음 4:2, "마귀에게 시험을 받으시더라. 이 모든 날에 아무 것도 잡수시지 아니하시니 날 수가 다하매 주리신지라."

13 요한복음 19:28, "이 후에 예수께서 모든 일이 이미 이룬 줄 아시고 성경으로 응하게 하려 하사 가라사대 내가 목마르다 하시니"

14 마태복음 8:20, "예수께서 이르시되 여우도 굴이 있고 공중의 새도 거처가 있으되 인자는 머리 둘 곳이 없다 하시더라."

15 마태복음 26:38, "이에 말씀하시되 내 마음이 매우 고민하여 죽게 되었으니 너희는 여기 머물러 나와 함께 깨어 있으라 하시고" 또한 마가복음 14:34를 참고하라.

16 마가복음 15:34, "제 구시에 예수께서 크게 소리 지르시되 엘리 엘리 라마 사박다니 하시니 이를 번역하면 나의 하나님, 나의 하나님 어찌하여 나를 버리셨나이까 하는 뜻이라"

Chapter 3

요한복음 10장 27절[01]

기도

하늘에 계신 아버지!

당신의 은혜와 긍휼은 시대가 변할지라도 변하지 않습니다.[02] 세월과 함께 늙지 않습니다. 인간처럼 한 날이 다른 날보다 더 은혜롭고, 처음이 마지막 날보다 더 은혜로운 분이 아닙니다.

주님께서 변하지 않는 것처럼, 동일하게, 영원히 젊게, 날마다 새로운 것처럼,[03] 주님의 은혜는 변하지 않은 채로 남아 있습니다. 왜냐하면 주님께서 날마다 "오늘$^{endnu\ idag}$"[04] 이라고 말씀하셨기 때문입니다.

오, 그러나 사람이 이 구절에 집중한다면, 오늘에 사로잡힌다면, 그리하여 거룩한 결단으로 진지하게 자기 자신에게 '오늘'이라고 말한다면, 이것은 그가 바로 이 날에 변화되기를, 바로 이 날이 다른 날보다 그에게 중요한 날이 되기를 바랐다는 것을 의미합니다. 그가 언젠가 선택했던 선^{good}에서 다시 강건해짐으로 이 한 날이 중요해지기를, 혹은 명확히 선을 선택함으로써 중요해지기를 바랐던 것입니다.

변하지 않은 채, 날마다 '오늘'이라고 말하는 것, 이것은 주님의 은혜요, 긍휼입니다. 그러나 변하지 않은 채, 사람이 날마다 '오늘'이라고 말하는 것, 이것은 주님의 긍휼을 던져버리고, 그분의 은혜의 때를 낭비하는 것입니다. 주님은 '오늘' 은혜의 때를 주시는 분이시고, 사람은 '오늘' 은혜의 때를 붙잡아야 하는 자입니다.

오, 하나님,
우리가 당신과 함께 이렇게 말씀을 나눕니다. 우리 사이에 언어의 차이가 존재합니다. 그럼에도 불구하고 우리가 주님을 이해하기 위해, 우리 스스로를 주님께 이해시킬 수 있도록 애를 씁니다. 주님은 우리의 아버지라 일컬음 받으심을 부끄러워하지 않으십니다.[05]

오, 하나님,
주님께서 '오늘'을 말할 때, 이 말은 변함없는 은혜와 긍휼의 영원한 표현입니다. 올바른 의미에서 사람이 동일한 이 말을 반복했을 때, 이 말은 가장 심오한 변화와 결단을 의미하는 가장 강력한 표현입니다.

그렇습니다. 바로 오늘입니다. 오늘 이런 변화와 결단이 일어나지 않는다면, 모든 것을 상실한 것과 같습니다.

그때 오늘 여기 모인 사람들이, 어떤 외적인 권면 없이, 따라서 더욱 내면적인 이 사람들이 바로 이 한 날에 결단하여 그들의 죄를 고백하고 주님과 화해할 수 있도록 하소서. 바로 오늘이 그들을 위한 진정한 복이 되게 하소서. 그들이 하나님이 세상에 보내신 그분의 음성을, 선한 목자의 음성을 듣게 하소서. 그분이 그들을 알고, 그들이 그분을 따를 수 있도록 하소서.

요한복음 10:27
**"내 양은 내 음성을 들으며
나는 그들을 알며 그들은 나를 따르느니라."**

내적 필요

거룩한 날 회중이 주님의 집$^{Herrens\ Huus}$[06]에 모일 때, 하나님이 그렇게 명령하셨고, 그것을 정하신 것입니다. 하지만 오늘은 거룩한 날(주일)이 아닙니다. 그러나 적은 무리가 여기 성소^{Helligdommen}[07]에 모였습니다. 그렇게 정했기 때문에 모인 것이 아니라(누구도 그렇게 정한 적이 없으므로), 참석한 각 사람이 각자 다른 모양일지라도 특별히 바로 오늘 이 자리를 의지할 필요를 느꼈기 때문입니다. 오늘은 주일이 아닙니다. 오늘은 누구나 일상적으로는 일하러 자기 밭으로 가고, 사업하러, 일하러 나갑니다.[08] 여기에 모인 몇 사람만 오늘 주님의 집에 왔습니다.

단독자$^{single\ individual}$는 집을 떠나 여기에 왔습니다. 주일날 교회에 가는 사람이 행인을 만날 때, 그는 자연스럽게 이 행인도 교회에 가는 중이라고 생각합니다. 주일에 이것이 항상 사실인 것은 아니어도, 행인은 교회에 가고 있는 사람 중에 하나일 수 있기 때문입니다. 그러나 오늘 여기에 모인 사람들은 어떤 내적인 필요를 느껴 온 사람들입니다.

나는 궁금합니다. 그가 하나님의 집에 가는 중에 누군가를 만났다면, 과연 하나님의 집에 가는 중이라고 누가 생각했을까요? 그렇다면, 하나님에 집에 이렇게 들어가는 것은 덜 엄숙한 것입니까? 나에게는 이러한 신비로움으로 인해 이 방문이 더욱 내면적으로 보입니다. 모든 사람의 눈에 공개되었을지라도, 비밀리에 단독자는 교회에 옵니다. 비밀리에 혹은 비밀스런 길을 따라 온 것입니다. 하나님을 제외하고 누구도 이 길을 모릅니다.

당신이 하나님의 집에 가고 있다는 것을 어떤 행인도 알 수 없습니다. 당신 스스로 어떤 것도 말하지 않습니다. 교회에 가는 것보다 더 내면적이고 엄숙한 것처럼, 당신이 거룩한 성찬에 간다고 말하지 않습니다. 당신은 주일처럼 행인이 같은 길을 가고 있고 같은 생각을 갖고 있을 것이라 기대하지 않았습니다. 따라서 당신은 수많은 사람들 사이에서 낯선 사람처럼 비밀리에 갑니다.

당신은 지나가는 사람의 얼굴에서 같은 목적을 볼 수 있기를 기대하지 않았습니다. 따라서 당신은 눈을 스스로에게 고정할 수밖에 없었고, 마치 축제의 날처럼 사람들에게 형식적으로 인사하지도 않았습니다. 아니, 지나가는 사람들은 당신을 위해 존재하지 않습니다. 말하자면, 눈을 아래로 뜬 채로, 당신은 비밀리에 이 장소로 도망친 것입니다.

따라서 홀로 있기를 바랄 수 없을 때처럼, 마치 축제의 날처럼 하나님께 감사하고 그분께 예배하고 찬양하는 것이 당신의 목적이 아닙니다. 당신의 목적은 죄의 용서를 구하는 것입니다. 따라서 당신은 홀로 있고 싶어 합니다. 지금 얼마나 고요하고 얼마나 엄숙합니까!

주일은 교회 밖에서도 만물이 고요합니다. 일상적인 일은 중단됩니다. 하나님의 집에 방문하지 않는 자도 이 날이 주일이라는 것을 압니다. 그렇지만 오늘은 주일이 아닙니다. 저 밖에 일상 생활의 시끄러운 소리가 둥근 천장을 통해 들려오는 것만 같습니다. 그리하여 그곳에서 이 거룩한 고요는 더욱 커집니다. 공권력이 정중하게 명령한 고요는 그럼에도 경건한 고요$^{\text{godly stillness}}$가 아닙니다.[09] 그러나 세계가 시끄러운 반면, 이 고요는 경건한 고요입니다.

그리하여 **오늘 여기에 오는 것은 당신의 의무가 아니었습니다. 그것은 당신 안의 어떤 필요 때문이었습니다.** 당신을 결단하게 한 것이 어떤 외적인 권면도 아니었습니다. 당신 스스로 내적으로 결단한 것임에 틀림없습니다. 여기에 오지 않았더라도 누구도 당신을 책망할 수 없습니다. 여기에 온 것은 당신의 자유로운 선택입니다.

당신은 다른 사람이 오기 때문에 이를 행하지 않았습니다. 왜냐하면 다른 사람은 결국 바로 오늘 각자 밭으로, 사업장으로, 일터로 갔기 때문입니다. 그러나 당신은 하나님의 집에, 주님의 식탁으로 왔습니다.

이렇게 함으로, 당신은 특별히 그리스도께 속하기 원했던 사람들 중에, 방금 전에 읽은 거룩한 본문에서 서술된 사람들 중에 하나였다는 것을 표현했습니다. 이 본문은 그리스도께서 자신을 선한 목자로, 진정으로 믿는 자를 양으로 비유한 복음의 말씀에서 나온 것입니다.[10] 이 말씀에는 세 가지의 진술이 등장하고 다음과 같습니다.

그들은 그분(그리스도)의 음성을 듣는다.
그분(그리스도)은 그들을 아신다.
그들은 그분(그리스도)을 따른다.

그들은 그분의 음성을 듣는다.

오늘 특별히, 단순하고도 유일하게 들어야 하는 것은 그분의 음성입니다. 여기에서 행하는 다른 모든 일은 단지 그분의 음성에 집중하도록 돕는 목적을 위한 것입니다. 따라서 들어야 하는 것은 그분의 음성입니다.

오늘 어떤 설교도 선포되지 않습니다. 어떤 고백적인 이야기Skriftetale[11]도 설교가 아닙니다. 고백적 이야기가 있다 하더라도 당신을 지도하거나 어떤 오래된 익숙한 교리에 대한 인상을 심어주려는 것이 아닙니다. 다만 고백적 이야기를 통해 당신은 성찬에 가던 중에 멈춥니다. 그리하여 말하는 자의 음성을 통해 당신 자신 역시 하나님 앞에서 은밀하게 개인적으로 고백합니다.[12]

고백적 이야기를 통해 고백하는 것이 무엇을 의미하는 것인지 배우는 것이 아닙니다. 이것은 역시 너무 늦습니다.[13] 그러나 고백적 이야기를 통해 당신은 하나님 앞에서 고백합니다. 오늘 어떤 설교도 선포되지 않습니다. 여기에서 정해진 짧은 순간[14]에 우리가 말하는 것은 다시 어떤 설교가 아니고, 우리가 '아멘'이라 말할 때, 거룩한 예배는 통상적으로 필수적인 것이 끝이 나지만, 여기에서는 필수적인 것[15]이 시작됩니다.

따라서 우리의 이야기가 성찬에 가던 도중에 잠깐이라도 당신을 멈추게 하는 것입니다. 왜냐하면 거룩한 예배는 통상적으로 설교단에서 중심을 이루고 있지만 오늘은 성찬대에서 중심을 이루고 있기 때문입니다.[16] **이 성찬대에서 무엇보다 중요한 점은 그분의 음성을 듣는 것입니다.**

확실히 설교는 그분을 증거해야 하며, 그분의 말씀과 가르침을 선포해야 합니다. 그러나 설교는 아직 그분의 음성이 아닙니다. 하지만 성찬에서 당신이 들어야 하는 것은 그분의 음성입니다. 다른 사람이 성찬에서 말한 것을 당신에게 말한다면, 모든 사람이 그것을 당신에게 말하면서 함께 참여한다 해도, **당신이 그분의 음성을 듣지 못한다면, 그때 당신은 거룩한 성찬을 헛되이 받은 것입니다.**

성찬대에서 주님의 종[17]을 통해 조상들로부터 전해 내려오는 모든 말씀[18]이 아무리 정확히 전달된다 해도, 어떤 말도 피해갈 수 없도록, 일점일획도 놓치지 않고 그 말씀을 당신이 정확히 듣는다 해도, 그분의 음성을 듣지 못한다면, 그것을 말하고 있는 것이 그분이라는 것을 듣지 못한다면, 거룩한 성찬을 헛되이 받은 것입니다.

그분이 "수고하고 무거운 짐 진 자들아, 다 내게로 오라!"고 말할 때,[19] 당신이 듣는 것은 그분의 음성이 되어야 합니다. 따라서 당신을 초청한 것은 그분의 음성입니다. "이것은 나의 몸이다."[20]라고 그분이 말할 때, 당신이 듣는 것은 그분의 음성이 되어야 합니다.

성찬대에서 그분에 대한 어떤 이야기도 없습니다. 그분 자신이 거기에서 사람 속에 임재하십니다.[21] 거기에서 말하고 있는 분은 그분입니다. 그렇지 않다면, 그때 당신은 성찬대에 있는 것이 아니다. 물리적인 의미에서, 사람은 성찬대를 가리키며 "저기에 있습니다."[22]라고 말할 수 있습니다. 그러나 영적인 의미에서, 그분의 몸은 당신이 그곳에서 그분의 음성을 들을 때만 거기에 실제로 존재합니다.

그분은 그들을 아신다.

다시 말해, **그분의 음성을 듣지 못하는 사람들을 그분은 모릅니다.** 그분께서 모르는 사람들은 그분께 속한 것도 아닙니다. 그분과 함께 하는 것은 사람과 함께 하는 것과 같지 않습니다. 사람은 친구를 모르고도 친구를 가질 수 있고 지지자를 모르고도 지지자를 가질 수 있죠. 그러나 그리스도가 모르는 자는 그분께 속한 것이 아닙니다. **왜냐하면 그리스도는 모든 것을 아시기 때문입니다.** 그분은 그들을 아십니다. 그분은 그들 각각을 개인적으로 아십니다.

그분이 행하신 희생은 일반적인 사람들을 위한 희생이 아닙니다. 또한 일반적인 사람들을 구원하기를 원하신 것도 아닙니다. 이것은 이런 방식으로 이루어질 수 없습니다. 아니, **그분은 그들 각각을 개인적으로 구원하기 위해 희생하신 것입니다.**[23] 그러니 그분이 어떻게 그들 각각을 개인적으로 모를 수 있겠습니까! 사람이 자신을 위해 목숨을 버리기까지 희생하신 그분을 모를 수 있겠습니까!

회중이 축제의 날에 큰 무리로 모인다 해도, 그분은

그래도 그들을 아십니다. 그분이 모르는 사람들은 그분께 속한 것이 아닙니다. 그러나 그와 같은 때에 누군가 쉽게 자기 자신을 속일 수가 있습니다. 마치 단독자는 군중들 틈에서 숨길 수 있는 것처럼 말입니다. 하지만 성찬대에서는 그럴 수 없습니다. 거기에 아무리 많은 사람들이 모인다 해도, 모든 사람들이 성찬대에 모인다 해도, **성찬대에는 군중이 존재하지 않습니다.** 그분은 개인적으로 임재하고 계십니다. 자신에게 속한 사람들을 아십니다. 당신이 누구이든, 많은 사람들에 의해 알려지든, 전혀 알려지지 않든, 그분은 당신을 아십니다. 당신이 그분께 속했다면, 그분은 당신을 아십니다.

오, 그분이 아신다는 것은 얼마나 복된 위로입니까! 그렇습니다. 당신이 저 깊은 땅속에 숨겨진다 해도, 그분은 당신을 아십니다.[24] 그러나 도망칠 이유도 없고, 은신처를 찾을 이유도 없습니다. 왜냐하면 복이란 명확히 이것이기 때문입니다. 그분이 당신을 아신다는 것. 그러나 제 삼자가 그분이 당신을 알고 있는지 알 수 없습니다. 당신은 그분과 함께, 또한 당신 자신과 함께 이것을 알아야 합니다. 그러나 그분이 당신을 모른다면, 그때 당신은 그분께 속한 것이 아닙니다.

보십시오. 매일 아침 태양은 이른 새벽에 땅에서 떠오릅니다. 그 빛이 온 땅 구석구석을 비춥니다. 햇빛이 밝게 비추지 못할 만큼 구석진 곳은 어디에도 존재하지 않습니다. 햇빛은 이 땅을 아는 것에 대해서는 아무런 차별을 두지 않습니다. 햇빛은 평등하게 구석구석을 비추고 모든 곳을 압니다.[25] 인간의 영원한 태양이신 그분, 그분이 인간을 아는 한 햇빛처럼 모든 사람을 구석구석 비추십니다. 그러나 **그분은 차이를 두십니다.** 그분이 모르는 사람들, "나는 당신을 모릅니다. 결코 당신을 모릅니다."라고 말할 사람들도 존재합니다.[26] 그들이 아무리 그분을 안다고 주장할지라도, 그분이 이렇게 말할 사람들이 존재합니다!

당신이 성찬대에 올라가서 거룩한 행위에 참여했어도, 게다가 성찬에 참여했다는 것을 명확히 증명했더라도, 주님의 종이 다른 각각의 사람들에게 떡과 포도주를 나누어 준 것처럼 특별히 당신에게도 나누어 주었다는 것을 확증했더라도, 그분이 당신을 모른다면, 당신은 성찬을 헛되이 받은 것입니다. "보십시오. 저기에 있습니다."라고 말하면서 성찬대를 가리킬 수 있습니다. 그러나 영적인 의미에서, 거기에서 그분이 당신을 아실 때만 성찬대는 거기에 존재합니다.

그들은 그분을 따른다.

당신은 성찬대에 머물지 않을 뿐더러 머물지도 말아야 합니다. 당신은 다시 과업으로, 일터로, 당신을 기다리고 있는 기쁨으로 돌아갑니다. 오, 혹은 슬픔으로 돌아갑니다. 당신이 오늘 제쳐두었던 그런 모든 일로 돌아갑니다. 그러나 그분께 속해 있다면, 당신은 그분을 따릅니다. 당신이 그분을 따를 때 성찬대를 떠납니다. 그러나 그때 그것은 마치 성찬대가 당신을 따르는 것과 같습니다. **왜냐하면 그분이 있는 곳에, 성찬대가 있기 때문입니다. 당신이 그분을 따를 때, 그분께서 당신과 동행합니다.**

영원의 진지함이여!
당신이 어디로 가든, 그분께서 당신과 동행하신다니.

얼마나 복된 위로입니까!
그분께서 당신과 동행하신다니.
얼마나 놀라운 일치입니까!
영원의 진지함이 가장 복된 위로라니.

확실히 성찬대는 거기에 서 있는 채로 남아 있습니다. 당신은 성찬대로 갑니다. 그러나 그분께서 거기에 임재할 때만 그것은 성찬입니다. 따라서 그분께서 계신 곳에서, 성찬대가 있습니다.

그분께서 선포하십니다.
"당신이 제단에 예물을 드리고 거기에서 누군가 원망들 만한 것이 기억난다면, 먼저 가서 당신의 원수와 화해하라. 그리고 와서 예물을 드리라."[27]

당신이 생각하기에 어떤 제물이 그분께 더욱 값질까요? 당신의 원수와 화해함으로써, 다시 말해, 하나님께 당신의 분노를 드림으로써 당신이 가져간 제물입니까, 제단에 당신이 드릴 수 있는 예물입니까! 그러나 화해의 제물이 하나님께, 그리스도께 더욱 값지다면, 확실히 제단은 가장 기쁜 제물을 가져오는 곳에, 거기에 존재합니다! 아벨이 제단에서 희생제물을 드렸으나, 가인은 그렇게 하지 못했습니다. 하나님은 아벨의 제물을 받으셨습니다. 이것은 아벨의 제물이 제단인 이유입니다. 그러나 하나님은 가인의 제물을 받지 않았습니다.[28]

오, 그분이 계신 곳에, 제단이 있다는 것을 잊지 마십시오.[29] 그분의 제단은 모리아산도, 그리심산도 아니요,[30] 어떤 눈에 보이는 거기에 있지 않다는 것을 잊지 마십시오. 그러나 제단은 그분이 계신 곳에, 거기에 존재한다는 것을 잊지 마십시오. 이것이 그렇지 않다면, 당신은 물론 성찬대에 남아야할 것이며, 거기에 거주해야 합니다. 결코 그 자리에서 조금도 움직일 수 없을 것입니다.[31] 그러나 그런 미신이 기독교가 아닙니다.

성찬대에 남기

[32]오늘은 주일이 아닙니다. 오늘은 평일의 거룩한 예배가 존재합니다. 오, 그러나 <u>**그리스도인의 삶이란 매일이 거룩한 예배입니다!**</u> 이것은 어쩌다 한 번 성찬에 참

여함으로써 만사가 다 해결되는 것과 같지 않습니다.[33] 아니, **이 과업은 당신이 성찬대를 떠날지라도, 성찬대에 남는 것입니다.** 오늘 우리가 말했던 다른 모든 것은 성찬대에 당신의 관심을 집중하는 목적을 위해서만 존재합니다.

그러나 **당신이 여기에서 떠날 때, 이 사건은 끝난 것이 아니라는 것을 명심하십시오. 오, 아닙니다. 이것은 시작에 불과합니다.** 선한 사건의 시작, 혹은 성서가 말하듯, 선한 일이 당신 안에서 시작한 것에 불과합니다. 또한 그 일을 시작하신 하나님께서 우리 주 예수 그리스도의 날에 완성하실 것입니다.[34] 틀림없이 당신은 경건하게 이 날을 오늘이라 부를 수 있습니다. 하나님께서 당신에게 주신 것이 정말로 '예수 그리스도의 날'이라는 의미를 지닌다면 말입니다. 그러나 실제로 '예수 그리스도의 날'이라 부를 수 있는 유일한 하루가 존재합니다.[35] 반면, 오늘은 곧 끝나 버리고 말 것입니다.[36]

하나님이여, 이 날이 잊힌지 오래 되었더라도, 계속해서 기억할 때, 이 날의 복이 주님을 위한 생생한 기억이 되게 하소서. 그리하여 이 복의 기념이 복이 되게 하소서.

지나가리라, 오 이 날이여, 다시는 없는 것처럼
시간에서 나의 눈은 보리라.
밤이 되면 잠에 빠지리라!
나는 밝은 천국으로 향한다.
바라보시는 나의 하나님이여, 영원한 빛이시여.
이곳에 나의 믿음이 세워지리라![37]

참고자료

01 초고를 참고하면 다음과 같다.

> 요한복음 10:27
> [여백에서: 프루(Frue)교회에서
> 1847년 8월 27일에 전달된
> 금요일 설교]

. . . 거짓 교사들은 이 관계를 뒤집었다. 그들은 부모를 도울 수 있는 선물을 고르반이라 말했다면, 그것을 제공할 필요가 없다고 가르쳤다. 그러나 그리스도께서는 그들을 꾸짖었다. 올바른 적용은 선물을 제공하는 것이라 가르치셨다.

오, 그분이 계신 곳에, 영적인 의미에서 거기에 제단이 있다는 것을 잊지 말라. 이것이 그렇지 않았다면, 물론 당신은 성찬식에 남아 있어야 했을 것이다. 당신이 따로 살고 있는 친구가 있으나 매일 그를 신실하게 기억했다면, 음, 그래, 그를 다시 보았을 때, 그것은 가장 즐겁고 아름다운 순간이었을 것이다. 그러나 매일 신실하게 그를 기억했다면, 그때 그는 여전히 당신과 함께 하고 당신은 그와 함께 했을 것이다.

여백에서: 이 강화는 다섯 번째 아침 탄식의 마지막 절(stanza), 킹고(Kingo)에서 나온 절로 끝날 수 있다. -Pap. VIII2 B 108 n.d., 1847-48

Pap. VIII2 B 108에 추가:
그리스도인의 삶이란 매일 거룩한 예배다. 오늘이 평일의 거룩한

예배인 것처럼. -Pap. VIII2 B 109 n.d., 1847-48

Pap. VIII2 B 108:
이것은 어쩌면 한 번 당신이 성찬에 참여함으로써 만사가 다 해결되는 것과 같지 않다. 아니, 성찬식에서 당신은 명확히 성찬을 받는 법을 배운다. -Pap. VIII2 B 110 n.d., 1847-48

02 예를 들어 다음을 보라. The Changelessness of God, in The Moment, KW XXIII (SV XIV 277-94). 또한 이 부분은 야고보서 1:17을 암시하고 있다. "온갖 좋은 은사와 온전한 선물이 다 위로부터 빛들의 아버지께로부터 내려오나니 그는 변함도 없으시고 회전하는 그림자도 없으시니라."

03 예레미야애가 3:22-23을 암시한다. "여호와의 인자와 긍휼이 무궁하시므로 우리가 진멸되지 아니함이니이다. 이것들이 아침마다 새로우니 주의 성실하심이 크시도소이다."

04 이 부분은 다음을 언급하고 있다.

누가복음 23:43, "예수께서 이르시되, 내가 진실로 네게 이르노니 오늘 네가 나와 함께 낙원에 있으리라 하시니라."

히브리서 3:7, 13, 15, "그러므로 성령이 이르신 바와 같이 오늘 너희가 그의 음성을 듣거든", "오직 오늘이라 일컫는 동안에 매일 피차 권면하여 너희 중에 누구든지 죄의 유혹으로 완고하게 되지 않도록 하라", "성경에 일렀으되 오늘 너희가 그의 음성을 듣거든 격노하시게 하던 것 같이 너희 마음을 완고하게 하지 말라 하였으니"

05 히브리서 11:6, "그들이 이제는 더 나은 본향을 사모하니 곧 하늘에 있는 것이라. 이러므로 하나님이 그들의 하나님이라 일컬음 받으심을 부끄러워하지 아니하시고 그들을 위하여 한 성을 예비하셨느니라."

06 이 부분에 대하여는 「기독교의 공격」 제1강화를 참고하라. 또한 다음을 참고하라.

디모데전서 3:15, "만일 내가 지체하면 너로 하여금 하나님의 집에서 어떻게 행하여야 할지 알게 하려 함이니 이 집은 살아 계신 하나님의 교회요 진리의 기둥과 터니라"

전도서 5:1, "너는 하나님의 집에 들어갈 때에 네 발을 삼갈지어다. 가까이 하여 말씀을 듣는 것이 우매한 자들이 제물을 드리는 것보다 나으니 그들은 악을 행하면서도 깨닫지 못함이니라."

07 성경에 나오는 성전, 여기에서는 교회를 표현한 것이다.

08 마태복음 22:5, "그들이 돌아보지도 않고 한 사람은 자기 밭으로, 한 사람은 자기 사업하러 가고"

누가복음 14:18-20, "다 일치하게 사양하여 한 사람은 이르되 나는 밭을 샀으매 아무래도 나가 보아야 하겠으니 청컨대 나를 양해하도록 하라 하고, 또 한 사람은 이르되 나는 소 다섯 겨리를 샀으매 시험하러 가니 청컨대 나를 양해하도록 하라 하고, 또 한 사람은 이르되 나는 장가들었으니 그러므로 가지 못하겠노라 하는지라."

09 1845년 3월 26일의 조례(공휴일 조례라고 함)에 의해 "일요일과 공휴일의 적절한 준수"에 대한 새로운 조항이 도입되었다고 한다. 이 조항은 상점의 폐쇄시간을 강화하고 낮 동안, 특히 교회 예배시간 동안 모든 소음과 소란을 금지했다.

10 이 부분은 요한복음 10:1-31을 참고하라. 특별히 26절을 참고하면 주님은 유대인들을 향해 "너희가 내 양이 아니므로 믿지 아니하는도다."라고 말한다.

11 이 부분은 기독교의 예배의식으로의 신앙고백이나 가톨릭의 고해성사 같은 것이 아니다. 그 당시 덴마크 예배에서 행해진 어떤 고백적인 설교가 있었다고 한다.

12 하나님 앞에서 은밀하게 고백한다는 것은 자신의 죄를 조용히 고백하는 것을 의미한다. 이 부문은 마태복음 6:6을 참고하라. "너는 기도할 때에 네 골방에 들어가 문을 닫고 은밀한 중에 계신 네 아버지께 기도하라. 은밀한 중에 보시는 네 아버지께서 갚으시리라."

13 이 부분은 고해성사를 하러 가는 것을 의미한다.

14 종교개혁 초기부터 매일의 예배에서 설교하는 것이 원칙이었다. 이 원칙은 덴마크의 모범적인 교회인 성모교회에서 지켜졌다. 이 설교 또는 성찬 설교는 주일과 공휴일 설교와 관련하여 10분에서 15분

정도로 지속되는 매우 짧고 자유롭게 선택한 본문으로 진행되었다고 한다.

15 이것은 예배를 암시한다.

16 그 당시 주일 예배는 설교를 중심으로 했고, 금요일 예배는 성찬대를 중심으로 드려졌다고 한다.

17 성직자를 의미한다.

18 이 부분은 성찬을 제정했던 말씀을 의미한다. 예를 들어, 다음을 보라. 마태복음 26:26-28, 마가복음 14:22-24, 누가복음 22:19-20, 고린도전서 11:23-25

19 마태복음 11:28, "수고하고 무거운 짐 진 자들아 다 내게로 오라 내가 너희를 쉬게 하리라"

20 고린도전서 11:24, "축사하시고 떼어 이르시되 이것은 너희를 위하는 내 몸이니 이것을 행하여 나를 기념하라 하시고"

21 이 부분은 성찬에 대한 사제의 서문에 표현되어 있다. "예수 그리스도께서는 말씀 읽기에 따라 성사 안에 자신의 몸과 피와 함께 임재하십니다." Forordnet Alter-Bog, 252쪽. 이 외에도 루터의 성찬에 대한 교리에도 나온다.

22 이 표현은 다음을 암시하고 있다. 마태복음 24:23, "그 때에 사람이 너희에게 말하되, 보라 그리스도가 여기 있다 혹은 저기 있다 하여도 믿지 말라."

23 요한복음 10:14-15, "나는 선한 목자라 나는 내 양을 알고 양도 나를 아는 것이 아버지께서 나를 아시고 내가 아버지를 아는 것 같으니 나는 양을 위하여 목숨을 버리노라."

24 이 부분은 다음을 참고하라. 시편 139: 7-12, "내가 주의 영을 떠나 어디로 가며 주의 앞에서 어디로 피하리이까? 내가 하늘에 올라갈지라도 거기 계시며 스올에 내 자리를 펼지라도 거기에 계시니이다. 내가 새벽 날개치며 바다 끝에 가서 거주할지라도 거기서도 주의 손이 나를 인도하시며 주의 오른손이 나를 붙드시리이다. 내가 혹시 말하기를 흑암이 반드시 나를 덮고 나를 두른 빛은 밤이

되리라 할지라도 주에게서는 흑암이 숨기지 못하며 밤이 낮과 같이 비추이나니 주에게는 흑암과 빛이 같음이니이다."

25 이 부분은 마태복음 5:45를 암시한다. "이같이 한즉 하늘에 계신 너희 아버지의 아들이 되리니 이는 하나님이 그 해를 악인과 선인에게 비추시며 비를 의로운 자와 불의한 자에게 내려주심이라."

26 마태복음 7:22-23, "그 날에 많은 사람들이 나더러 이르되, 주여, 주여, 우리가 주의 이름으로 선지자 노릇 하며 주의 이름으로 귀신을 쫓아내며 주의 이름으로 많은 권능을 행하지 아니 하였나이까 하리니, 그 때에 내가 그들에게 밝히 말하되, 내가 너희를 도무지 알지 못하리니 불법을 행하는 자들아 내게서 떠나가라 하리라."

마태복음 25:12, "대답하여 이르되, 진실로 너희에게 이르노니 내가 너희를 알지 못하노라 하였으니라."

누가복음 13:25-27, "집 주인은 일어나 문을 한 번 닫은 후에 너희가 밖에 서서 문을 두드리며 주여 열어 주소서 하면 그가 대답하여 이르되, 나는 너희가 어디에서 온 자인지 알지 못하노라 하리니 그 때에 너희가 말하되, 우리는 주 앞에서 먹고 마셨으며 주는 또한 우리를 길거리에서 가르치셨나이다 하나 그가 너희에게 말하여 이르되 나는 너희가 어디에서 왔는지 알지 못하노라. 행악하는 모든 자들아 나를 떠나가라 하리라."

27 마태복음 5:23-24, "그러므로 예물을 제단에 드리려다가 거기에서 네 형제에게 원망들을 만한 일이 있는 것이 생각나거든 예물을 제단 앞에 두고 먼저 가서 형제와 화목하고 그 후에 와서 예물을 드리라."

28 창세기 4:3-5, "세월이 지난 후에 가인은 땅의 소산으로 제물을 삼아 여호와께 드렸고, 아벨은 자기도 양의 첫 새끼와 그 기름으로 드렸더니 여호와께서 아벨과 그의 제물을 받으셨으나 가인과 그의 제물은 받지 아니 하신지라. 가인이 몹시 분하여 안색이 변하니"

29 초고를 참고하면 다음과 같다.

요한복음 10:27
[여백에서: 프루(Frue)교회에서
1847년 8월 27일에 전달된

금요일 설교]

... 거짓 교사들은 이 관계를 뒤집었다. 그들은 부모를 도울 수 있는 선물을 고르반이라 말했다면, 그것을 제공할 필요가 없다고 가르쳤다. 그러나 그리스도께서는 그들을 꾸짖었다. 올바른 적용은 선물을 제공하는 것이라 가르치셨다.

오, 그분이 계신 곳에, 영적인 의미에서 거기에 제단이 있다는 것을 잊지 말라. 이것이 그렇지 않았다면, 물론 당신은 성찬식에 남아 있어야 했을 것이다. 당신이 따로 살고 있는 친구가 있으나 매일 그를 신실하게 기억했다면, 음, 그래, 그를 다시 보았을 때, 그것은 가장 즐겁고 아름다운 순간이었을 것이다. 그러나 매일 신실하게 그를 기억했다면, 그때 그는 여전히 당신과 함께 하고 당신은 그와 함께 했을 것이다.

여백에서: 이 강화는 다섯 번째 아침 탄식의 마지막 절(stanza), 킹고(Kingo)에서 나온 절로 끝날 수 있다. -Pap. VIII2 B 108 n.d., 1847-48

Pap. VIII2 B 108에 추가:
그리스도인의 삶이란 매일 거룩한 예배다. 오늘이 평일의 거룩한 예배인 것처럼. -Pap. VIII2 B 109 n.d., 1847-48

Pap. VIII2 B 108:
이것은 어쩌다 한 번 당신이 성찬에 참여함으로써 만사가 다 해결되는 것과 같지 않다. 아니, 성찬식에서 당신은 명확히 성찬을 받는 법을 배운다. -Pap. VIII2 B 110 n.d., 1847-48

30 모리아산은 예루살렘의 성전이 있는 곳이다. 그리심산은 사마리아인들의 거룩한 산이었다. 또한 요한복음 4:21을 참고하라. "예수께서 이르시되, 여자여 내말을 믿으라. 이 산에서도 말고 예루살렘에서도 말고 너희가 아버지께 예배할 때가 이르리라."

31 이 부분은 구약에서 다음의 구절을 암시하고 있다.

시편 23:6, "내 평생에 선하심과 인자하심이 반드시 나를 따르리니 내가 여호와의 집에 영원히 살리로다."

시편 27:4, "내가 여호와께 바라는 한 가지 일 그것을 구하리니 곧 내가 내 평생에 여호와의 집에 살면서 여호와의 아름다움을 바라보며 그의 성전에서 사모하는 그것이라."

32 이 부분에 대하여는 다음을 참고하라.

> Pap. VIII2 B 108에 추가:
> 그리스도인의 삶이란 매일 거룩한 예배다. 오늘이 평일의 거룩한 예배인 것처럼. -Pap. VIII2 B 109 n.d., 1847-48

33 이 부분은 다음을 참고하라.

> Pap. VIII2 B 108:
> 이것은 어쩌다 한 번 당신이 성찬에 참여함으로써 만사가 다 해결되는 것과 같지 않다. 아니, 성찬식에서 당신은 명확히 성찬을 받는 법을 배운다. -Pap. VIII2 B 110 n.d., 1847-48

34 빌립보서 1:6, "너희 안에서 착한 일을 시작하신 이가 그리스도 예수의 날까지 이루실 줄을 우리는 확신하노라."

35 이 부분은 예수 그리스도의 재림과 심판의 날을 의미한다.

36 이 부분은 해석이 조금 어렵다. 하지만 역자가 이해할 때, '예수 그리스도의 날'이란 주님의 재림과 심판을 의미하지만 주님을 따름으로 매일을 '예수 그리스도의 날'로 채울 수 있다. 이 날은 사라지지만 '예수 그리스도의 날'에 완성될 것이다.

37 이 부분은 덴마크의 찬송가에 들어 있는 킹고(Thomas Kingo, 1634-1703)의 "아침의 노래"의 마지막 절이다. Thomas Kingo, "Farvel Du hvilesøde Nat," stanza 5, Psalmer og aandelige Sange, ed. Peter Andreas Fenger (Copenhagen: 1827; ASKB 203), no. 184, p. 392: 덴마크어로는 다음과 같다.

> Skrid saa Du Dag, som aldrig meer
> Mit Øie her i Tiden seer,
> Fald hen i Nattens Skygge!
> Jeg skrider frem til Himmerig,
> Min Gud at see evindelig,
> Derpaa min Tro skal bygge.

Chapter
4

고린도전서 11장 23절

기도

오, 주님, 가끔 나의 마음에 생각나게 하소서
주님의 고난과 아픔과 궁핍을,
주님의 영혼의 고통이 나에게 생각나게 하소서[01]

그렇습니다, 우리의 주와 구주시여,
주님의 고난을 생각하는 일조차 감히 우리의 힘을 신뢰할 수 없습니다. 우리의 힘으로는 주님에 대한 기억을 깊이 떠올리거나 언제나 그 기억을 간직할 수 없음을 고백합니다.

슬픔보다는 기쁨을 생각하는 것을 더 좋아하는 우리, 언제나 좋은 날들을, 행복한 때의 평화와 안전을 갈망하는 우리, 더 깊은 의미에서 공포를 무시한 채 남아 있기를 그토록 바라는 우리,

우리가 어리석게 생각하듯 이 공포들로 인해, 우리의 행복한 삶이, 어두워지지 않도록, 진지해지지 않도록, 갈망합니다. 혹은 우리의 불행한 삶이 더 어두워지지 않도록,

더 진지해지지 않도록, 갈망합니다.

그리하여 우리가 주님께 기도합니다. 우리가 기억하고 원하는 분인 주님께 기도합니다. 주께서 우리에게 이것을 생각나게 해달라고 기도합니다.

사람이 주님과 이야기할 때, 얼마나 이상한 언어로 말을 하는지요. 인간의 언어가 우리와 주님과의 관계를, 혹은 주님과 우리와의 관계를 서술하려 하면, 그 사용이 부적당해 보입니다.

기억되어야 할 분이 기억해야 할 사람에게 기억하도록 생각나게 해야 한다면, 도대체 그것이 무슨 기념입니까!

인간적으로 말해, 생각해야 할 그렇게 중요한 많은 것을 지닌 자, 그런 고귀하고 힘이 있는 자만 이런 식으로 말합니다. 그의 부하에게 말합니다.

"내가 자네를 기억할 수 있도록 자네가 나에게 생각나도록 해야 한다네."

아, 얼마나 슬픈지요. 우리가 주님께, 우리의 구원자시요, 세계의 구속자이신 분께, 이와 동일하게 말하다니.

아, 얼마나 슬픈지요. 우리가 주님께 이와 같은 말을 할 때, 이와 같은 말이 바로 우리의 비천함의 표현이요, 주님과 비교할 때, 우리의 무^{nothingness}의 표현이라니. 하나님과 함께 하는 주님은 모든 하늘 위에 가장 높으신 분입니다.

우리가 주님께 기도합니다.
주님의 고난과 죽음이 우리에게 생각나도록,
가끔은 우리의 일터에서 우리에게 생각나도록,
우리의 기쁨과 슬픔 중에 우리에게 생각나도록,
주님께서 배신당한 그 밤이 우리에게 생각나도록,
주님께 기도합니다.

주님께서 생각나도록 해 주실 때, 우리가 주님께 감사를 드립니다. 주님과의 교제를 새롭게 하기 위해, 오늘 주님의 성찬대에 올라가는 모든 무리들과 함께, 우리가 주님께 감사를 드립니다.

고린도전서 11장 23절
"주 예수 그리스도께서
잡히시던(배신당한) 밤에 떡을 가지사...."

[02]주님께서 배신당한 밤에

주님께서 배신당한 밤, 지금 이 밤이 당신 주변의 밤이 되게 하십시오. 진실로 이것이 거룩한 행위에 해당됩니다. 여기에 모인 당신, 우리 주 예수 그리스도를 기념하기 위해 모인 당신, 당신은 그 날 밤에 제정하셨던 성찬을 나누려 합니다. 당신은 분명 주님께서 주님의 고난과 죽음을 당신의 눈앞에 생생하게 가져오기를 기도했습니다.[03]

오, 왕과 왕자들이 무익하게 보기를 바랐던 것[04]을, 주님의 영광의 날 중에 하나를 보게 해달라고 기도했던 자들이 있습니다.

당신의 선택을 후회하지 마십시오. 왜냐하면 무엇보다 공포가 생생하게 그의 앞에 있기를 기도했던 자, 그

사람은 진정으로 더 좋은 편을 선택한 것이기 때문입니다.[05]

주님께서 배신당한 밤에. 인간적으로 말해, 이것은 이런 식이었습니다. 그분은 세상에 내려오셨습니다. 언젠가 사람들이 왕으로 선포했던 그분,[06] 이후에 모든 사람들이 지지하다 보니 심지어 대제사장들도 감히 붙잡을 수 없었던 그분,[07] 강력한 권능으로 인해 큰 무리가 따랐던 그분, 교사로서 지닌 권위 앞에 모든 사람이 굴복했던 그분, 바리새인들은 반항하였으나 어쩔 수 없이 그분 앞에 굴복했던 그분, 사람들이 기뻐하며 기대에 찼던 그분, 바로 그분이 지금은 세상에서 버림받는 자처럼 있습니다. 세상 밖에 있는 것처럼 제자들과 한 외딴 방에 앉아 있습니다.[08]

하지만 제비는 뽑혔습니다. 그분의 운명은 아버지의 뜻과 대제사장들에 의해 결정되었습니다.[09] 그분이 만찬에서 일어나 그 밤에 나갈 때, 죽음을 맞이하러 나가고 있었던 것입니다. 그때 모든 것이 준비된 공포의 드라마가 시작됩니다. 그분은 공포의 반복 속에서 다시 과거를 경험하게 될 것입니다. 어떤 의미에서 끔찍하게 시작으로 끝이 납니다.[10]

그분은 왕으로 대환영을 받으면서도 조롱을 받을 것입니다. 실제로 자색 옷을 입었으나 모욕으로 인해 입게 될 것입니다. 그분은 주위에 점점 더 많은 사람들을 끌어 모을 것이지만, 더 이상 대제사장이 그분께 손을 대는 것을 두려워하지 않을 것입니다. 오히려 그분께서 정당하게 사형선고를 받은 것처럼 보이게 하기 위해 군중들의 손을 제지할 수밖에 없을 것입니다. 결국 그분의 죽음은 합법적 과정이었습니다. 그분은 "강도를 체포하듯" 체포되었고, "범죄자처럼 십자가에 달리셨습니다!"[11]

따라서 그분의 삶은 진보이기는커녕 퇴보였습니다. 인간의 정신이 자연적으로 생각하고 원했던 것의 정반대였습니다. 세속적인 길에서, 사람은 명예와 존경과 권세가 한 단계, 한 단계 상승합니다. 그를 찬양하는 사람들이 지속적으로 늘어납니다. 결국 주류가 된 그가 모든 사람들에 의해 존경을 받고, 최고의 단계에 설 때까지 말입니다. 그러나 **그분은 역으로 한 단계, 한 단계 하강했습니다. 그럼에도 그것은 상승한 것이었습니다.** 이것이 진리가 고난당해야 했던 방식입니다. 혹은 이것은 세상에서 진리가 구별되어야 하는 방식입니다. 그리하여 그분은 진실로 진리이셨습니다.

처음에는 진리가 모든 사람들을 기쁘게 하는 것처럼 보였습니다. 그러나 진리가 점점 더 분명해질수록, 점점 더 명료해지고 명백해질수록, 더욱 결정적일수록, 착각의 올가미는 사라졌고 점점 더 많은 사람들이 사라져만 갔습니다. 마침내 그분 홀로 남았습니다. 그러나 그분은 거기에서조차 멈추지 않았습니다. 지금 그분은 마침내 십자가에 달리실 때까지 굴욕의 모든 과정을 통과하며 한 단계, 한 단계 상승합니다.

마침내! 그러나 최후의 순간은 그렇게 길지 않았습니다. 왜냐하면 주님께서 배신당한 밤에 시작했던 공포의 드라마는 놀랄 만큼 빠른 속도로 진행되었기 때문이죠. 마치 폭풍이 눈 깜짝할 사이에 하늘과 땅을 어둡게 하는 것처럼 말입니다. 이 밤이 경계선입니다. 하지만 얼마나 큰 변화입니까! 그러나 어떤 의미에서 모든 것은 동일합니다.

장소도 동일하고, 대제사장들도 동일하고, 통치자들도 동일하고, 사람들도 동일합니다. 그렇습니다. 그분도 또한 동일합니다. 언젠가 사람들이 그분을 왕으로 선포하려 했을 때, 그분은 도망치셨습니다. 그들이 그분을 체포하러 왔을 때, 파수병을 만나러 나갔고, 그분은 "너희가 누구를 찾느냐?"라고 말합니다.[12] 그분은 틀림없이 입맞춤을 하며 사도로서 유다에게 인사했습니다. 유다가 그분을 배신할 것을 알면서도 유다의 입맞춤을 거절하지도 않았습니다.[13] 그때 그분은 한결같지 않습니까?

오, 나의 독자, 사람이 때로는 그의 삶에서 없어지기를 원하는 날이나 밤이 있는 것처럼, **인류는 역사에서 이날 밤만은 없어지기를 바랐을 것입니다!** 그분이 태어난 밤이 어두웠다면, 배신당한 이 밤은 더 어두웠습니다! 인류는 역사에서 이 밤만은 없어지기를 바랐습니다. 진실로 모든 개인은 역사에서 이 밤이 없어지기를 원했습니다. 이 사건은 끝난 사건이 아니었습니다. 과거 이후로 오래 지난 것도 아닙니다. 죄 없는 자가 죽임을 당한 영광스러운 고난을 기억하려는 것처럼[14] 우리는 그리스도의 고난을 감히 그런 식으로 기억해서도 안 되고, 그렇게 기억하지도 말아야 합니다. 우리는 죄 없는 자의 죽음에 대하여 다음과 같이 말합니다.

"그것은 이미 오래 전에 지난 일입니다."

하지만 그분의 죄 없는 희생은 아무리 고난의 잔이

비워졌을지라도,[15] **지나간 일이 아닙니다.** 과거에 있었던 일이더라도, 지나간 사건이 아닙니다. 1800년 전에 있었을지라도, 끝난 사건도, 완료된 사건도 아닙니다.[16] 1800년 전에 있었을지라도 그럴 수 없습니다.

공범자요, 배신자인 우리

그분은 병상에서 자연적인 죽음을 맞이한 것이 아니었습니다. 또한 우연한 사고로 목숨을 잃은 것도 아니었습니다. 그분을 공격하고 죽인 것은 몇몇의 개인이 아닙니다. 그분을 십자가에 못 박은 것은 그 세대도 아니었습니다. **바로 인류가 그분을 십자가에 못 박은 것입니다.** 우리가 사람이라면 확실히 인류에 속합니다. 우리가 사람이라면, 적어도 이런 식으로 현존합니다.

결과적으로 우리는 우리의 손을 함부로 씻을 수가 없습니다. 손을 씻는다면, 적어도 빌라도가 손을 씻는 것처럼 씻을 수밖에 없습니다.[17] 결과적으로 우리는 구경꾼도 아니고, 과거 사건의 관찰자도 아닙니다. **우리는 현재 사건에서의 공범입니다.**

따라서 우리는 행여나 건방지게 우리 자신을 속인 채 시인들의 방식처럼 "우리에게 요구되는 것은 동정sympathy을 베푸는 것이야."라고 생각하지 않습니다.[18] 결국 인류에게 속한 우리에게 요구되는 것은 그분의 피입니다.[19] 심지어 그분을 가장 닮았던 그리스도를 본받은 자Efterfølger,[20] 미신이 추구했던 것처럼[21] 그의 몸에 상처를 지니지는 않았으나 진보이기는커녕 그의 삶이 퇴보했던 자, 조롱당하고, 모욕당하고, 핍박받고, 십자가에 달리면서 한 단계, 한 단계 상승했던 자, 그도 이 밤이 생각난다면, 그의 생각에 생생하게 나타난다면, 그도 역시 공범자로 현존합니다!

"우리 주 예수께서 배신당한 밤에"라는 말씀을 들을 때마다, 회중은 마치 배신을 막을 것처럼, 다른 모든 사람은 주님을 버려도 그분께 충성을 맹세한 것처럼,[22] 걱정스러워 하면서도 간절히 주님을 에워쌉니다. 하지만 잊지 마십시오. 그날 밤 따라갔다면 공범자였다는 것을. 반대로 닮을 수 없는 이 불쌍한 모범인 사도 베드로가 있었다는 것을 감히 망각하지 마십시오.

아, 우리 인간이 진리에 속한다 하더라도,[23] 진리와 함께 걷는다 하더라도, 진리이셨던 분과 함께 걸을 때,

이 진리가 기준일 때, 마치 거인 옆에 있는 어린 아이와 같습니다. 결단의 순간에 우리는 여전히 공범자로 남습니다.

주님께서 배신당한 밤에. 도대체 어떤 범죄가 배신의 행위만큼 그날 밤과 공통점을 지닐 수 있을까요? 도대체 어떤 범죄가 배신의 행위만큼 그날 밤의 사랑과 다를 수 있겠습니까. 무엇보다 키스로 배신이 일어날 때 말입니다! 유다는 확실히 배신자입니다. 그러나 그들 모두 배신자입니다. 유다가 돈 때문에 배신했다는 것 말고는 다를 바가 없습니다. 유다는 배신하여 주님을 대제사장에게 넘겼습니다. 대제사장은 배신하여 주님을 사람들에게 넘겼습니다. 사람들은 배신하여 주님을 빌라도에게 넘겼습니다. 빌라도는 황제에 대한 두려움으로 배신하여 주님을 죽음에 이르게 했습니다. 또한 그날 밤 도망쳤던 제자들, 법정 뜰에서 주님을 부인한 베드로, 그들 역시 사람들에 대한 두려움으로 같은 일을 행했습니다.[24] 베드로는 마지막 배신자였습니다. 오, 마지막 불씨가 꺼지듯, 온 세상은 어두워졌습니다.

전체 인류에서, 한 사람도, 이제 그분과 관계하는 단

한 사람도 존재하지 않습니다. 그리고 그분은 진리이셨습니다! 당신이 결코 이와 같은 일을 하지 않았으리라 생각했어도, 그분께 손을 대거나 조롱하는 일에 동참하지 않았으리라 생각했어도, **당신이 행한 일로 그분을 배신했을 것입니다.** 말하자면, 당신은 도망을 쳤거나, 영리하게 그냥 집에 머물렀을 것입니다. 그런 사건에는 관여하지 않았을 것이고, 무슨 일이 일어났는지 당신의 종에게 보고 받았을 것입니다.

아! 그러나 **배신은 사랑에게 가할 수 있는 가장 고통스러운 타격입니다.** 그 어떤 고통도, 육체적으로 가장 극한의 고통을 가한다 해도, 배신당한 데서 받은 타격보다 더 정신적으로 사랑을 아프게 하는 것은 없습니다. 왜냐하면 사랑Kjerlighed에게 성실함faithfulness Troskab보다 더 복이 있는 것은 없기 때문입니다![25]

이 밤의 고백

나에게 이런 일이 일어난 것만으로도, 경험 없는 젊은이가 행복하듯, 순진한 아이가 행복하듯, 일반 사람들이 행복하듯 경박하고 세속적인 방식으로 더 이상 행복할 수 없습니다. 세상에서 아무리 더 끔찍한 일이 일어난다 해도, 아마도 우리의 감각을 두려워 떨게 하는 것이기에, 마음을 두려워 떨게 하는 일이 일어난다 해도, 나는 더 이상 그런 것을 볼 필요가 없습니다. 나에게 더 이상 어떤 끔찍한 일이 일어날 필요가 없습니다. 나에게는 이것으로 충분합니다. 즉, **나는 사랑이 배신당한 것을 보았습니다.**[26] 그리고 나 자신에 대해 무언가를 이해했습니다. 나 역시 사람임을, 사람이 된다는 것은 죄 많은 인간이 되는 것임을, 나는 이런 것을 이해했습니다.

하지만 나는 이로 인해 사람을 싫어하지 않습니다. 적어도 나는 다른 사람을 미워하지 않습니다. 다만 나는 그날 밤을 절대 잊지 않을 것이고, 나 자신에 대해 이해했던 것을 잊지 않을 것입니다. 인류가 십자가에 못 박은 분은 속죄자 The Redeemer, Forløseren[27]이셨습니다. 인류에 속한 자로서, 나는 바로 이런 이유로 속죄자가 필요하다는 것을 깨닫습니다. **인류가 속죄자를 십자가에 못 박았을 때보다 속죄자에 대한 필요가 더욱 분명한 적은 없었습니다.**

이 순간부터 나는 더 이상 나 자신을 믿지 않습니다. 내가 그 당시에 살았던 사람처럼 시험받지 않았다고 해서 나 자신에게도 속지 않을 것입니다. 내가 더 선한 것처럼 착각에 빠지지 않을 것입니다. 나 자신에 대해 두려워진 사람으로, 나는 십자가에 달리신 분, 그분께 나의 피난처를 찾을 것입니다. 악으로부터 나를,[28] 나 자신으로부터 나를 구원해달라고 그분께 간구할 것입니다. 그분에 의해, 그분과 함께 구원받을 때만, 그분께서 나를 붙들어 주실 때만,[29] 내가 그분을 배신하지 않을 것임을 알기 때문입니다.

내가 주님을 배신할지도 모른다는 불안, 겁을 먹고 그분을 멀리 하게 되리라는 불안으로 더욱 그분을 의지합니다. 그때 감히 주님을 꼭 붙들리라 소망합니다. 내가 겁을 먹고 그분을 멀리 하려 하는 것이 오히려 나를 그분께 굳게 매이도록 하는데, 내가 어찌 감히 이것을 소원하지 않을 수 있겠습니까! 주님께서 나를 저항할 수 없이 움직이시기에, 내가 하지 않을 수 없습니다. 내가 이 불안으로 인해 나를 나 자신 속에 가두지 않을 것입니다. 혹은 내가 또 다시 그분을 배신했다는 죄의식 때문에 나 자신 속에 가두지 않을 것입니다. 오히려 죄인으로 속죄하신 그분께 속할 것입니다.

오, 주님께서 유대 땅을 두루 다니셨을 때, 유익한 기적으로 수많은 사람들을 감화시켰습니다. 그러나 주님은 십자가에 달리시고도, 더 큰 기적을 행하셨습니다. 그리하여 아무 것도 할 수 없는 상태에서, 고난당함으로써 마음을 가진 모든 사람들을 감화시켰습니다!

주의 만찬의 의미

주님은 배신당하셨습니다. 하지만 그분은 사랑이셨습니다. 배신당한 그날 밤, 주님은 사랑의 만찬을 제정하셨습니다! 언제나 한결같습니다! 그분을 십자가에 못박은 사람들에게도, 그분이 기도했던 사람들에게도,[30] 배신당한 그날 밤에도, 그 기회를 이용하십니다. 그 기회를 이용하여 화해의 성찬을 제정하십니다. (이 사랑은 얼마나 무한히 깊은가요! 바로 이 순간을 적절한 기회로 이용할 수 있다니!)

주님은 아무런 보답도 하지 않는 채로 섬김을 받으러 세상에 오시지 않았습니다![31] 한 여인이 그분의 머리에 기름을 부었습니다.[32] 이 보답으로 그녀는 모든 세기에 걸쳐 기억되었습니다! 그렇습니다. 그분을 향한 사람들의 악행에도 주님은 보답하십니다. 사람들은 그분을 십자가에 못 박았습니다. 그 보답으로 십자가에서의 그분의 죽음은 세상의 죄를 위한 속죄의 희생이 되셨습니다. 이를 위해, 그분을 십자가에 못 박은 자들을 위해서 말입니다! 그들은 주님을 배신했습니다. 그 보답으로 그분은 모든 자를 위한 화해의 성찬을 제정하셨습니다!

베드로가 주님을 부인하지 않았다면, 인류의 다른 사람과 달리, 화해가 필요하지 않은 유일한 사람이 되었을 것입니다. 그러나 그들 모두는 그분을 배신했습니다. 따라서 모든 사람은 화해의 성찬에 참여할 필요가 있습니다!

[33] 보십시오. 이제 모든 것이 준비되었습니다.[34] 또한 자신을 위해 준비된 자에게 복이 있을지라! 보십시오. 거룩한 식탁에서 주님께서 기다리고 계십니다. 그분을 기념하기 위해, 당신 자신에게 복이 되기 위해 이 성찬을 받으십시오.

참고자료

01 Johann Heermann, "Mind, O Jesu. tidt mit Hjerte," Evangelisk-christelig Psamebog (Copenhagen: 1845; ASKB 197), 147, p. 128. 이 부분은 덴마크 찬송가의 한 절이다. 키르케고르는 누구보다도 예수 그리스도의 고난에 대해 관심이 많았다.

02 이 부분은 다음을 참고하라.

> 금요일 설교를 위한 본문
>
> 우리의 시민권은 하늘에 있다.(빌3:20)
>
> . . . 우리는 특별히 오늘 이것을 깨닫는다. 왜냐하면 "우리 주 예수 그리스도께서 배신당한(잡히시던) 밤에"라는 이 말씀이 반복될 때마다, 회중은 끊임없이 그분 주위로 점점 더 가까워지기 때문이다. 마치 배신자가 다시 점점 더 가까워지는 것처럼 말이다. -JP IV 3919 (Pap. VIII1 A 265) n.d., 1847

원고에서;

> . . . 우리가 마치 "그것은 과거 이후로 오랜 시간이 흘렀다."라고 말하는, 결백한 죽음으로 고난당했던 영광스러운 자를 상기시키는 것처럼 그분의 죽음을 상기하지 말아야 한다. 우리는 이런 식으로 여기에 우리를 에워싸고 있는 모습을, 그분의 사도들을 상기할 수 있다. 그러나 그분은 아니다. 그분의 죽음은 과거가 아니다. 그때 이후로

18세기가 흘렀을지라도 그렇다. 그분의 죽음은 세계가 지속된 만큼 오래된 과거가 아니다. 그분이 죽음을 맞이한 것은 우연이 아니다. 그분을 붙잡고 죽였던 사람들은 단지 몇 명이 아니다. 그것은 단지 그 세대도 아니다. 아니, 그것은 "인류"였다. 우리가 사람이면서도, 단지 구경꾼이면서 그 사건의 관찰자였다면, 우리 역시 이 부류 중의 하나다. 시인이 요구했던 것, 강렬한 동정(Medlidenhed)은 우리에게 요구된 바가 아니다. 아니, 우리는 공범(Medskyldige)이다.

나의 청자, 당신은 확실히 이것을 반성했다. 그리하여 그들이 말하듯, 여기 하나님의 집에서 설교자가 약간의 달변으로 당신에게 깊은 인상을 남긴 것은 당신의 생각이 아니다. [여백에서: 당신은 틀림없이 당신과 함께 깊은 인상을 불러일으켰다.] 아니, 당신이 그분의 고난과 죽음에 대한 생각을 불러일으켰을 때 당신이 스스로 공범자라 생각했다면, 이에 대한 인상을 얻기 위해 달변의 도움은 필요 없다. 특별히 그런 동시대인들과 비교하여 당신은 실제로 주님의 십자가 사건과 동시대 사람이 아니라며 어떤 '물타기(mitigation)'가 있는 것을 고려할 때 더욱 그렇다.

당신이 아무리 동시대에 있었던 것처럼 상상한다 해도, 그것은 의미 없는 메아리에 불과하다. 왜냐하면 현실성(actuality)이 완전히 다른 방식에서 일깨우고 각성시키면서 더 잘 설교하기 때문이다. 모든 설교자보다...

그러나 당신이 이 거룩한 식사에 참여하기 전, 이 강화는 말해야 한다. 당신의 관심을 혼란시키는 것이 아니라 다음보다 더욱 적절한 것에 대해서.

그분께서 배신당한 밤에 대해서

그때 주변 분위기로 인해 산만해지지 말자. 건물의 아름다움, 웅장함, 예술 작품들 때문에 산만해지지 말자. [*] 이 속에 있는 불신적이고, 기만적이고, 현혹적 안전으로 인해 산만해지지 말자. 그것은 단지 당신 주변의 밤이 되게 하자.

그분께서 배신당한 밤에[**]... 이 밤이 전환점이다. 그러나 외적인 세계에서와 같지 않다. 외적인 세계에서는 태양이 잠시 저물다가 뜨는 것이 오래 걸리는 것만큼 지는 것 역시 오랜 시간이 걸린다. 하지만 그분의 파멸은 두렵도록 속도가 증가한다. 이 밤이 분기점이다. 모든 것은 공포를 위해 준비된다. 그분께서 해야 할 모든 것은 만찬에서 일어서는 것이고, 그 밤에 나가는 것이다. 그때 이 밤이 시작된다. 갑작스런 공포와 함께 잠시 동안 폭풍이 하늘을 어둡게 하는 반면, 이 밤은 한 순간에 정점에 이른다. 두려운 대격변(upheaval). 그럼에도 그것은 동일한, 동일한 사람들, 동일한 대제사장, 동일한 이웃이다. 그분 역시 동일하고, 불변한 자이다.

그분의 삶은 그들의 세속적인 삶의 정반대다. 세속적인 삶은 점점 더 많은 사람들이 끊임없이 그들의 의견을 공유할수록 명예, 존경, 능력, 영향력은 한 단계, 한 단계 상승했다. 반면 그분은 언급된 순서와는 반대 순서로 한 단계, 한 단계 상승했다. 그리하여 그분은 지금 조롱당하는 것으로 시작하여 십자가에 달리기까지 모든 사람들(all ranks)을 통과한다. 그분이 진리이셨던 것만큼 진실하게, 진리는 세상에서 이런 식으로 고난당해야 한다. 처음에는 진리가 모든 사람을 기쁘게 하는 것처럼 보인다. 그러나 점점 더 이 일이 진행될수록, 진리는 있는 그대로의 모습으로 명확하고도 결정적으로 자신을 드러낼 때를 갖는다. 점점 더 사람들은 진리에서 돌아선다. 마침내 진리가 완전히 홀로 있을 때까지 말이다. 세속적 관점에서 본다면, 선은 탁월한 표지(signs of distinction)에 의해, 선을 찬양하며 참여하는 점점 더 많은 사람들에 의해 인식되는 반면, 진리는 역전된 반응에 의해 인식된다. 바로 이것이 진리의 탁월한 자국이다. 진리가 홀로 서 있을 때까지 말이다. 그때 진리는 모욕당한다. 비웃음을 받고, 조롱받고 결국 십자가에 달린다. 진리는 아마도 교만한 사람들을 기쁘게 한다. 세속적인 계급에서 저런 상승을 보고 있으니까. 그러나 믿는 자에게 이 역전된 운동을 보는 것이 덕을 세우는 일이다.

[*] 여백에서: 이뿐 아니라. 수많은 사람들도 여기에서는 불신적인 안전이다.

[**] 여백에서: 주의

이 강화가 전달된다면, 전체 소개는 생략될 것이다. 이 강화는 바로 본문이 시작된다. 그분이 배신당한 밤에. 주변 환경이 당신을 산만하게 하지 말라. 이 둥근 천장의 견고함이, 그 아름다움과 웅장함이, 예술품들이 당신을 산만하게 하지 말라. 아, 이뿐 아니다. 수많은 사람들로 인해, 산만해지지 말라. 여기에 신뢰할 수 없는 안전도 그렇다. 이것이 단지 당신 주변의 밤이 되게 하라. 그분께서 배신당한 밤에. 이 밤이 그분의 삶의 전환점이다. -Pap. VIII2 B 112 n.d., 1847-48.

03 이 부분은 갈라디아서 3:1을 암시하고 있다. "어리석도다 갈라디아 사람들아, 예수 그리스도께서 십자가에 못 박히신 것이 너희 눈 앞에 밝히 보이거늘 누가 너희를 꾀더냐?"

04 이 부분은 누가복음 10:23-24를 참고하라. "제자들을 돌아 보시며 조용히 이르시되, 너희가 보는 것을 보는 눈은 복이 있도다. 내가 너희에게 말하노니 많은 선지자와 임금이 너희가 보는 바를 보고자 하였으되 보지 못하였으며, 너희가 듣는 바를 듣고자 하였으되 듣지 못하였느니라."

05 누가복음 10:42, "몇 가지만 하든지 혹은 한 가지만이라도 족하니라. 마리아는 이 좋은 편을 택하였으니 빼앗기지 아니하리라 하시니라."

06 요한복음 6:15, "그러므로 예수께서 그들이 와서 자기를 억지로 붙들어 임금으로 삼으려는 줄 아시고 다시 혼자 산으로 떠나 가시니라."

07 이 부분에 대하여는 다음의 성경구절을 참고하라.

마태복음 21:46, "잡고자 하나 무리를 무서워하니 이는 그들이 예수를 선지자로 앎이었더라."

마태복음 26:5, "말하기를 민란이 날까 하노니 명절에는 하지 말자 하더라."

누가복음 20:19, "서기관들과 대제사장들이 예수의 이 비유는 자기들을 가리켜 말씀하심인 줄 알고 즉시 잡고자 하되 백성을 두려워하더라."

08 이 부분은 누가복음 22:7-15를 참고하라. 이 부분은 유월절 만찬을 언급하고 있는 것이다.

09 이 부분은 마태복음 26:57-68을 참고하라.

10 이 부분은 주님께서 예루살렘에 입성하실 때, 마치 '왕'처럼 대환영을 받은 것을 암시한다. 하지만 십자가에 달리실 때 역시 시작처럼 '유대인의 왕'이 죄명이었다.

11 마태복음 26:55, "그 때에 예수께서 무리에게 말씀하시되, 너희가 강도를 잡는 것같이 칼과 몽치를 가지고 나를 잡으러 나왔느냐? 내가 날마다 성전에 앉아 가르쳤으되 너희가 나를 잡지 아니하였도다."

또한, 다음을 참고하라. 누가복음 22:52, 23:32-33.

12 요한복음 18:4, "예수께서 그 당할 일을 다 아시고 나아가 이르시되 너희가 누구를 찾느냐?"

13 마태복음 26:49, "곧 예수께 나아와 랍비여 안녕하시옵니까 하고 입을 맞추니"

마가복음 14:45, "이에 와서 곧 예수께 나아와 랍비여 하고 입을 맞추니"

14 이 부분은 초기 기독교 신앙과 신앙고백 때문에 박해와 처형을 당했던 순교자들을 암시한다. 키르케고르에 따르면, 예수 그리스도의 죽음은 그런 영광스러운 죽음과도 근본적으로 다르다. 예수 그리스도의 죽음은 이 세상에서 유일한 죽음이다. 따라서 문맥을 이해하자면 예수 그리스도의 죽음은 순교자의 영광스런 죽음처럼 기억해서도 안 된다는 뜻이다.

15 마태복음 20:22, "예수께서 대답하여 이르시되, 너희는 너희가 구하는 것을 알지 못하는도다. 내가 마시려는 잔을 너희가 마실 수 있느냐? 그들이 말하되 할 수 있나이다." 여기에서 말하는 잔은 죽음을 의미한다. 주님은 또한 다음과 같이 기도하신다.

마태복음 26:39, "조금 나아가사 얼굴을 땅에 대시고 엎드려 기도하여 이르시되, 내 아버지여 만일 할 만하시거든 이 잔을 내게서 지나가게 하옵소서. 그러나 나의 원대로 마시옵고 아버지의 원대로 하옵소서 하시고"

16 그러나 지금은 그 이후로도 200년이 더 지나 있다.(역자 주)

17 마태복음 27:24, "빌라도가 아무 성과도 없이 도리어 민란이 나려는

것을 보고 물을 가져다가 무리 앞에서 손을 씻으며 이르되 이 사람의 피에 대하여 나는 무죄하니 너희가 당하라."

18 이 부분에 대하여는 키르케고르에 대한 이해가 필요하다. 그에 의하면 비극적인 시인의 목적은 영웅에 대한 동정을 불러일으키는 데에 있다. 따라서 키르케고르가 여기에서 말하고자 하는 것은 예수 그리스도의 고난과 비극적 영웅의 고난은 근본적으로 다르다는 것이다. 이 부분에 대한 더 자세한 연구를 원하는 자는 키르케고르의 사상서인 「두려움과 떨림」의 아브라함의 시험을 공부할 필요가 있다. 아브라함은 비극적인 영웅이 아니다. 예를 들어, 아브라함이 이삭을 하나님께 바친 것은 신탁에 의해 딸을 바친 그리스의 비극적 영웅인 아가멤논이나 자신의 딸을 하나님께 바친 입다와 근본적으로 다르다. 또한 아리스토텔레스의 시학에 보면, 동정은 비극의 작가에 의해 만들어진다. 비극은 동정과 연민을 일깨운다.

19 이 부분은 다음을 암시하고 있다. 마태복음 27:25, "백성이 다 대답하여 이르되, 그 피를 우리와 우리 자손에게 돌릴지어다 하거늘"

에스겔 3:18, "가령 내가 악인에게 말하기를, 너는 꼭 죽으리라 할 때에 네가 깨우치지 아니하거나 말로 악인에게 일러서 그의 악한 길을 떠나 생명을 구원하게 하지 아니하면 그 악인은 그의 죄악 중에서 죽으려니와 내가 그의 피 값을 네 자손에게 찾을 것이고"

20 아시시의 프란치스코(1181~1226년)를 말한다. 그는 이탈리아의 로마 가톨릭 교회 수사이자 저명한 설교가이다. 그는 성 베드로 대성전에서 구걸하는 걸인들을 보고 깊은 감동을 느껴 이후로 평생 가난한 삶을 살겠다고 결심하게 되었다. 아시시로 돌아간 그는 길거리에서 복음을 전파하였으며, 그의 삶에 감동을 받아 따르는 추종자들이 생겨났다. 프란치스코는 1210년 교황 인노첸시오 3세의 인가를 받아 남자 수도회인 프란치스코회를 설립하였다.

21 예수 그리스도를 따르는 자들에게 예수 그리스도처럼 머리에는 가시 면류관의 상처와 손과 발, 옆구리의 상처를 입는다는 중세시대의 미신을 말하는 것처럼 보인다.

22 마가복음 14:27-29, "예수께서 제자들에게 이르시되 너희가 다 나를 버리리라. 이는 기록된 바 내가 목자를 치리니 양들이 흩어지리라

하였음이니라. 그러나 내가 살아난 후에 너희보다 먼저 갈릴리로 가리라. 베드로가 여짜오되 다 버릴지라도 나는 그리하지 않겠나이다."

23 요한복음 18:37, "빌라도가 이르되, 그러면 네가 왕이 아니냐? 예수께서 대답하시되 네 말과 같이 내가 왕이니라. 내가 이를 위하여 태어났으며 이를 위하여 세상에 왔나니 곧 진리에 대하여 증언하려 함이로라. 무릇 진리에 속한 자는 내 음성을 듣느니라 하신대"

24 마태복음 26:69-75을 참고하라.

25 이 부분은 다음 장에 대한 실마리와 같다. 5장의 주제는 예수 그리스도의 성실하심이다.

26 로마서 8:35, "누가 우리를 그리스도의 사랑에서 끊으리요? 환난이나 곤고나 박해나 기근이나 적신이나 위험이나 칼이랴?"

고린도후서 5:14, "그리스도의 사랑이 우리를 강권하시는도다. 우리가 생각하건대 한 사람이 모든 사람을 대신하여 죽었은즉 모든 사람이 죽은 것이라."

에베소서 3:18-19, "능히 모든 성도와 함께 지식에 넘치는 그리스도의 사랑을 알고, 그 너비와 길이와 높이와 깊이가 어떠함을 깨달아 하나님의 모든 충만하신 것으로 너희에게 충만하게 하시기를 구하노라."

이상의 구절에서 복음은 그리스도의 사랑이 인간의 모든 이해를 초월함을 말하고 있다. 또한 다음을 참고하라. 빌립보서 1:8, "내가 예수 그리스도의 심장으로 너희 무리를 얼마나 사모하는지 하나님이 내 증인이시니라."

27 에베소서 1:7, "우리는 그리스도 안에서 그의 은혜의 풍성함을 따라 그의 피로 말미암아 속량 곧 죄 사함을 받았느니라." 바울은 여기에서 "그의 피로 말미암아 속량(redemption) 받았다."고 말한다. 또한 다음을 참고하라.

골로새서 1:14, "그 아들 안에서 우리가 속량 곧 죄 사함을 얻었도다."

히브리서 9:12, "염소와 송아지의 피로 하지 아니하고 오직 자기의 피로 영원한 속죄를 이루사 단번에 성소에 들어가셨느니라."

28 마태복음 6:13, "우리를 시험에 들게 하지 마시옵고 다만 악에서 구하시옵소서."

29 시편 139:10, "거기서도 주의 손이 나를 인도하시며 주의 오른손이 나를 붙드시리이다."

30 누가복음 23:34, "이에 예수께서 이르시되 아버지 저들을 사하여 주옵소서, 자기들이 하는 것을 알지 못함이니이다 하시더라. 그들이 그의 옷을 나눠 제비 뽑을새"

31 마태복음 20:28, "인자가 온 것은 섬김을 받으려 함이 아니라 도리어 섬기려 하고 자기 목숨을 많은 사람의 대속물로 주려 함이니라."

32 누가복음 7:38, "예수의 뒤로 그 발 곁에 서서 울며 눈물로 그 발을 적시고 자기 머리털로 닦고 그 발에 입맞추고 향유를 부으니"

33 이하의 단락은 다음을 참고하라.

. . . . 오 하나님! 바깥세상에는 주님께 집중하지 못하게 하는 것이 많다. 이것이 우리가 주님의 집으로 가는 이유다. 그러나 여기에서도 때로는 우리를 속이는 안전이 있다. 마치 이곳에서 모든 위험과 공포가 사라진 것처럼 말이다. 바로 이곳에서 모든 위험 중에서 가장 큰 위험이 논의되어야 하는 데도 말이다. 죄와 가장 큰 공포, 바로 그리스도의 고난과 죽음이다. -JP III 3417 (Pap. VIII1 A 367) n.d., 1847

원고에서 삭제된 것;

본문에서: 그리하여 당신은 그분을 기념하여 이것을 행한다.

주님이 배신당한 밤에! 하지만 나의 경건한 청자, 여기 하나님의 집에서 모든 것은 너무 조용하고, 안전하다.

여백에서: 오 하나님! 바깥세상에는 주님께 집중하지 못하게 하는 것이 많다. 이것이 우리가 주님의 집에 들어가는 이유다. 그러나 여기에서도 너무 쉽게 우리를 착각에 빠지게 하는 것이 있다. 마치 모든 위험과 공포가 사라진 것처럼 말이다. 바로 여기에서 우리가 가장 큰 위험에 대하여, 죄에 대하여, 가장 큰 공포에 대해서 이야기해야 한다. 그분의

고난과 죽음이다. 우리의 주님이자 구세주이신 당신께 간구합니다. 오늘 이 성찬에 참여하기 위해 모인 사람들에게 주님께서 기억나게 하셨던 것과 같은 방법으로 우리가 이것을 기억하게 하소서. 그때, 주님을 기념하여 이것을 행하게 하소서. -Pap. VIII2 B 113:1 n.d., 1847-48

34 누가복음 14:17, "잔치할 시각에 그 청하였던 자들에게 종을 보내어 이르되 오소서 모든 것이 준비되었나이다 하매"

Chapter
5

디모데후서 2장 12-13절

기도

주 예수 그리스도시여,
먼저 우리를 사랑하셨던 주님,[01]
처음부터 사랑했던 자들을 끝까지 사랑하셨던 주님,[02]
주님께 속하기 바랐던 모든 사람을
마지막 때까지 사랑하셨던 주님,

주님의 성실하심 faithfulness 은
자기를 부인하실 수 없습니다.

아, 사람이 주님을 부인할 때만,
사랑하시는 분인 주님을 부인할 수밖에 없도록
강요합니다.

우리가 저질렀던 죄로 인해 스스로를 기소할 때,
이 말씀이 우리에게 위로가 되게 하소서.

우리가 실패한 일로 인해,
유혹에 넘어지는 연약함으로 인해,

선을 행하는 데에 느린 성장으로 인해,

다시 말해,
주님은 우리에게 성실하심을 약속하신 이후
처음부터 언제나 성실하셨건만
우리의 성실하지 않은 성품으로 인해,
스스로를 고발할 때,
이 말씀이 우리의 위로가 되게 하소서.

우리가 성실하지 않을지라도,
여전히 성실하신 주님,
주님은 스스로를 부인하실 수 없는 분이십니다.
이것이 우리의 위로가 되게 하소서.

디모데후서 2:12-13
"우리가 주를 부인하면 주도 우리를 부인하실 것이라.
우리가 성실하지 않을지라도, 주는 항상 성실하시나니
자기를 부인하실 수 없으시리라."

이 말씀은 모순인가

방금 읽은 거룩한 말씀은 어떤 모순을 포함하고 있는 것처럼 보입니다. 이것이 사실이라면, 그렇게 보일 수밖에 없을 뿐 아니라, 이 구절에 집중하는 것도 이상합니다. 하지만 이것은 결코 사실이 아닙니다. 아마도 모순은 이 말씀의 첫 번째 문장에서 우리가 부인하면, 주도 우리를 부인할 것이라 말하면서, 다음 문장에서 주님은 자기를 부인하실 수 없다고 말했다는 데에 있을 것입니다.

그러나 주님을 부인하는 것과 주님께 성실하지 않은 것 사이에 어떤 차이도 존재하지 말아야 합니까? 결국, 주님을 부인하는 사람은 또한 성실하지 않은 것이 확실합니다. 왜냐하면 아무도 그에게 속하지도 않으면서 그분을 부인할 수는 없기 때문입니다. 그러나 이런 사실로 인해 **주님께 성실하지 않은 누구나 그분을 부인한다는 결론이 나오지는 않습니다.** 이것이 사실이라면 모순은 존재하지 않습니다.

한 문장은 엄격하고 다른 문장은 관대합니다. 사실, 여기에는 율법과 복음이 존재합니다.[03] 그러나 두 문장은 진리입니다. 이 구절에는 어떤 이중성도 존재하지 않습니다. 다만, 이 말씀은 영원의 진리가 시간에서와 영원에서, 사람들을 선과 악으로 구분하듯,[04] 그들을 구분하는 동일한 진리의 말씀입니다. 바리새인이 떠나고 난 다음에 그리스도께서 제자들에게 친밀하게 말씀하시기 시작했다는 것은 거룩한 복음을 들은 그대로입니다.[05]

이와 마찬가지로, 첫 번째 말씀은 왼편에 있는 것처럼, 주님을 부인하는 자들을 떠나게 하고, 제거합니다. 주님 역시 그들을 부인할 것입니다. 두 번째 말씀은 위로의 부드러운 말씀으로 오른편에 있는 자들에게 말씀하신 것처럼 말한 것입니다.[06] 진주를 돼지 앞에 던지지 말라고 제자들에게 명령하신[07] 그분의 사랑은 모든 사람을 구원하기를 바랄지라도, 구원받아야 할 사람을 필요로 하는, 구슬프게 애원하는 약함이 아닙니다. 오히려 구원받을 필요가 있는 모든 자를 향한 긍휼입니다.

그러나 이 거룩한 성찬에 참여하기 위해 여기에 모인 당신, 당신은 확실히 그분을 부인한 적이 없습니다. 혹은 어찌되었든 간에, 그분을 고백하기 위해 오늘 여기에 모였습니다. 혹은 오늘 여기에 모여서, 모인 목적으로 인해 당신은 그분을 고백할 것입니다.

따라서 저 엄격한 말씀이 기억나게 하는 것이 유익할 수 있습니다. 그리스도 안에서 하나님이 짝지어주신 것을 우리가 나누지 못하도록 명령한 것처럼,[08] 저 두 말씀을 분리하지 않고 동시에 들리게 하는 것도 유익할 수 있습니다. 어떤 것도 더하지도 빼지도 않는 것, 엄격함 속에 들어 있는 관대함을 빼지 않는 것, 복음 속에 들어 있는 율법을 빼지 않는 것, 구원 속에 들어 있는 멸망을 빼지 않는 것, 이런 것들도 유익할 수 있습니다. 그럼에도 불구하고, 본문의 두 번째 말씀은 오늘 묵상하기에 더 적합합니다.

이 끔찍한 생각이 우리와 무관한 것이 아님에도 지나치도록 내버려 둡시다. 오, 아닙니다. 살아 있는 한, 아무도 구원받지 못했으므로 길을 잃을 가능성이 있습니다. 삶이 있는 한, 소망도 있습니다. 그러나 삶이 있는 한, 확실히 위험의 가능성도 있습니다. 결과적으로 두려움의 가능성도 있습니다. 결과적으로 삶이 지속되는 것만큼 오래 두려움과 떨림[09]도 지속될 것입니다. 우리가 이 끔찍한 생각은 그냥 지나치도록 내버려 둡시다. 다만 우리가 복음의 부드러운 말씀으로 위로를 받을 때, 하나님을 신뢰하여 감히 이 끔찍한 생각이 그냥 지나치도록 내버려 둡니다.

주님의 성실하심

그분은 항상 성실하십니다. **따라서 그분과 관계할 때, 당신은 한 가지 염려^{Bekymring}가 줄어듭니다.** 혹은 오히려 사람이 다른 사람과 관계할 때보다 한 가지 복이 증가합니다. 인간적으로 말해, 두 사람이 관계할 때, 그들 각 사람은 언제나 이중의 염려를 갖고 있습니다. 한 사람은 자기 자신에 대하여 그가 성실한지에 대한 염려가 있고, 게다가 다른 사람도 성실한지에 대한 염려를 갖고 있습니다.

그러나 예수 그리스도, 그분은 성실하십니다. 따라

서 이 관계에서 영원의 평화와 축복은 완전합니다. 당신은 오직 한 가지 염려만 갖습니다. **당신이 그리스도께 얼마나 성실한지, 오직 이런 자기 염려**[Selvbekymringen]**만 갖습니다.** 왜냐하면 주님은 영원히 성실하시기 때문입니다.

오, 사람이 하나님을 사랑하는 이 사랑을 제외하고 완전히 행복한 사랑은 없습니다. 사람이 그리스도께 의지하는 성실함을 제외하고 완전히 행복한 성실함은 없습니다. 모든 것, 하나님께서 행하시는 모든 것은 당신에게 무조건적으로 유익합니다.

오직 그분만 당신에게 무엇이 유익한지 알고 있기 때문에 행여나 당신에게 유익한 무엇이든 그분께 없는 것은 아닌지 두려워할 필요가 없습니다.

오직 그분만 당신을 완전하게 이해하고 있기 때문에, 당신 자신을 이해하는 것보다 더 잘 이해하고 있기 때문에 그분께서 당신을 이해할 수 없는 것은 아닌지 두려워할 필요가 없습니다.

당신은 그분의 사랑 안에서 기뻐하기만 하면 됩니다. (이 얼마나 무한한 사랑의 기쁨인지요!) 침묵하고 감사하기만 하면 됩니다! 그렇습니다. 침묵하고 감사하기 입니다. 왜냐하면 당신이 침묵할 때 그분을 이해할 수 있고, 완전히 침묵할 때 가장 잘 이해할 수 있기 때문입니다. 또한 당신이 감사할 때 그분께서 당신을 이해하시고, 항상 감사할 때[10] 그분께서 가장 잘 이해하시기 때문입니다. 이때 하나님을 사랑하는 사람의 사랑은 얼마나 행복합니까!

그리스도와 연합하는 성실함이 이와 같습니다. 모든 사람의 영혼의 깊숙한 곳에는 어떤 은밀한 불안이 존재합니다. **그가 가장 믿었던 사람이 그에게 성실하지 않을 수 있다는 불안입니다.** 인간적인 사랑은 완전히 이 불안을 내어 쫓을 수가 없습니다. 이 불안이 숨긴 상태로 남아 있고, 아무리 우호적이고 행복한 인간관계더라도 이 불안은 발견되지 않은 채 남아 있을 수 있습니다. 또한 내면에서는 이 불안이 형용할 수 없이 소용돌이치기도 합니다. 인생의 폭풍이 시작될 때, 이 불안은 즉각적으로 터져버릴 것만 같습니다.

이 불안을 내어 쫓을 수 있는 성실함을 지닌 유일한 분이 계십니다. 그분이 예수 그리스도이십니다. 그분은 성실하십니다. 그렇습니다. 모든 다른 충성이 실패했어도, 그분은 항상 성실하십니다. 당신의 삶에서 허구한

날 무슨 일이 벌어지든, 그분은 성실하십니다. 당신이 죽을 때에도 그분은 성실하십니다.[11] 그분은 성실한 친구fuldtro Ven로 장차 당신을 다시 만날 것입니다.

그분과의 관계에서, 당신은 그분께서 성실하지 않을까 하는 어떤 염려도 없습니다. 그분께 완전히 당신 자신을 내어주었건만, 그분께서는 당신에게 성실하지 않을 수 있다는 그런 불안도 없습니다. 당신의 전 생애를 그분 안에서 갖는다면, 어떤 불안도 당신을 찾아올 수 없을뿐더러 찾지도 않을 것입니다. 아니, 오히려 그분의 성실하심이 영원하다는 확신에 힘입어, 당신의 힘은 증가했습니다. 이것 또한 그분의 선물입니다. 그리하여 당신이 모든 것을 헌신하여 그분께 성실할 수 있는 힘을 얻은 것입니다.

일반적으로 괴로운 생각을 할 때 생각이 분열되어 두 곳에 몰입되어야 할 때와는 달리, 당신은 그럴 필요가 없습니다. 그분께서 영원히 보장하고 있는 성실하심으로, 당신이 염려하지 않기를 바라십니다. 당신의 마음에 쉼을 주시기를, 당신을 뒷받침하시기를 바라십니다. 그러나 물론 이와 같은 성실하심을 통해 그분께서는 또한 당신이 그분께 성실할 수 있도록 격려하기를 바라십니다.

우리가 성실하지 못해도, 그분은 항상 성실하십니다. 그분과의 관계에서, 당신은 한 가지 염려가 줄어듭니다. 혹은 오히려 사람이 다른 사람과 관계할 때보다 한 가지 복이 증가합니다. 두 사람의 관계에서 한 사람이 성실하지 못했으나 그가 성실하지 못했음을 회개하고 돌아왔다면, 아, 그의 불성실함이 다른 사람을 변화시키는 힘을 갖게 됩니다. 그리하여 다른 사람은 스스로의 힘으로는 그를 용서할 수 없습니다.

그러나 우리 주 예수 그리스도, 그분은 자기 자신에게 성실하십니다. 누군가 자신의 불성실로 그분을 변화시킬 수 있는 힘을, 그분께서 예전보다(즉, 실제보다) 그를 덜 사랑하게 하는 힘을 갖고 있다고 생각한다면, 이것이야말로 건방지고 불경스러운 생각입니다. 또한 누군가 그분의 성실하심을 망령되이 일컫는다면, 이 역시 사악합니다. [12]당신은 하나님 여호와의 이름을 망령되이 일컫지 말아야 합니다.[13]

오, 그러나 당신이 그리스도의 성실하심을 망령되이 일컫지 않도록, 그분의 성실하심을 당신 자신을 향한 형벌로 만들지 않도록, 그분의 성실하심을 기억하십시오.

왜냐하면 그분의 변함없는 성실하심이 회개하는 자를 위한 용서이듯, 마찬가지로 무력하게 반역하고 스스로를 완악하게 행한 자에게 그분의 성실하심은 저주가 아닙니까!

우리가 불성실할지라도, 그분은 항상 성실하십니다. 그분께서 여기 이 땅에 걸으셨을 때, 어떤 고난당하는 자라도 그분께 나아오는 자 중에 도움을 받지 못한 자는 없었습니다. 어떤 괴로워하는 자도 위로를 받지 못하고 떠나는 자는 없었습니다. 어떤 아픈 자도 그분의 옷깃에 손을 대고 고침을 받지 못한 자는 없었습니다.(막 6:56)[14]

그러나 누군가 일흔 번 그분께 나와 그의 불성실함에 대해 용서를 구했다면, 당신은 그분이 지쳤을 것이라고 생각합니까? 혹은 일흔 번씩 일곱 번 용서를 구했다면 지쳤겠습니까![15] 아니, 그분께서 용서하는 데 지쳐 회개하는 자를 내던지기 전에 하늘이 먼저 별을 움직이는 데 지쳐 별을 내던졌을 것입니다.

오, 성실하고, 진실한 친구가 항상 계시다는 것, 그분이 친구라는 것, 이것은 얼마나 행복한 생각입니까! 감히 이와 같은 생각을 품을 수만 있다면, 얼마나 복된 생각인지요! 따라서 그분께서 회개하는 자의 성실한 친구라는 것, 불성실한 자의 친구라는 것은 얼마나 더욱 복이 있는지요!

인간의 불성실함을 붙드시는 주님

아, 그러나 완전한 성실함이 세상에서 결코 발견된 적이 없습니다. 다른 사람에게서 이 성실함을 찾으려 한다면 말입니다. 그러나 불성실함에 대한 보답인 성실함은 오직 천상의 선생이자 친구에게서만 발견됩니다. 확실히 우리 모두는 이 성실함을 찾을 필요가 있습니다.

그렇습니다. 우리가 성실할 수 있다고 장담하는 것, 이것이 위선적이거나 꾸며낸 장담이 아니어도, 우리의 선생이자 구주이신 주님께는 이런 장담이 연약해 보이고 언제나 유치해 보였을 것입니다. 우리의 성실함에 대한 장담에 대해 주님께서 지쳐버리는 것이 가능했더라면, 언젠가 주님께서 진지하게 우리의 성실함을 시험하려 작정하셨더라면, 선생이 학생들에게 "나는 너희들을 도울 수가 없어. 다만 너희의 성실함을 시험하는 것뿐이지."라고 일반적으로 말하는 것처럼 주께서 우리를 강물 속에 내던졌더라면, 선생이신 주님은 즉시 우리를 잃어버리고 말았을 것입니다!

이것이 하나님과 우리의 관계를 의미하는 한, 인간의 언어는 열등하고, 반쪽 진리입니다. **우리가 가장 강력한 표현으로 하나님이 우리를 시험하신다고 말할 때조차, 하나님께서 근본적으로 우리를 붙들고 계시다는 것**, 암묵적으로 이 의미를 이해하지 못한다면, 우리의 말은 아무런 의미가 없습니다.

엄마가 자신의 아기와 노는 것을 지켜보면, 엄마가 아기를 뒤에서 붙잡고 있을지라도, 아기는 홀로 걷고 있습니다. 그때 우리는 형용할 수 없는 기쁨을 발산하는 아기의 얼굴을 봅니다. 자신에 만족한 얼굴 그리고 당당한 태도를 봅니다. 우리는 이 아기를 보고 웃습니다. 우리가 이 전체 과정을 지켜보았기 때문입니다.

그러나 우리가 하나님과의 관계를 말할 때, 우리가 홀로 걷는 것에 대해서는 치명적으로 진지해져야 합니다. 그때 우리는 가장 강력한 표현으로 하나님께서 무겁게 손으로 우리를 잡았다고 말합니다. 실제로 하나님은 전혀 손을 사용하거나 두 개의 손을 갖고 있지 않음에도 말입니다. 그리하여 그 순간에 한 손으로 우리를 붙들고 계셨습니다.

따라서 우리는 건방지게 우리의 선생이자 구세주이신 주님께 당신을 향한 우리의 성실함을 시험하라고 요구하지 않습니다. **왜냐하면 저 곤경의 순간에조차 주님께서 우리를 붙들고 계셨다는 것을 잘 알기 때문입니다.** 근본적으로 우리가 불성실하다는 것을 알고 있고, 매순간마다 근본적으로 우리를 붙들고 있는 것이 주님이라는 것을 잘 알기 때문입니다.

성찬대 앞에서

경건한 독자, 당신은 오늘 성실하기로 약속한 당신의 결단을 새롭게 하기 위해 여기에 모였습니다. 그러나 이 결단을 이루기 위해 어떤 길로 가고 있는지요? **이 길은 고백을 통해 존재합니다.** 이 길은 돌아가는 길^{detour} 아닙니까? 왜 당신은 직접 성찬대로 가지 않습니까? 오, 그것은 거룩한 전통에 규정되어 있지 않더라도, 이 길을 따라 성찬대로 나아갈 필요가 있다고 느끼지 않습니까!

고백은 불성실함에 대한 죄책을 당신에게 짊어지우려는 것이 아닙니다. 반대로 고백을 통해 당신이 이 짐을 내려놓을 수 있도록 도우려 합니다. 고백은 당신이 고백하도록 강요하지 않습니다. 반대로, **고백을 통해 당신의 짐을 내려놓게 하려는 것입니다.** 이 고백의 시간에, 당신이 스스로를 고발하지 않는다면, 아무도 고발하는 자는 없습니다.

나의 독자, 우리 모두는 고백의 시간에 목사가 하는 설교를 들었습니다. 그러나 고백했던 당신과 그것을 들었던 하나님을 제외하고 누구도 당신 홀로 말했던 것을 모릅니다. 성찬을 받아야 하는 자는 목사가 아니라 바로 당신입니다. 고백했던 자도 목사가 아닙니다. 그는 심지어 당신의 고백도 듣지 못했습니다. 다만 하나님 앞에서 은밀하게 고백했던 자가 바로 당신입니다. 하나님께서 이 고백을 들으셨으나, 하나님께서 들으신 것을 또한 그분께서, 당신이 성찬대에서 만나길 원했던 그분께서도 들으셨습니다.

아, 당신이 무언가를 잊었다면, 혹은 무언가를 기만적으로 잊었다면, 하나님은 아시고 당신이 성찬대에서 만나길 원했던 그분께서도 이것을 아십니다. 이 강화는 사람이 자기가 얼마나 불성실한지, 불성실한 것이 얼마나 다양한지 스스로를 탓하게 하기 위한 것도, 당신 자신을 시험하려는 것도 아닙니다. 아니, 거룩한 교회의 전통을 따라, 이것은 하나님을 향한 당신의 정직함에 맡깁니다.

그러나 그럼에도 불구하고 명심하십시오. 당신이 마지막으로 구세주와의 교제를 새롭게 했음에도, 그 이후 흘러간 시간이 인간적으로 말해 더 나은 때라 말할 수 있음에도, 아, 당신이 성실하기로 결단했던 그분과의 관계에서 얼마나 불성실했습니까! 이깃은 어떤 특별한 것, 이런 저런 것에 대한 것이 아니라, 무조건적으로 모든 것에서 불성실했던 것입니다. 아, 누가 자기 자신을 알겠습니까! 진지하고 정직한 자기 시험^{Selvprøvelse}[16]이란 마지막에 가장 진실하게 이런 겸손한 고백으로 안내하는 것 아닌지요?

"자기 허물을 능히 깨달을 자 누구리요? 나를 숨은 허물에서 벗어나게 하소서."(시편 19:12)

사람이 그의 불성실함을 완전히 알고 있는 그리스도와 그의 관계를 시험할 때, 이런 자기 시험에서 감히 불성실함이 있을 수 없다고 생각할 사람이 있겠습니까! 따라서 이런 식으로는 쉼을 얻을 수 없습니다. 그때, **우리는 불성실하지만 그분은 항상 성실하다는 이 복된 위로 속에서 당신의 영혼을 위한 쉼을 찾으십시오.**

주님은 자기를 부인하실 수 없습니다. 그렇습니다. 사랑 때문에 세상을 위해 희생하셨던 분, 그분은 자신의 사랑으로 자기에게 가까이 갈 수 없습니다. 그러나 다른 사람과의 관계를 거부하고 자기 자신 안에 갇혀 자기에게 가까운 자, 그는 진실로 자기를 부인합니다. 당신이 그를 찾으러 가면, 그는 밖에 있는 척합니다. 그를 찾았더라도, 그의 손을 애써 잡는 것이 헛될 것입니다. 왜냐하면 그가 손을 빼고 자기를 부인할 것이기 때문입니다. 당신이 애써 그의 눈길을 사로잡는 것이 헛될 것입니다. 왜냐하면 그가 눈을 피하고 자기를 부인할 것이기 때문입니다.

그러나 우리 주 예수 그리스도, 그분은 자기를 부인하지 않습니다. 자기를 부인하실 수도 없습니다. 이것이 이 제단에서 그분께서 두 팔을 벌리시는 이유입니다. 그분은 모든 사람에게 팔을 펴십니다. 당신은 이것을 그분에게서 볼 수 있습니다. 즉, 그분은 자기를 부인하지 않는다는 것을. 그분은 자기를 부인하지 않으십니다. 또한 지금 당신이 그분에게 성실하기로 한 당신의 결단을 새롭게 할 때, 당신이 그분에게 요구한 것도 부인하지 않으십니다. 그분은 한결같습니다. 그분은 성실하셨고 당신에게 여전히 성실하게 남습니다.

참고자료

01 요한일서 4:19, "우리가 사랑함은 그가 먼저 우리를 사랑하셨음이라."

02 요한복음 13:1, "유월절 전에 예수께서 자기가 세상을 떠나 아버지께로 돌아가실 때가 이른 줄 아시고 세상에 있는 자기 사람들을 사랑하시되 끝까지 사랑하시니라."

03 이 부분에 대하여는 다음을 참고하라.

로마서 10:4, "그리스도는 모든 믿는 자에게 의를 이루기 위하여 율법의 마침이 되시니라." 또한 로마서 7장을 보라. 율법은 사람을 심판한다.

갈라디아서 3:23-24는 다음과 같다. "믿음이 오기 전에 우리는 율법 아래 매인 바 되고 계시될 믿음의 때까지 갇혔느니라. 이같이 율법이 우리를 그리스도께로 인도하는 초등교사가 되어 우리로 하여금 믿음으로 말미암아 의롭다 함을 얻게 하려 함이라."

04 이 부분은 마태복음 25:31-46을 참고하라. 여기에서 인자인 주님께서 사람을 두 그룹으로 구분하신다. 의로운 사람은 오른편에 불의한 사람은 왼편에 둔다.

05 이 부분은 마태복음 15:1-20을 참고하라. 이 말씀에서 어떤 바리새인들과 서기관들이 예수께 와서 제자들이 음식을 먹기 전에 손을 씻지 않은 이유를 물었다. 주님은 그들의 질문에 대답하시면서 무엇이 정결하고 부정한 것인지 말씀하신다. 그 후에 제자들이 와서

바리새인들이 실족하여 화를 냈다고 전한다. 주님은 베드로의 요청에 따라 비로소 비유의 의미를 풀어서 설명하신다.

06 마태복음 25:34, "그 때에 임금이 그 오른편에 있는 자들에게 이르시되 내 아버지께 복 받을 자들이여 나아와 창세로부터 너희를 위하여 예비된 나라를 상속받으라."

07 마태복음 7:6, "거룩한 것을 개에게 주지 말며 너희 진주를 돼지 앞에 던지지 말라. 그들이 그것을 발로 밟고 돌이켜 너희를 찢어 상할까 염려하라."

08 마가복음 10:9, "그러므로 하나님이 짝지어 주신 것을 사람이 나누지 못할지니라 하시더라."

09 빌립보서 2:12, "그러므로 나의 사랑하는 자들아 너희가 나 있을 때 뿐 아니라 더욱 지금 나 없을 때에도 항상 복종하여 두렵고 떨림으로 너희 구원을 이루라."

10 에베소서 5:20, "범사에 우리 주 예수 그리스도의 이름으로 항상 아버지 하나님께 감사하며" 또한 데살로니가전서 5:18을 참고하라.

11 이 부분은 다음을 암시하고 있다. 로마서 14:7-8, "우리 중에 누구든지 자기를 위하여 사는 자가 없고 자기를 위하여 죽는 자도 없도다. 우리가 살아도 주를 위하여 살고 죽어도 주를 위하여 죽나니 그러므로 사나 죽으나 우리가 주의 것이로라."

12 이 부분은 다음을 참고하라. 원고에서;

당신이 거룩한 날이 거룩하게 되도록 이 날을 기억하라. 그러나 또한 그리스도의 성실하심을 망령되이 일컫지 않도록 그분의 성실하심을 기억하라. -Pap. VIII2 B 113:4 n.d., 1847-48

13 출애굽기 20:7, "너는 네 하나님 여호와의 이름을 망령되게 부르지 말라. 여호와는 그의 이름을 망령되게 부르는 자를 죄 없다 하지 아니하리라."

14 마가복음 6:56, "아무데나 예수께서 들어가시는 마을이나 도시나 촌에서 병자를 시장에 두고 예수의 옷가에라도 손을 대게 하시기를 간구하니 손을 대는 자는 다 성함을 얻으니라."

15 마태복음 18:21-22, "그 때에 베드로가 나아와 가로되 주여 형제가 내게 죄를 범하면 몇 번이나 용서하여 주리이까? 일곱 번까지 하오리이까? 예수께서 가라사대 네게 이르노니 일곱 번뿐 아니라 일흔 번씩 일곱 번이라도 할찌니라."

16 고린도후서 13:5, "너희가 믿음 안에 있는가 너희 자신을 시험하고 너희 자신을 확증하라. 예수 그리스도께서 너희 안에 계신 줄을 너희가 스스로 알지 못하느냐 그렇지 않으면 너희는 버림받은 자니라."

Chapter

6

요한일서 3장 20절

기도

오, 크신 하나님,[01]
우리가 기껏해야 거울을 보는 것처럼 희미하게[02] 주님을 안다 해도, 주님의 그 크심에 놀라 예배합니다.

언젠가 주님의 크심을 완전하게 안다면,
얼마나 더욱 이 크심에 놀라 찬양하겠습니까!

둥근 하늘 아래 내가 창조의 놀라움에 둘러싸여 서 있을 때, 무한한 공간에서 가볍게 별을 붙들고 계신 주님, 아버지의 심정으로 저 작은 참새 한 마리도 걱정하시는 주님,[03] 이 크심에 사로잡히고 놀라 주님을 찬양합니다.

그러나 우리가 여기 주님의 거룩한 집에 모일 때, 더 깊은 의미에서 사방팔방이 주님의 크심을 기억하게 하는 것들로 둘러싸입니다. 세상의 창조주요, 유지자이신 주님, 주님은 크십니다.

그러나 오 하나님,

주님께서 세상의 죄를 용서하시고 타락한 인류와 화해하셨을 때, 이런 이해할 수 없는 긍휼에서 주님은 얼마나 더욱 크신지요! 그때, 우리가 이 거룩한 주님의 집에서 믿음으로 주님을 향한 찬양과 감사와 경배를 드리지 않을 수 있겠습니까!

이곳에서 이 모든 것들로 인해 주님의 크심을 기억합니다. 특별히 오늘 여기에 모인 무리들이 죄 용서를 받기 위해 모였기에, 그리스도 안에서 주님과의 새롭게 된 화해에 감사를 드리기 위해 모였기에, 더욱 주님의 크심을 기억합니다.

요한일서 3장 20절
**"우리의 마음이 혹 우리를 책망(고발)할 일이 있어도,
하나님은 우리 마음보다 크시고"**[04]

우리 마음이 우리를 고발할 때

우리의 마음이 우리를 고발할 일이 있어도. 바리새인과 서기관들이 죄를 짓다 현장에서 잡힌 여자를 고발하기 위해 성전에 계신 그리스도께 찾아왔을 때, 그들은 주님의 대답에 양심의 가책을 느끼고 사라졌습니다. 그때 주님께서 여자에게 묻습니다.[05]

"여자여, 너를 고발하던 그들이 어디 있느냐? 너를 정죄한 자가 없느냐?"

여자는 대답했습니다.
"주여, 없나이다."

따라서 그녀를 고발한 자는 아무도 없었습니다. 여

기 이 지성소에서도 마찬가지입니다. 이곳에서 당신을 고발할 사람은 아무도 없습니다. 당신의 마음이 당신을 고발한다 해도, 홀로 알고 있어야 합니다. 다른 누구도 그것을 알 수 없습니다. 왜냐하면 다른 사람들 역시 오늘 마음 속 깊이 자신을 고발하는 일에 사로잡혀 있기 때문입니다. 당신의 마음이 당신을 고발하는지는 다른 사람과는 아무런 상관이 없습니다. 왜냐하면 그 사람을 역시 다루어야 할 자신의 마음만을, 스스로를 고발하든 사면하든 자기 자신에 대한 생각만을 갖고 있기 때문입니다.

"우리의 마음이 우리를 고발할 일이 있어도"라고 큰 소리로 읽은 이 말씀을 들을 때 당신이 어떻게 느꼈는지는 다른 사람과는 아무런 상관이 없습니다. 왜냐하면 다른 사람 역시 이 모든 것을 경건하게 자기 자신에게 적용시키기 때문이고, 그 역시 자기가 어떻게 느꼈는지만 생각하기 때문입니다. 이 말씀이 갑자기 떠오른 생각처럼 그를 놀라게 했는지, 아, 그가 홀로 말했던 것을 들었는지, 아니면 그가 생각하기에 자기 자신에게 해당되지 않는 것을 들었는지, 그는 이런 자기에 대한 것만 생각했습니다. 마음은 자책할 수 있습니다. 그러나 그렇다고 해서 반드시 마음이 스스로를 고발하지 않습니다.

물론 우리가 경솔한 사람의 사치를 가르칠 수 없듯 우울한 사람의 과장^{Overdrivelse}을 가르칠 수 없습니다. 그러나 이것이 방금 읽은 말씀에 대해 말하는 문제일 경우, 오늘보다 더 나은 청중들을 어떻게 찾을 수 있을까요? 오늘 여기에 나온 사람들보다 더 나은 청중은 없습니다. 세상의 오락을 즐기기보다 이 고백의 때를 사모한 자들입니다. 바로 이곳에서 각 사람은 홀로 하나님께 고백했고, 자신의 마음을 고발인으로 삼았습니다.

각 사람의 마음이 고발인이 된 것, 이것은 최선의 행위였습니다. 왜냐하면 마음만큼 비밀을 아는 친구^{confidant}가 없기 때문입니다. 각 사람의 마음이 고발인이 된 것, 이보다 더 적절한 때는 없었습니다. 그렇지 않았더라면, 끔찍한 방식으로 마음은 자신의 뜻을 거역하는 반역자가 되었을 것입니다.

그럼에도 죄책과 죄책 사이에는 어떤 차이가 존재합니다. 오백 데나리온을 빚진 것과 겨우 오십 데나리온을 빚진 것 사이에는 어떤 차이가 존재합니다.[06] 한 사람은 다른 사람보다 스스로를 꾸짖어야 할 많은 것을, 더욱 많은 것을 가질 수 있습니다. 또한 그의 마음이 그를 고발하고 있음을 자기 자신에게 말했던 자일 수 있습니다. 아마도 그런 사람이 지금 여기에 있거나 그런 사람이 여기에 없을 수도 있습니다. 그럼에도 불구하고 우리 모두는 위로가 필요합니다.

게다가, 이 위로의 말씀이 얼마나 긍휼이 많은지 모든 사람을 포함합니다. 이것은 확실히 아무도 우울하게 할 수 없습니다. 그의 마음이 그를 고발한다 해도, 이것이 결코 누구도 우울하게 할 수 없습니다. 우리의 마음이 우리를 석방하지 않을 때, 우리 모두는 본질적으로 '하나님의 크심'이라는 동일한 위로가 필요합니다.[07] 즉, 그분은 우리의 마음보다 더 크십니다.

우리의 마음보다 크신 분

하나님의 크심은, 용서할 때, 긍휼이 나타날 때 존재합니다. 이 안에서, 그분의 크심 안에서, 그분은 우리가 스스로를 고발하는 마음보다 크십니다. 보십시오. 이것이 특별히 거룩한 곳에서 우리가 말해야 하는 하나님의 크심입니다. 왜냐하면 여기에서 우리는 다른 방식으로 하나님을 알기 때문입니다. 말하자면, 저 밖에 그분이 명확히 나타나신 곳, 그분의 창조물을 통해 알려진 곳[08]보다 하나님을 더욱 친밀하게 압니다. 한편, 이곳에서 하나님은 그리스도인들에게 알려지기를 바라시기에 스스로를 계시했던 대로 우리에게 알려지십니다.[09]

모든 사람은 자연에서 알려진 하나님의 표적을 보고 감탄할 수 있습니다. 혹은 오히려 실제로는 어떤 표적도 존재하지 않습니다. 왜냐하면 그분의 창조물 자체가 표적이기 때문입니다. 예를 들어, 모든 사람은 무지개를 볼 수 있고 그 광경을 보고 감탄할 수 있습니다. 그러나 **긍휼이 나타날 때의 하나님의 크심은 오직 믿는 자에게만 존재합니다.** 바로 이 표적이 성찬식Sacramentet[10]입니다. 자연에서의 하나님의 크심은 밝히 드러난 반면, **긍휼이 나타날 때의 하나님의 크심은 믿어져야 하는 신비**mystery입니다. 그분의 크심이 명확히 직접적으로 모든 사람에게 드러나지 않았기 때문에, 바로 이런 이유로 이 크심을, 이 하나님을 **계시된 것**이라 부릅니다.

자연에서의 하나님의 크심은 즉각적으로 놀라움을 불러일으키고 경배하게 합니다. 긍휼이 나타날 때의 하나님의 크심은 먼저 실족하기 위한 때이고 다음으로 믿기 위한 때입니다. 하나님께서 만물을 창조하셨을 때, 그 모든 것을 보시고 "심히 좋았더라."고 말씀하셨습니다.[11] 그리하여 하나님의 창조물 각각에는 다음과 같은 서명이 새겨져 있는 것처럼 보입니다.

"창조자를 찬양하고, 감사하고, 경배하라."

그러나 긍휼이 나타날 때의 하나님의 크심에는 다음과 같은 서명이 새겨져 있습니다.

"실족하지 않는 자에게 복이 있다."[12]

하나님에 대한 모든 우리의 언어는 당연히 인간의 언어입니다. 우리가 아무리 한 말을 취소하고 오해를 막기 위해 애쓴다 해도, 완전히 침묵하기를 바라지 않는다면, 인간으로서 하나님에 대하여 말할 때 우리는 인간적인 기준을 사용할 수밖에 없습니다. 그때, 참다운 인간의 크기(위대함)란 무엇일까요? 확실히 그것은 마음의 크기입니다. 우리는 일반적으로 누군가 큰 권력과 지배력을 가졌다고 해서 그가 크다고 말하지 않습니다. 그렇습니다. 전 세계를 지배한 왕이 살았던 적이 있고 살고 있다 해도, 즉시 그를 크다고 부를 만큼 우리의 놀라움이 성급하다 하더라도, 더 신중한 사람은 이런 외적인 조건에 휘둘리지 않습니다.

반면, 여태껏 살았던 가장 비천한 자라 해도, 그가 결단하는 순간에 당신이 그의 목격자라면, 그가 고귀하게 행동하는 것을 보았을 때, 그가 온 마음을 다해 그의 원수를 용서하는 것을, 자기를 부인하다 마침내 고결하게 희생되는 것을 보았을 때, 혹은 그가 얼마나 애정 어린 마음으로 매년마다 악을 참았는지, 당신이 이런 그의 내적 인내의 목격자였다면, 다음과 같이 말했을 것입니다.

"그는 확실히 큽니다. 그는 참으로 큰 사람입니다."

따라서 마음의 크기가 참다운 사람의 크기입니다. 그러나 마음의 크기란 사랑 안에서 자기를 정복하는 것입니다.

그때, 사람인 우리가 하나님의 크심에 대한 개념을 형성하고자 할진대, 그러려면 참다운 사람의 크기에 대해 생각해야 합니다. 다시 말해, 사랑에 대하여, 그리고 용서하고 긍휼을 나타내는 사랑에 대하여 말해야 합니다. 그러나 이것은 무엇을 의미하는 걸까요? 결국 이 의미는 우리가 하나님과 사람을 비교하기를 바라는 것일까요? 이 사람이 여태껏 살았던 가장 고귀하고, 가장 순수하고, 가장 화해하고, 가장 사랑스러운 사람일지라도, 그런 사람과 하나님을 비교하려는 것일까요? 결코 그렇지 않습니다.

본문에서의 사도의 이 말씀은 이런 식으로 말한 것이 아닙니다. **사도는 하나님이 가장 사랑스러운 사람보다 더 크다고 말하는 것이 아닙니다.** 다만 하나님이 스스로를 고발하는 마음보다 더 크다고 말합니다. **하나님과 사람은 역으로만 서로 닮습니다.** 당신은 직접적인 닮음의 사다리로 비교의 가능성에 오를 수 없습니다. 즉, '크게, 더 크게, 가장 크게'와 같은 사다리 말입니다.

사람은 그의 머리를 점점 더 높게 치켜들고 하나님께 점점 더 가까이 가지도 못합니다. 다만 역으로 더욱 깊게 예배하면서 자기 자신을 굽힐 때만 하나님께 점점 더 가까이 갑니다. 스스로를 고발하는 상한 마음[13]은 자신이 얼마나 추악하고, 더럽고, 비참한 죄인인지를 서술할 만한 강력한 표현을 찾으려 애를 써도 헛될 뿐입니다. 그런 표현을 찾을 수 없습니다. 긍휼을 나타내실 때, 하나님은 훨씬 더 크시기 때문입니다!

긍휼이 나타날 때의 하나님의 크심

얼마나 이상한 비교입니까! 모든 인간의 청결함, 모든 인간의 긍휼함은 비교하기에 적합하지 않습니다. 다만 스스로를 고발하는 회개하는 마음이, 긍휼이 나타날 때의 하나님의 크심과 비교될 뿐입니다. 다만, 하나님의 크심은 더욱 크십니다. 즉, 이 마음이 자기를 더욱 깊이 낮출수록, 하지만 충분히 깊게 낮추지 못했더라도, 긍휼이 나타날 때의 하나님의 크심은 무한히 높이, 더욱 무한히 높이 올라갑니다.

보십시오. 인간의 언어는 긍휼이 나타날 때의 하나님의 크심을 서술하기 위해서는 부서지고 터져버릴 것만 같습니다. 애써 비교하려는 생각이 헛됩니다. 마침내 이 생각이 무언가를 발견합니다. 인간적으로 말해, **비교가 아닌 것을 발견합니다. 그것이 회개하는 자의 상한 마**

음입니다. 그때 하나님의 긍휼은 더욱 크십니다.

회개하는 마음이 상하고 통회하여 자기를 고발할 때, 이 마음은 한 순간도 자기에게서 쉼을 찾을 수 없습니다. 자기를 피할 수 있는 은신처를 찾을 수 없습니다. 어떤 변명도 찾을 수 없습니다. 변명을 구한 것이 새롭고, 가장 끔찍한 죄임을 발견할 뿐입니다. 이 마음은 어떤 위안도, 단 하나의 위안도 찾을 수 없습니다. 가장 불쌍히 여기는 내면성이 생각해 낸 가장 불쌍히 여기는 말도 감히 위로를 받을 수 없고, 위로를 받으려 하지도 않는 이 마음에게는 새로운 저주처럼 들립니다. 긍휼이 나타날 때의 하나님의 크심은 이렇게 무한합니다. 이 마음보다 훨씬 더 크십니다.

이런 비교에서 사람의 마음은 절뚝거리고 맙니다. 마치 사람이 하나님과 씨름하고 난 다음 언제나 절뚝거리고 마는 것처럼.[14] 이 비교에서 이 마음은 그렇게 설득력이 없습니다. 왜냐하면 이런 비교가 하나님을 두려워한 나머지 모든 인간적 닮음을 파괴하면서 발견되었기 때문이죠. 사람이 감히 자신을 위해 어떤 하나님의 형상도 만들지 않는다면,[15] 그는 감히 인간적인 것이 직접적인 비교가 될 수 있다고 상상하지 않을 것입니다.

그러니 너무 서두르지 맙시다. 긍휼이 나타날 때의 하나님의 크심에 대한 비교를 찾고 싶어 너무 성급히 달려가지 맙시다. 그때 모든 입은 다물어져야 합니다.[16] 모든 사람은 자기의 가슴을 쳐야 합니다. 왜냐하면 여기에 어떤 비교가 있다면, 단 하나의 비교만, 자기를 고발하는 괴로운 마음과 하나님의 긍휼하심의 비교만 있기 때문입니다.

그러나 하나님은 이 마음보다 더 크십니다! 그러니 위로를 받으십시오. 이런 상하고 통회하는 마음이 바리새인과 서기관의 심판대 앞에 선다[17]는 것이 얼마나 어려운 일인지, 당신은 아마도 일찍이 경험을 통해 배웠을 것입니다. 혹은 이 마음을 더욱 박살내는 오해를 만나는 것이 얼마나 어려운 일인지, 이 마음을 더욱 요동치게 하는 옹졸함을 만나는 것이 얼마나 어려운 일인지를 경험을 통해 배웠을 것입니다. 세상에서 절실하게 큰 자가 필요했던 당신, 얼마나 세상살이가 어려웠습니까.

하늘에 계신 하나님은 더 크십니다. 그분은 바리새인과 서기관보다 더 큰 것이 아닙니다. 그분은 오해나 옹졸함보다 더 크신 분이 아닙니다. 그분은 당신에게 위로하는 말을 하는 방법을 알았던 자보다 더 크신 분이 아닙니다. 당신은 그 사람에게서 어떤 위로를 찾았던 것입니다. 왜냐하면 그는 옹졸하지 않았고, 당신을 무시하기보다 더욱 높이기를 원했으니까요. 하지만 하나님은 그 사람보다 더 크신 분이 아닙니다. (이것은 얼마나 절망적 비교인가요!) 아닙니다. **하나님은 당신의 마음보다 더 크십니다!**

아, 매일 밤마다 당신의 마음을 어둡게 하고 결국 치명적인 불안으로 떨게 하는 영혼의 병이 있든, 그리하여 하나님의 거룩함의 개념에 의해 거의 미치기 직전까지 갔을 때, 당신은 스스로를 정죄해야만 한다고 생각했습니다. 당신의 마음이 스스로를 고발할 정도로 양심을 짓눌렀던 어떤 끔찍한 것이 있더라도, 하나님은 당신의 마음보다 더 크십니다!

당신이 믿지 않는다면, 아무런 표적이 없기에 감히 믿지 못한다면,[18] 지금 당신에게 이 표적이 제공됩니다. **이 세상에 오셔서 죽으셨던 분, 그분이 그 표적입니다.** 또한 그분께서는 바로 당신, 당신을 위해 죽으셨습니다. 그분은 그냥 일반적인 사람을 위해 죽은 것이 아닙니다. 오, 정반대입니다. 그분이 어떤 특별한 사람을 위해 죽으셨다면, 그것은 99명을 위한 것이 아닌,[19] **한 사람을 위한 것이었습니다.**

아, 당신은 무작위 어림수로 계산되어 포함될 만큼 비참합니다. 죄책과 비참함의 무게가 그렇게도 끔찍하게 당신의 마음을 눌러 이 계산에서 당신 스스로를 뺀 것입니다. 하지만 당신이 그분을 전혀 모를 때, 당신을 위해 죽으셨던 그분,[20] 그분은 자신에게 속한 것을 포기한 적이 있던가요![21] 하나님이 세상을 이처럼 사랑하사 한 명도 잃어버리지 않기 위해 독생자를 주셨다면,[22] 값을 주고 산 것을 그분께서 어찌 지키지 않겠습니까!

오, 그러니 당신 스스로를 괴롭히지 마십시오. 당신을 옭아매는 우울한 염려가 있더라도, 하나님은 이 모든 것을 아십니다. 그분은 크십니다! 말할 수 없는 죄책이 당신을 짓누른다 해도, 자발적으로 세상을 향한 긍휼을 보이신 분, 그분은 크십니다! (이것은 사람의 마음으로 생각하지 못했던 것입니다.[23])

오, 그러니 당신 스스로를 괴롭히지 마십시오. 저 여자를 기억하십시오. 그녀를 정죄했던 자는 아무도 없었다는 것을 기억하십시오. 이와 같은 일은 다른 방식에서 표현된다는 것을 '그리스도께서 거기에 계셨다.'는 것으로 표현된다는 것을 명심하십시오. **명확히 그분이 계셨기 때문에, 그녀를 정죄하는 사람이 아무도 없었던 것입니다.** 주님은 바리새인과 서기관의 정죄로부터 그녀를 구원했습니다.

그분께서 홀로 여자와 함께 남았다는 것, 바로 이것은 더 깊은 의미에서 그녀를 정죄하는 사람이 아무도 없었음을 의미합니다. 바리새인과 서기관이 떠났다는 것이 그녀에게 약간의 도움이 될 수는 있습니다. 하지만 결국 그들은 정죄하며 다시 돌아올 수 있습니다. 그러나 구세주께서^{Savior} 홀로 여자와 함께 남아 있습니다. 아, **하나님이 용서할 수 없는 단 하나의 죄가 존재합니다. 그것은 그분의 크심을 믿기 거부하는 것입니다!**

하나님다움

그분은 스스로를 고발하는 마음보다 더 크십니다. 그러나 다른 한편으로 세속적이고, 경박하고, 어리석은 마음보다 크다고 나타내는 어떤 것도 없습니다. 아닙니다. 하나님은 크시고 긍휼을 나타내실 때 크실 수 있을 만큼 계산할 수 있고 계산하는데 크십니다.

예를 들어, 하나님의 본질은 언제나 반대되는 것을 결합시킵니다. 다섯 개의 빵으로 만든 기적처럼 말입니다.[24] 사람들은 먹을 것이 없었습니다. 하지만 기적을 통해, 풍족함이 창조되었습니다. 그러나 보십시오. 그때 그리스도는 남은 부스러기를 전부 모으라고 명령합니다. 얼마나 하나님다운가요! 한 사람은 음식을 허비할 수 있고, 다른 사람은 절약할 수 있습니다. 기적을 통해 한순간에 하나님처럼 풍족함을 창조할 수 있는 사람이 있다면, 인간적으로 말해 그가 부스러기들은 무시한다고 생각하지 않나요? 혹은 그가 주님이 하신 것처럼 부스러기들을 모을 것이라고 생각하십니까!

긍휼이 나타날 때의 하나님의 크심이 이와 같습니다. 사람은 하나님께서 얼마나 정확하게 계산하시는지 눈곱만큼도 생각하지 못합니다. 우리가 스스로를 속이지 맙시다. 우리 자신에게 거짓말하지 맙시다. 마찬가지로 우리 자신을 더 낫게 만들고자 하거나 덜 죄책감을 갖게 함으로써, 혹은 우리의 죄에 사소한 이름을 부여함으로 하나님의 크심을 폄하하지 맙시다. 그렇게 함으로써 우리는 용서할 때의 하나님의 크심을 축소합니다.

그러나 또한 하나님의 크심을 더욱 크게 하기 위해 미친 듯이 더욱 죄를 지으려 하지는 맙시다.[25] 왜냐하면 하나님은 계산하시는 데에도 그만큼 크시기 때문입니다.

오, 하나님,
여기 주님의 거룩한 집에서
주님의 크심을 찬양하게 하옵소서.

헤아릴 수 없는 긍휼을 나타내신 주님을,
세상과의 화해를 베푸신 주님을 찬양하게 하소서.

저 밖에 별들이 주님의 위엄을 선포합니다.
만물의 완전함이 주님의 크심을 선포합니다.
그러나 이곳에서 주님의 크심을
더욱 크게 찬양하는 자들은,
불완전한 자들이요, 죄인들입니다.

이곳에서 기념하라 하신 성찬이
다시 한 번 준비되었습니다.
미리 주님이 기억나게 하시고,
긍휼이 나타날 때의 주님의 크심에
감사하게 하소서.

참고자료

01 이와 관련하여서는 다음을 참고하라.

시편 77:13, "하나님이여 주의 도는 극히 거룩하시오니, 하나님과 같이 위대하신 신이 누구오니이까"

시편 86:10, "무릇 주는 위대하사 기이한 일들을 행하시오니 주만이 하나님이시니이다."

02 고린도전서 13:12, "우리가 지금은 거울로 보는 것 같이 희미하나 그 때에는 얼굴과 얼굴을 대하여 볼 것이요 지금은 내가 부분적으로 아나 그 때에는 주께서 나를 아신 것 같이 내가 온전히 알리라."

03 마태복음 10:29, "참새 두 마리가 한 앗사리온에 팔리지 않느냐 그러나 너희 아버지께서 허락하지 아니하시면 그 하나도 땅에 떨어지지 아니하리라."

04 이 부분은 다음을 참고하라.

금요일 설교를 위한 본문

요한일서 3:20

"이는 우리 마음이 혹 우리를 책망할 일이 있어도,
하나님은 우리의 마음보다 크시고 모든 것을 아시기 때문이라."

오늘 표현된 것이 이것이 아닌가: 죄를 고백할 때 우리는 오늘 모두 앞으로 나아간다. 따라서 우리는 스스로를 책망한다. 하지만 하나님은

더욱 크시다. -JP IV 3920(Pap. VIII1 A 266) n.d., 1847

05 이 부분에 대하여는 요한복음 8:3-11을 참고하라.

06 누가복음 7:41, "이르시되 빚 주는 사람에게 빚진 자가 둘이 있어 하나는 오백 데나리온을 졌고 하나는 오십 데나리온을 졌는데"

07 이 문장에 대하여는 다음을 참고하라. 원고에서;

> . . . . 하나님은 우리 마음보다 크시다는 것, 진실로 우리 자신이 스스로를 고발하는 마음보다 더 크시다. [삭제된 것: 우리가 자기고발에서 극도의 우울을 경고할지라도, 하나님의 크심을 저하시키려 하지 말자. -우리를 있는 모습보다 덜 죄책이 있는 자로, 더 나은 존재로 만들고 싶어 하든가, 우리의 죄책에 더 사소한 이름을 부여하든가. 그렇게 함으로 우리는 하나님의 크심을 감소시킨다. 왜냐하면 하나님의 크심은 용서 가운데 존재하기 때문이다. 그러나 하나님의 크심이 용서하는 중에 더욱 커지게 드러나기 위해, 우리가 미친 사람처럼 죄 짓지는 말자.] -Pap. VIII2 B 113:5 n.d., 1847-8

08 로마서 1:19-20, "이는 하나님을 알 만한 것이 그들 속에 보임이라. 하나님께서 이를 그들에게 보이셨으니라. 창세로부터 그의 보이지 아니하는 것들 곧 그의 영원하신 능력과 신성이 그가 만드신 만물에 분명히 보여 알려졌나니 그러므로 그들이 핑계하지 못할지니라."

09 이 말은 예수 그리스도의 성육신을 의미한다.

10 여기에서 이 말은 '성례전'을 의미하나 문맥상 성찬식으로 옮길 수 있다.

11 창세기 1:31, "하나님이 지으신 그 모든 것을 보시니 보시기에 심히 좋았더라. 저녁이 되고 아침이 되니 이는 여섯째 날이니라."

12 마태복음 11:6, "누구든지 나로 말미암아 실족하지 아니하는 자는 복이 있도다 하시니라."

13 시편 51:17, "하나님께서 구하시는 제사는 상한 심령이라. 하나님이여 상하고 통회하는 마음을 주께서 멸시하지 아니하시리이다."

14 창세기 32:24-32를 참고하라. 야곱은 하나님과 씨름했다. 야곱은 그 이후 다리를 절뚝거리게 된다..

15 출애굽기 20:4, "너를 위하여 새긴 우상을 만들지 말고 또 위로 하늘에 있는 것이나 아래로 땅에 있는 것이나 땅 아래 물 속에 있는 것의 어떤 형상도 만들지 말며"

16 로마서 3:19, "우리가 알거니와 무릇 율법이 말하는 바는 율법 아래에 있는 자들에게 말하는 것이니 이는 모든 입을 막고 온 세상으로 하나님의 심판 아래에 있게 하려 함이라."

17 이 부분은 간음하다 현장에서 잡힌 여자에 대한 말씀인 요한복음 8:3-11을 암시한다.

18 요한복음 6:30, "그들이 묻되 그러면 우리가 보고 당신을 믿도록 행하시는 표적이 무엇이니이까, 하시는 일이 무엇이니이까?"

요한복음 4:48, "예수께서 이르시되 너희는 표적과 기사를 보지 못하면 도무지 믿지 아니하리라."

19 마태복음 18:12-14, "너희 생각에는 어떠하냐? 만일 어떤 사람이 양 백 마리가 있는데 그 중의 하나가 길을 잃었으면 그 아흔아홉 마리를 산에 두고 가서 길 잃은 양을 찾지 않겠느냐? 진실로 너희에게 이르노니 만일 찾으면 길을 잃지 아니한 아흔아홉 마리보다 이것을 더 기뻐하리라." 또한 누가복음 15:4-7을 보라.

20 로마서 5:10을 암시한다. "곧 우리가 원수 되었을 때에 그의 아들의 죽으심으로 말미암아 하나님과 화목하게 되었은즉 화목하게 된 자로서는 더욱 그의 살아나심으로 말미암아 구원을 받을 것이니라."

21 고린도전서 6:19-20, "너희 몸은 너희가 하나님께로부터 받은 바 너희 가운데 계신 성령의 전인 줄을 알지 못하느냐? 너희는 너희 자신의 것이 아니라, 값으로 산 것이 되었으니 그런즉 너희 몸으로 하나님께 영광을 돌리라."

22 요한복음 3:16, "하나님이 세상을 이처럼 사랑하사 독생자를 주셨으니 이는 그를 믿는 자마다 멸망하지 않고 영생을 얻게 하려 하심이라."

23 고린도전서 2:9, "기록된 바 하나님이 자기를 사랑하는 자들을 위하여 예비하신 모든 것은 눈으로 보지 못하고 귀로 듣지 못하고 사람의 마음으로 생각하지도 못하였다 함과 같으니라."

24 이 부분에 대하여는 마태복음 14:15-21, 마가복음 6:38-44을 참고하라. 오병이어의 기적을 의미한다.

25 이 부분에 대하여는 다음을 참고하라.

로마서 3:8, "또는 그러면 선을 이루기 위하여 악을 행하자 하지 않겠느냐? 어떤 이들이 이렇게 비방하여 우리가 이런 말을 한다고 하니 그들은 정죄 받는 것이 마땅하니라."

로마서 6:1-2, "그런즉 우리가 무슨 말을 하리요? 은혜를 더하게 하려고 죄에 거하겠느냐? 그럴 수 없느니라. 죄에 대하여 죽은 우리가 어찌 그 가운데 살리요."

6:15, "그런즉 어찌 하리요? 우리가 법 아래에 있지 아니하고 은혜 아래에 있으니 죄를 지으리요? 그럴 수 없느니라!"

Chapter 7

누가복음 24장 51절

기도

타락한 인류에게 복을 주시기 위해 하늘에서 내려오신 주님,[01] 가난하고 비천하게 이 땅을 걸으셨던 주님, 이 땅에서 무시당하고, 배신당하고, 조롱받고, 정죄를 받았으나 축복하신 주님, 축복하시면서 떠나셨던 주님, 다시 하늘에 올라가신 주님,

우리의 구주와 속죄자이신 주여, 오늘 여기에 모인 사람들도 축복하여 주옵소서. 주님을 기념하기 위해 이 거룩한 음식을 나눌 때 축복하여 주옵소서.

오, 모든 식사에는 언제나 부족한 것이 있습니다. 그러나 축복이 부족하다면, 주께서 복 주시지 않는다면, 이 주의 만찬은 무슨 소용이 있겠습니까?

하지만 그럴 일은 없을 것입니다. 왜냐하면 이 성찬이 축복의 식사이기 때문입니다

누가복음 24장 51절
"축복하실 때에 그들을 떠나 하늘로 올려지시니"

복의 의미

"축복하실 때에 주님은 그들을 떠났다." 이 말씀이 주님의 승천에 관련된 소식에 포함되어 있습니다. 그분은 그들을 떠나 "하늘로 올려지셨습니다."(눅 24:51) "구름이 그분을 가리어 보이지 않게 되었습니다."(행 1:9) 그러나 축복은 뒤에 남았습니다. 그들은 그분을 다시 보지 못했습니다. 그러나 축복을 강렬히 느꼈습니다. "제자들이 자세히 쳐다보았습니다."(행 1:10) 왜냐하면 그분이 축복하실 때 그들을 떠났기 때문입니다. 물론, 이것은 그분이 언제나 그분께 속한 자들로부터 떠나는 방식입니다. 즉, 축복하면서 떠나기. 그분은 다른 방법으로는 떠나지 못합니다. 그분의 축복이 없다면, 사람은 스스로 이에 대한 끔찍한 책임을 져야 합니다.

저 유대 민족의 조상이 하나님과 씨름할 때, "당신이 내게 축복하지 아니하면 가게 하지 아니하겠나이다."[02] 라고 말한 반면, 주님은 "내가 축복하지 않으면 너를 떠나지 않을 것이다. 나와 만날 때마다, 내가 너를 축복하지 않으면 절대 떠나지 않을 것이다."라고 말하는 것과 같습니다.

주님을 만나기 위해 오늘 여기에 모인 사람들은 이 만남 후에 집으로 돌아갈 때, "축복합니다."라고 인사합니다.[03] 왜냐하면 그들이 주님을 떠나거나, 주님이 그들을 떠날 때, 주님은 그들을 축복하셨기 때문입니다.

경건한 독자, 사람이 무슨 일을 하든, 그 일이 크고 중대하든, 비천하고 보잘것없든, 하나님께서 복 주시지 않으면, 아무 것도 할 수 없습니다. 하나님께서 복 주시지 않으면, 집을 세우는 자의 수고가 헛됩니다.[04] 하나님께서 복 주시지 않으면, 지혜로운 자의 생각이 헛됩니다. 하나님께서 복 주시지 않으면, 부자의 풍요의 축적이 헛됩니다. 어느 쪽이든 똑같습니다. 당신이 풍족할 때 만족을 주는 복이 있는 반면, 가난을 풍족하게 만들어 주는 복도 있습니다. 하지만 어떤 일도 하나님께서 복 주시지 않으면 성공할 수도 없고 진행할 수도 없다는 것이 과연 사실일까요?

아, 하나님께서 복 주시지 않았는데도 터무니없이 성공하는 인간의 일이 얼마나 많이 있습니까? 맞습니다. 사실이 그렇습니다. 따라서 인간적으로 말해, 그의 일이 성공할 수 있도록, 그 일의 성공을 위한 도움으로만 축복을 원하는 자는 올바로 기도하는 것이 아니라고 말해야 합니다. 그는 자신이 구하는 것을 깨닫지 못하고 있습니다. **하나님을 섬기려 하기보다 건방지게 하나님이 그를 섬겨주기를 원하고 있습니다.**

아닙니다. 축복은 그 자체로 선입니다. 축복만이 필요한 유일한 것이요, 모든 성공보다 무한히 영광스럽고, 행복한 것입니다. 그렇다면 축복^{Velsignelsen}이란 무엇일까요? 축복이란 사람이 복 달라고 하나님께 기도했던 일에 대한 **하나님의 동의**입니다. 축복을 위해 기도한다는 것은 무엇을 의미할까요? 그것은 그가 자기 자신과 그의 일을 통해 하나님을 섬기는 데 헌신한다는 것을 의미합니다. 인간적으로 말해, 그 일이 잘 진행되어 성공하든, 실패하든 그것은 아무 상관이 없습니다.

따라서 우리는 하나님께서 복 주시지 않으면 아무리

경건한 일도 허사라고 말해야 합니다. 왜냐하면 하나님이 복을 주실 때만, 그런 복을 통해서만 경건한 일이 되기 때문입니다.

모든 일은 확실히 경건한 일이 될 수 있고 또한 경건한 일이 되어야 합니다. 그러나 더욱 결정적으로 경건한 일이 될수록, 그가 뜻한 일이 경건한 일임이 더욱 명백해질수록, 그는 더욱 깊게, 더욱 명백하게 축복이 필요함을 느낍니다. 하나님이 복 주시지 않으면 그 일이 허사가 됨을 더욱 절실하게 느낍니다.

예를 들어, 기도하는 것은 경건한 일입니다. 그러나 기도하는 자에게 가장 가까운 생각은 이런 것이 아닐까요? 하나님께서 그의 기도에 복 주시리라는 생각입니다. 따라서 이것은 우선적으로 하나님께서 그의 간구를 들어주실 것이라는 생각이 아니라, **그의 기도가 올바른 기도가 되도록 하나님께서 복 주실 것이라는 생각입니다!** 사람은 무엇을 위해 기도합니까? 축복을 위해 기도합니다. 따라서 무엇보다 중요한 것은, 그가 하는 기도가 축복이 될 수 있도록 기도하거나 기도 자체를 위해 기도해야 합니다.

하나님의 집에 가는 것은 경건한 일입니다. 그러나

이 일에 가장 가까운 생각은 이것 자체가 복이 될 수 있다는 생각 아닌가요! 사람이 하나님의 집에서 무엇을 구합니까? 축복입니다. 그러나 이것을 경건하게 표현하자면, 무엇보다 중요한 것은 하나님께서 그가 이 집에 오는 것을 축복하시리라는 생각입니다.[05] 당신이 뜻한 이 일이 경건한 행위라는 것이 더욱 분명해질수록 동일한 정도로, 축복의 필요 역시 더욱 심오하게 당신에게 분명해집니다. 왜냐하면 당신이 이곳에서 하나님과 더욱 깊이 사귈수록, 당신이 할 수 있는 일이 얼마나 적은지를 분명히 깨닫기 때문입니다. 마음을 다하고 힘을 다하여 그분과 사귄다면,[06] 당신은 아무 것도 할 수 없다는 것이 완전히 분명해질 것입니다. 당신에게 축복이 얼마나 필요한지는 완전히 분명해질 것입니다.

성찬대 앞에서

그러나 성찬식Holy Communion에 참여하는 것은 가장 엄격한 의미에서, 거룩한 행위요, 경건한 일입니다. 당신은 성찬식에 참여해야 합니다. 당신이 오늘 여기에 모인 것은 이런 거룩한 행위 때문입니다. 당신은 주님을 만나기 위해서 성찬식에 참여해야 합니다. 주님을 떠날 때마다 더욱 주님을 향한 소원이 생깁니다. 그러나 사람으로 당신이 하나님 앞에서 아무 것도 아니라면, 따라서 전적인 필요가 있다면, **성찬대 앞에서 죄인으로 속죄자와 관계할 때 당신은 아무 것도 아닌 것보다 더 못합니다.** 그때 당신은 한층 더욱 깊이 축복의 필요를 느낍니다.

하지만 성찬대 앞에서 죄와 죄책, 당신의 죄와 죄책에 대한 배상만족, satisfaction이 선포됩니다.[07] 무언가를 해야만 하는 요구가 더욱 크고, 이것이 더욱 필요할수록, 그럼에도 불구하고 아무 것도 할 수 없을 때, 한층 더욱 당신은 아무 것도 아닌 것보다 더 못하다는 것을, 더욱 분명하게 이것을 깨닫습니다. 그때, 축복의 필요가 한층 더욱 분명해집니다. 혹은 축복이 전부임을 깨닫습니다.

성찬대 앞에서 당신은 아무 것도 아닙니다. 거기에서

배상(만족)이 이루어졌습니다. 다른 누군가에 의해서. 희생이 제공되었습니다. 다른 누군가에 의해서. 속죄는 이루어졌습니다. 속죄자에 의해서. 따라서 한층 더욱 축복이 전부임이, 축복만이 모든 것을 할 수 있다는 것이 분명해졌습니다.

성찬대 앞에서 죄에 대해 빚진 자는 바로 당신입니다. 죄로 인해 하나님과 분리된 자도, 무한히 멀리 떨어져 있는 자[08]도 당신입니다. 모든 것을 상실하고 감히 한 발짝도 앞으로 나갈 수 없는 자가 당신입니다. 성찬대 앞에서 당신이 눈곱만한 일이라도 할 수 있기를, 그리하여 다만 한 발짝이라도 나아가기를 바란다면, 모든 것을 혼란스럽게 할 것입니다. 당신은 화해를 방해할 것이고, 배상(만족)은 불가능해질 것입니다.[09] 성찬대 앞에서는 저 불경스러운 자가 말한 것이 맞습니다. 그는 폭풍우 가운데 있을 때 구원해 달라고 하늘에 애원하며 말합니다.

"제발 조용히 하십시오. 당신들이 지금 배에 타고 있음을 신들이 아시면 안 되니까요."[10]

바로 그때 하나님은 당신을 보는 대신, 다른 누군가를, 당신이 의지하고 있는 분을 보십니다. 모든 것은 그분께 달려 있습니다. 왜냐하면 당신이 스스로를 뺐기 때문입니다.[11]

따라서 성찬대 앞에서 주님은 축복하면서 계십니다. 축복하실 때, 그분께 속한 자들을 떠나셨던 주님이, 어린 아이들을 축복하실 때 그들과 관계한 것처럼[12] 당신과 관계하고 있는 주님이, 당신의 구세주이자 속죄자이신 주님이 성찬대 앞에서 축복하면서 계십니다. 당신은 동역자로서 당신의 일에서 하나님을 만날 수 있는 것처럼 그렇게 성찬대 앞에서 동역자로 그분을 만날 수 없습니다.[13] 당신은 화해와 관련하여 그리스도의 동역자일 수 없습니다. 눈곱만큼도 그럴 수 없습니다.

당신은 완전히 빚진 자입니다. 주님은 완전히 배상^{만족 Fyldestgjørelsen}하신 분이십니다. 그때 축복이 전부라는 것은 한층 더 분명해집니다. 축복이란 무엇입니까? **축복이란 하나님이 행하신 일이요, 하나님이 행하신 모든 것이 축복입니다.** 당신이 스스로를 하나님의 동역자로 부를 수 있는 일의 한 부분이, 하나님이 행하신 부분이 축복입니다. 화해의 거룩한 일은 그리스도의 사역입니다.

화해에서 인간은 무^{nothing}보다도 더 못한 것을 할 뿐입니다. **따라서 축복이 전부입니다.** 한편 이것이 그리스도의 일이라면, 그때 진실로 그리스도는 축복이십니다.

성찬대 앞에서 당신은 아무 것도 할 수가 없습니다. 심지어는 이런 것도 할 수가 없습니다. 즉, 당신은 무가치하다는 생각조차 붙잡을 수도 없습니다. 또한 이런 생각으로 스스로를 축복을 받을 수 있는 자로 만들 수도 없습니다. 혹은 당신은 감히, 성찬대에 올라오는 마지막 순간에서조차 당신의 무가치함을 인정하는 생각과 관련하여, 감히 당신 자신을 보증할 수 있습니까? 스스로를 신뢰할 수 있습니까? 당신은 진실로 이곳에 나오는데 방해가 되는 모든 것들을 물리칠 수 있다고 자부할 수 있습니까?

아, 뒤에서 상처를 주는 기억들,[14] 이 모든 불안한 생각과 멀리 할 수 있습니까? 당신이 아직 준비되지 않았는데 갑작스럽게 생겨난 불신, 당신 자신 속에 생겨난 안전에 대한 모든 덧없는 착각을 물리칠 수 있겠습니까!

아, 슬픕니다! 당신은 아무 것도 할 수가 없습니다. 당신은 은혜와 축복이 절대적으로 필요하다는 저 의식의 첨탑에 스스로 당신의 영혼을 붙들어 둘 수조차 없습니다. 모세가 기도할 때, 다른 사람이 그를 붙들어야 했던 것처럼,[15] 성찬대에서도 당신은 축복의 도움을 받아야 합니다. 당신이 축복을 받아야 할 때, 축복이 당신에게 전달되는 동안 당신을 도와 축복이 당신을 둘러싸고 있어야 합니다.

성찬대 앞에 있는 목사는 당신에게 축복을 전달할 수 없습니다. 그는 당신을 도울 수도 없습니다. 인격적으로 계신 그분만이 도울 수 있습니다. 오직 그분만이 복을 전달할 수 있고, **성찬대 앞에서 그분이 복이십니다.** 주님이 임재하십니다. 떡을 떼실 때 주님은 떡을 축복하십니다.[16] 당신에게 건네는 잔 속에 그분의 복이 있습니다. 그러나 축복을 받은 것은 선물로 받은 떡과 포도주뿐 아니라, 성찬 자체가 복입니다.[17]

당신은 복을 받으면서 떡과 포도주를 마신 것뿐 아니라, 떡과 포도주를 마실 때 복을 마신 것입니다. 이것이 진정으로 성찬입니다. 성찬을 제정하신 유일하신 분, 오직 그분만이 이 성찬을 준비할 수 있습니다.[18] 왜냐하면 성찬대 앞에서 그분이 복이시기 때문입니다.

보십시오. 그리하여 주님은 성찬대 앞에서 두 팔을 벌리십니다. 축복하시면서 당신을 보고 계십니다![19] 이렇게 주님은 성찬대 앞에 계십니다. 그때 당신은 다시 그분을 떠납니다. 혹은 주님은 축복하시면서 당신을 떠나십니다. 하나님이여, 이것이 이 글을 읽는 독자에게도 복이 되게 하소서!

참고자료

01 요한복음 3:13, "하늘에서 내려온 자 곧 인자 외에는 하늘에 올라간 자가 없느니라."

02 창세기 32:26, "그가 이르되 날이 새려하니 나로 가게 하라. 야곱이 이르되 당신이 내게 축복하지 아니하면 가게 하지 아니하겠나이다."

03 원래 이 말은 성찬에 참여한 자들에게 전하는 상투적인 표현이었다고 한다.

04 시편 127:1, "여호와께서 집을 세우지 아니하시면 세우는 자의 수고가 헛되며 여호와께서 성을 지키지 아니하시면 파수꾼의 깨어 있음이 헛되도다."

05 시편 121:8, "여호와께서 너의 출입을 지금부터 영원까지 지키시리로다."

06 마가복음 12:30, "네 마음을 다하고 목숨을 다하고 뜻을 다하고 힘을 다하여 주 너의 하나님을 사랑하라 하신 것이요."

07 이 부분은 원래의 의미는 '만족(Fyldestgjørelse)'으로 옮겨야 하지만, 신학적인 의미에서 이것은 '배상'의 의미로 해석된다. 속죄의 해석에 대한 몇 가지 신학적 스펙트럼이 존재한다. 속전설, 만족설, 형벌설 등이 그것이다. 여기에서 키르케고르가 속죄에 대해 어떤 관점을 말하려고 하는지는 연구가 필요하다. 역자로서, 이 부분에서 키르케고르의 관점은 전통적인 신학적 관점으로 칼빈이나 루터가

주장했던 형벌설에 가깝다고 생각한다.

08 이 부분은 누가복음 18:9-14를 암시하고 있다. 바리새인과 세리의 기도로, 세리는 멀리 서서 감히 눈을 들어 하늘을 쳐다보지도 못하고 기도한다.

09 이후에 나오는 문장에 대하여는 다음을 참고하라. 원고에서;

축복에 대한 필요가 더욱 깊어진다. 성찬대 앞에서 당신은 아무것도 아닌 것보다 더 못하다. 성찬대 앞에서 그분은 축복하신다. -Pap. VIII2 B 113:6 n.d., 1847-48

10 이 부분은 비아스가 한 말을 인용한 것이다. 다음을 참고하라. Diogenes Laertios, 「그리스 철학자 열전」 전양범 역 (서울: 동서문화사, 2016), 55.

11 이 부분은 키르케고르의 천재성이 돋보인다. 키르케고르는 비아스의 말을 인용하며, 폭풍우 가운데 있는 사람들이 구원받기 위해서는 경건하지 않은 자가 신께 발견되지 않도록 해야 한다고 말했던 것처럼, 성찬대 앞에서 아무것도 아닌 것보다 더 못한 자가, 하나님께 발견되지 않도록 스스로를 계산에서 누락시켰기 때문에 하나님은 그가 의존하고 있는 주님만을 보신다는 것이다.

12 마가복음 9:36-37, "어린 아이 하나를 데려다가 그들 가운데 세우시고 안으시며 제자들에게 이르시되 누구든지 내 이름으로 이런 어린 아이 하나를 영접하면 곧 나를 영접함이요, 누구든지 나를 영접하면 나를 영접함이 아니요 나를 보내신 이를 영접함이니라."

누가복음 18:15-16, "사람들이 예수께서 만져 주심을 바라고 자기 어린 아기를 데리고 오매 제자들이 보고 꾸짖거늘, 예수께서 그 어린 아이들을 불러 가까이 하시고 이르시되 어린 아이들이 내게 오는 것을 용납하고 금하지 말라. 하나님의 나라가 이런 자의 것이니라."

13 고린도전서 3:9, "우리는 하나님의 동역자들이요, 너희는 하나님의 밭이요, 하나님의 집이니라."

14 이 부분은 3부의 작품인 「기독교의 공격」을 암시한다.

15 출애굽기 17:12, "모세의 팔이 피곤하매 그들이 돌을 가져다가 모세의

아래에 놓아 그가 그 위에 앉게 하고 아론과 훌이 한 사람은 이쪽에서, 한 사람은 저쪽에서 모세의 손을 붙들어 올렸더니 그 손이 해가 지도록 내려오지 아니한지라."

16 이 부분은 누가복음 24:13-32를 참고하라. 이 부분은 키르케고르가 두 제자와 엠마오로 가는 여행을 참고한 것처럼 보인다. 주님은 멀리 가는 것처럼 말씀하셨으나 제자들이 강권하여 머물라고 말한다. 그리고 30절을 참고하면 다음과 같다. "그들과 함께 음식 잡수실 때에 떡을 가지사 축사하시고 떼어 그들에게 주시니" 또한 마태복음 14:19절을 참고하면 다음과 같다. "무리를 명하여 잔디 위에 앉히시고 떡 다섯 개와 물고기 두 마리를 가지사 하늘을 우러러 축사하시고 떡을 떼어 제자들에게 주시매 제자들이 무리에게 주니"

17 이 부분은 다음을 참고하라. 고린도전서 10:16, "우리가 축복하는 바 축복의 잔은 그리스도의 피에 참여함이 아니며, 우리가 떼는 떡은 그리스도의 몸에 참여함이 아니냐?"

18 마가복음에는 성찬을 준비한 것이 제자들이었다. 마가복음 14:15-16, "그리하면 자리를 펴고 준비한 큰 다락방을 보이리니 거기서 우리를 위하여 준비하라 하시니, 제자들이 나가 성내로 들어가서 예수께서 하시던 말씀대로 만나 유월절 음식을 준비하니라." 하지만 키르케고르는 영적인 의미에서 성찬을 준비할 수 있는 분을 말한다. 다음을 참고하라. 히브리서 10:5, "그러므로 주께서 세상에 임하실 때 이르시되 하나님이 제사와 예물을 원하지 아니하시고 오직 나를 위하여 한 몸을 예비하셨도다."

19 이 부분은 코펜하겐 성모교회의 그리스도상을 암시한다.

부록

위기 및 여배우의 삶에서의 한 위기

인터 엣 인터^{Inter et Inter} 저

I

배우가 되는 것, 그것도 일류 배우가 된다고 생각하면, 대다수의 사람들은 즉각적으로 그 배우의 삶이 화려하고 황홀할 것이라고 생각한다. 가끔 그런 생각으로 인해 그 속에 있는 가시들을 간과하기가 일쑤다. 다시 말해, 여배우가 맞서 싸워야 할 믿을 수 없을 정도의 온갖 진부함, 수많은 불공평함, 결정적인 순간에 맞서 싸워야 할 오해들이 있다.

가능한 한 운이 좋은 상황을 상상해 보자. 무조건적으로 유명해지는데 필요한 모든 것을 소유한 어느 여배우가 있다고 가정해보자. 그 여배우는 존경과 인정을 받으며, 어떤 악의적인 비평가의 괴롭힘의 대상이 되지 않을 만큼 운이 좋다고 상상해보자.(이것은 틀림없이 엄청난 행운이다.) 그래서 그녀는 해마다 끊임없이 계속되는 찬사의 도가니 속에서 부러움의 대상이 되어 살아간다. 그것은 너무 영광스러워서, 마치 대단한 존재가 된 것처럼 보인다. 그러나 만약 더 자세히 들여다본다면, 이 감상적인 찬사가 지불한 동전이 어떤 종류인지를 본다면, 연극 비평가들의 세계에서 [공용을 위한][01] 기금을 만드는 것으로 보이는 이 초라한 진부함의 빈약함을 볼 수 있다. 여배우로서 가장 운이 좋은 상황일지라도 꽤 조잡하고 값싼 상황일 가능성이 매우 높다. 왕립극장의 의상이 매우 비싸고 가치가 있다고 생각되는 것이 사실이라면, 신문 비평가들의 의상은 끔찍할 정도로 초라한 것이 확실하다.

계속해보자. 이 존경받는 예술가는 매년 살고 있다. 중산층 가정에서 매일 저녁 식사로 무엇이 나올지 미리 정확히 알고 있는 것처럼 그녀는 공연의 부수입이 얼마인지 미리 정확히 알고 있다. 일주일에 두세 번 정도 훌륭하다는 찬사를 받고, 그녀의 탁월성이 인용된다. 이미 1년의 1분기가 진행되는 동안, 그녀는 이미 한 번 이상 신문의 사설에서 아부섞인 비평문들을 살펴보았을 것이다. 왜냐하면 이 문구들을 특별히 강조하여 신문을 판매하고자 하기 때문이다. 이 문구들은 계속해서 회자될 것이다. 때로는 한두 번, 운이 좋은 해에는 세 번 정도 자칭 시인이라 부르거나 성공하지 못한 초라한 자들에게 축하를 받을 것이다.

그녀의 초상은 모든 미술 전시회의 주제가 되고, 공

연 포스터에 석판 인쇄되어 곳곳에 나붙는다. 그녀의 이름이 수다꾼들의 입에 오르내리고, 여자로서 그녀는 질투의 대상이 된다. 심지어 그 입을 그녀의 초상이 인쇄된 손수건으로 닦는다.

모든 사람의 찬사의 대상이라는 것, 무언가 잡담하고 싶어서 안달이 난 사람들의 이야깃거리의 대상이라는 것을 안다. 그녀는 해마다 이렇게 살고 있다. 이것은 너무 영광스럽고, 대단한 것처럼 보인다. 그러나 더 적극적인 의미에서 이런 값비싼 찬사를 먹고 살아가는 한, 이런 찬사를 받으며 격려를 받는 한, 이런 찬사로 감동을 받고 그것에 의해 강화되고 새로운 노력을 하게 된다면, 심지어 가장 뛰어난 재능 있는 사람, 특히 여성이라도, 여전히 더 약한 순간에 주위를 살펴보게 된다. 그때 그녀는 가끔 스스로에 대해 느꼈던 무언가를 느낀다. 이 모든 찬사가 얼마나 공허하고, 이 부담스러운 영광을 부러워하는 것이 얼마나 불공평한지를.[02]

그러는 동안, 세월이 흘렀다. 이처럼 호기심이 많고 조바심이 많은 시대는 그렇게 많지 않았다. 그 여배우가 이제 나이가 들었다는 소문이 돌기 시작한다. 맞다. 우리는 기독교 국가에 산다. 그러나 이따금 미학적 수간 esthetic bestiality 행위의 예를 어렵지 않게 목격하는 것처럼, 인간을 희생시켜 인육의 맛을 보는 풍습이 기독교 세계에서 없어졌다고 장담할 수 없다. 그녀를 찬양하는 이런 진부함의 큰 북을 계속 두들기면서, 심볼즈[03]를 열렬하게 두드리면서 그녀를 축하하기를 멈추지 않은 채, 군중들은 그 동일한 무미건조함으로 나이 들어가는 우상화된 이 예술가에게 싫증을 느낀다. 더 이상 그녀를 보고 싶어 하지 않는다. 군중들은 그 진부한 무미건조함 때문에 이제 그녀를 제거하고 싶어진다. 풍미를 상실한 이 진부한 맛으로 인하여 그녀를 제거하지 않는다면, 그녀는 하나님께 감사를 드려야 할 것이다.

군중들은 이전의 아이돌에게 싫증을 느끼고 이제는 16세 여배우를 새 아이돌로 등극시킨다. 새로운 아이돌에게 열광할 때, 나이든 이전의 아이돌은 진부함의 완전한 냉대 total disfavor of banality를 경험한다. 아이돌로 임명되었다가 명예롭게 퇴출된다는 것은 상상할 수 없는 일이며, 아이돌이 겪는 가장 큰 시련이기 때문이다. 만일 이것이 사실이 아니거나 여기에 제시된 만큼 날 것이 아니라면, 가끔은 훨씬 더 좋은 것처럼 보이지만, 근본적으로 그만큼 나쁜 것처럼 보이는 다른 일들이 일어난다.

과거에서 나오자마자, 진부함이 오히려 찬사admiration와 함께 좋은 동력을 얻어, 우상화된 사람은 최종 지점에서 잠시 속도를 얻어 전진한다. 군중들이 말한 것처럼, 그 여배우가 나이가 든 후에도 말이다. 분명히 존경받는 예술가에 대한 진부한 표현에는 변화가 없었다. 그러나 모든 것을 찬양하는 비평가 오시플랭기우스Rosiflengious[04]가 계속해서 동일한 말을 **예의바르게**chivalrously 함으로써 그 예술가에게 호의를 베푸는 중이라고 여기게 하려는 모습에서 어떤 불확실성을 감지한다. 어떤 예술가에게 예의바르게 대한다는 것은 뻔뻔함의 극치이고, 질퍽거리는 무례함이며, 가장 역겨운 사생활 침해이다.

대단한 사람, 본질적으로 대단한 모든 사람은 바로 이 특성을 정확하게 인식해야 한다고 주장한다. '극장은 성역이다'라는 말이 있듯이, 적어도 신성모독[05]은 멀지 않다. 나이든 대머리 혹은 얼간이 평론가들이 예술 비평의 형태로 위선적으로 머리를 조아리고 긁적대며 사랑을 선언하는 것을 열여섯 살 나이의 소녀가 견디기에 얼마나 힘겹고 고통스러운가! 언젠가 나중에 예의치레로 하는 경솔한 평가를 참는다는 것은 또 얼마나 씁쓸한가!

그러나 도대체 왜, 그렇게 많은 불공평함을, 맞다, 예술에 헌신한 여자들에게 잔인함을 일으키는 이런 비인간성이 왜 이렇게 사람들(남자들) 사이에서는 보기 드문가? 이것이 그렇게 미학적인 문화가 아니라면 말이다. 여성적인 것에 관한 한, 대부분의 사람들의 예술 비평은 본질적으로 모든 정육점의 보조원, 호위병, 가게 점원과 공통적인 범주와 사고방식을 가지고 있는데, 그들은 이 저주받은 아름답고 미모의 지독히 앙증맞은 열여덟 소녀에 대해 열광적으로 이야기한다. 18세의 이 저주받은 아름다움과 미모의 지극히 앙증맞음, 이것이 예술 비평이다. 이것 역시 짐승 같은 짓^{bestiality}이다. 한편, 미학적 관점에서 관심이 시작하는 곳에, 내적 존재가 아름답고도 강렬한 의미에서, 변모^{metamorphosis}가 명확해진 곳에, 거기에서 군중은 넘어지고 만다. 계속 찬사를 보내면, 그들은 예의 바르거나 관대하다고 생각한다. 왜냐하면 그녀가 30세에 불과함에도, 근본적으로는 **보이지 않기**^{perdue} 때문이다!

이것은 특히 사람들을 위해서 실제로 유용하다. 이 편견이 효과적으로 제거될 수 있다면, 가장 의미 있는 쾌락에서 배제되거나 스스로를 배제시키는 일이 없도록 말이다. 실제로 편견은 존재한다. 맞다, 짐승 같은 편견이다. 왜냐하면 여자는 18세의 나이에 배우가 된 것이 사실이 아니기 때문이다. 만약 그녀가 배우가 되려면, 30살 혹은 그 이후에 되어야 맞다. 18세에 코미디에서 연기를 한다는 것은 미학적으로 미심쩍은 일이다. 발전된 두 번째 무대와 함께 여배우에게 찬사를 보내는 것은 예의상 칭찬하는 예의바름^{chivalry}과 거리가 멀다. 오히려 그 반대인 16세의 젊은 소녀를 찬미하는 것은 아첨에 불과하다.

나는 본질적으로 교양 있는 미학자가 16세의 여배우를 평론의 대상으로 삼을 수 없다고 생각한다. 특별히 그녀가 매우 아름답다면 말이다. 그 비평가는 틀림없이 이런 수상함을 거부할 것이다. 사실, 열여덟 살에 센세이션을 일으킨 소녀가 끝까지 해내지 못하는 일은 종종 일어날 것이다. 설령 끝까지 해냈다고 하더라도, 그녀는 본질적으로 여배우도 아니었기에, 한 해나 두 해 겨울동안 사교클럽[06]에서 센세이션을 일으킬 때처럼 돌풍을 일으킨 것이다. 반면, 변모가 성공적이었다면, 예의상 칭찬하는 예의바름은 있을 수 없으며, 오직 미학적인 의미에서 비로소 진정한 찬사를 자아낼 수 있다.

물론, 여배우들의 미래를 보장하기 위해서 극장에서 많은 일들이 행해지고 있다. 18세에 대한 미학적이지 못한 미신을 완전히 근절하고, 중요한 결정이 훨씬 늦게 이루어진다는 것이 명백해진다면, 이 또한 여배우들의 미래를 위한 확보하는데 도움이 될 것이다. 이 문제 자체가 미학적인 관심뿐만 아니라 고도의 심리적 관심도 가지고 있다. 그러므로 그 문제를 좀 더 자주 고려의 대상으로 삼지 않는 것이 나를 놀라게 한다. 흥미로운 것은 심리학의 도움으로, 이 변모를 순전히 미학적으로 이해할 수 있거나, 변모가 일어났을 때 설명할 수 있다는 것이다.

그러나 신문에 싣는 짧은 분량의 글로는 여러 가지 사례들을 살펴보며 좀 더 자세한 검토를 하기에는 부적절하다. 따라서 나는 여기서 오직 하나의 변모에 대한 순전히 심리적이고 미학적인 면만을 묘사하고자 한다. 변모 metamorphosis는 분명히 어려운 일이지만 바로 그런 이유로 인해 아름답고 중요한 일이기도 하다. 다시 말해, 여배우가 변모한 이후 첫 번째 공연에서 더 많은 것을 투자할수록, 새로운 공연을 하기는 더 어려워지게 된다. 왜냐하면 기본적으로 미학적인 감각이 없는 대중들은 아이돌을 맹목적으로 우상화하며 시끄러운 존재들인데, 그런 대중들이 변모된 여배우의 첫 번째 공연 første Udtræk[07]을 의식하면 할수록, 그들은 아주 쉽게 놀라며, 의심하며, 심지어 침울해져서 변모에 대하여 반대자로 돌변하게 된다.

나이든 여배우는 비록 미학적이지 못한 관객들을 사로잡고 매료시킬 만큼의 그런 젊음이란 행운을 소유하지는 못했다 할지라도, 그것을 만회할만한 행운을 가졌다. 이 행운은 아주 고요한 가운데 자신이 변모되는 것이다. 이 또한 아름다운 일이다. 왜냐하면 그런 변모는 아주 조용하게 일어나기 때문이다. 그러나 이 변모는 또한 쉽게 일어난다. 왜냐하면 진정한 변모에 선행하여 조용한 변화가 일어나기 때문이다. 아무도 호기심을 가지고 그 변화를 탐색하지도 않고, 오해함으로써 방해하지도 않고, 다만 대중의 변덕과 기분과는 단절된 상태로 변화가 진행되기 때문이다. 대중은 이상하다. 10년의 시간이 흘러서 그들이 애호하는 예술가가 자연히 10년 늙게 되었을 때, 대중은 우상과 같은 이 예술인에 대해 분노한다.

II

 그러므로 여배우의 초창기 젊은 시절, 첫 번째 등장한 그 순간, 눈부신 첫 성공[08]을 했을 그때, 바로 첫 시작점에 있는 한 여배우를 생각한다. 바로 여기서 내가 여배우의 성공에 대해 이야기하고, 그것에 대해 말할 수 있는 기쁨을 누리는 것은 미학적으로 적절하다. 왜냐하면 이 연구가 이상적이고, 동시대에 사는 16세의 실제 여배우 자체를 다루는 것이 아니기 때문이다.[09] 또한 다른 이유로, 이러한 최초의 젊음을 묘사하는 것이 적절하다. 이 글이 젊음에 대한 현대적인 연구가 아니라, 이 연구의 진짜 주제는 변모^{metamorphosis}이기 때문이다. 첫 번째 기간에 대한 묘사는 기반을 준비하기 위한 것이며, 전혀 슬픔이 없는 시적이며 철학적인 회상^{recollection}이다. 첫 번째 기간을 묘사하는데 오래 머물지 않을 것이며 서둘러 좀 더 높은 단계를 다룰 것이다. 필자는 변모가 최고의 것이라고 미학적으로 확신하는 바이다.

 그 여배우는 17세에 데뷔했다. 그녀는 소유하고 있다. 그런데 그녀가 소유하고 있는 것이 무엇인지 정의하기 어렵다. 왜냐하면 그것은 정의할 수 없기 때문이다. 그럼에도 불구하고 그것은 전능하게 자기를 주장하는 것이고, 무조건적으로 순종을 요구하는 것이다. 가장 못된 자도, 가장 지루한 자도, 아무리 마음을 강퍅하게 해도 소용이 없다. 그는 무조건적으로 순종해야 한다. 한 수학자가 분연히 일어나 "그럼, 그것이 무엇을 증명한단 말인가?"라고 질문한다 해도, 소용이 없다. 그는 순종해야 한다. 근본적으로 확신하게 될 것이다.

따라서 그녀는 소유하고 있다. 그녀가 소유하고 있는 것을 정의하기는 어렵다. 왜냐하면 그것은 정의할 수 없는 것이기 때문이다. 얼마나 이상한가! 대개 사람이 무엇을 소유했고, 언제 소유했는지도 정확히 알 수 있다. 결국 그가 얼마 동안 소유했는지를 정확히 볼 수 있는 법이다. 한편, 정의할 수 없는 것을 소유한 젊은 여배우는 소위 모든 재산 소유자들을 순식간에 가난하게 만든다.

이 정의내릴 수 없는 소유를 정의하기에 좀 더 가까이 다가가자면, 이 소유는 **행운**good fortune이다. 그 여배우는 행운을 소유하고 있다. 여기서 행운이란 그녀가 좋은 친구와 운 좋게 극장에 좋은 조건으로 받아들여질 수 있도록 중요한 인맥이 있거나, 감독이나 평론가들이 관심을 가질 정도로 운이 좋다는 그런 의미가 아니다. 아니, 여기서 행운이란 것은 카이사르가 선장에게 "당신은 카이사르를 모셔 가는 중이고, 이게 행운이다."[10]라고 말한 그 때의 행운을 의미한다. 그렇다, 그녀의 행운에 도전하지 않는다면, 그녀가 매일 밤 공연하고 있는 '미스 제인 도우[11]와 그녀의 행운'이란 포스터를 인쇄할 수 있으리라. 그 정도로 그녀는 행운의 소유자이다.

그녀가 행운을 가져온 것이 아니고, 행운이란 이 엄청난 능력이 젊은 소녀를 기쁘게 인도하고 있다. 행운 자체가 그녀의 후원자이고 언제든지 대기상태이다. 그녀가 행운을 소유했다고 말할 수 없는데, 왜냐하면 그녀가 마치 행운의 소유가 된 것 같기 때문이다. 그 여배우가 걷든지 서든지, 그녀가 하는 모든 일에서, 손짓, 눈짓, 사소한 머리의 움직임, 몸을 돌리는 행위, 걸음걸이, 목소리, 모든 몸의 제스쳐에서 행운은 그녀를 따라다니기 때문이다. 비록 특급 비평가가 완전히 다른 의미에서, 이 모든 최고의 행운이 그녀에게 속한 것이 아님을 미학적으로 알아차린다 해도, 이 비평가가 보기에 그녀는 단 1초도 행운이 없는 적이 없을 정도로, 행운이 그녀를 따른다.

그녀의 정의할 수 없는 소유, 그 정의에 좀 더 다가가자면, 그것은 **젊음**youthfulness을 의미한다. 이것은 정확히 일주일 전 월요일에 그녀가 16살이 되었다는 통계도 아니고, 그녀가 아름답다는 이유로 공연show에 등장하고, 그런 한에서 여배우Skuespillerinde로 부적절하게 불리는 그런 의미도 아니다.

아니, 그녀의 젊음은 역시 정의할 수 없는 부유함이다. 무엇보다 젊음은 생동감 넘치는 힘의 놀이이다. 젊음의 강하고 풍부한 요동침restlessness이라고 불릴 수 있다. 하지만 이것은 언제나 본의 아니게, 운 좋게 재능이 있는 아이가 가족 안에서 안절부절못하는 사람이라고 말할 때처럼 편파적인 표현이다. 시끄러운 유한의 의미에서 요동침은 곧 시들어 버리고 만다. 그러나 잠재적인 의미에서 요동침, 무한의 요동침,[12] 회춘(回春)하게 하고, 상쾌하게 하며, 치유함으로 물이 동하게 하는[13] 독창성, 이것은 엄청 드문 일이다. 그녀가 요동친다는 것은 바로 이런 의미에서다.

하지만 결과적으로 이 요동침은 무언가를, 위대한 무언가를 의미한다. 본질적인 천재성의 첫 번째 치열함을 의미한다. 그러나 이 요동침은 어떤 우연한 것을 의미하지 않는다. 그녀가 가만히 서 있을 수 없다는 것을 의미하지 않는다. 그 반대로 그녀가 가만히 서 있을 때조차도, 내면의 요동침의 낌새가 있다는 의미다. 심지어 쉴 때도 그렇다. 그것은 그녀가 무대에 들어선다는 의미가 아니다. 그와 반대로, 그녀가 단지 움직이기만 해도 무한의 자극에 대한 낌새를 느낄 수 있다는 뜻이다. 그것은 그녀가 말을 너무 빨리해서 그녀를 따라할 수 없다는 것을 의미하지 않는다. 반대로 그녀가 아무리 천천히 말한다 해도, 생동감과 영감을 느낄 수 있다는 뜻이다.

이 요동침은 그녀가 곧 지쳐버리게 된다는 뜻이 아니다. 정반대로 바람과 같이, 자연의 소리와 같이,[14] 지칠 줄 모르는 능력을 드러낸다. 그것은 그녀의 장난기 roguishness가 무궁무진함을 드러낸다. 그리하여 그녀가 훨씬 더 많은 것을 소유했음을 끊임없이 폭로한다. 이 요동침은 그녀의 교태를(교태가 전혀 없는 그런 인물은 생각조차 할 수 없다) 드러낸다. 그녀의 교태가 다름 아닌 형용할 수 없는 행운의 의기양양한 인식임을, 행복하고 순수한 마음의 즐거운 승리의 자각임을 드러낸다. 따라서 이것은 실제로 교태가 아니라 관객을 위해 추가된 격려다. 다시 말해, 이 요동침은 전체의 신뢰성을 보장하고 굴복^{Overgivenheden}을 완전한 안전 수단으로 보호한다.

한편으로는 신뢰성과 다른 한편으로는 장난기, 생동감, 행운, 젊음과 같은 것은 전혀 함께 할 수 없는 이질적 규정이라고 생각할 것이다. 하지만 이것은 사실이 아니다. 그것들은 절대적으로 함께 있어야 한다. 장난기와 생동감이 완전한 신뢰성에 의해 무조건적으로 보장되지 않는다면(여기서 충분한 신뢰성, 그 여배우에게도 충분하고, 6~7명에게도 충분한 그런 신뢰성), 공연은 그 자체로$^{\text{eo ipso}}$ 실패하고 즐거움도 본질적으로 부재하게 될 것이다.

이 규정들의 분리불가능성은 장난기와 신뢰성을 일관되게 대등하게 놓으면 인식할 수 있다. 마치 장난기 어린 소녀를 완전히 편애하는, 나이가 많지만 여전히 활기찬 어떤 노인이 "놀랍군, 나의 신뢰할 수 있는 작은 소녀."라고 말할 때처럼 말이다. 노인은 그녀가 장난꾸러기라고 말하는 게 아니라, 그녀가 신뢰할만하다고 말하는 것이다. 그럼에도 불구하고 그렇게 말할 때, 노인은 그녀가 장난기가 있음을 명확히 선언하고 있는 것이다. 그러나 이 발언은 노인의 발명품이 아니다. 말하자면, 장난기로 그녀는 노인의 말을 강제로 얻어낸 것이다.

한편으로 굴복Overgivenhed과 다른 한편으로 완전한 안전 수단은 전혀 함께 할 수 없는 이질적인 특성이라고 생각할 것이다. 혹은 이 둘을 함께 합치는 것은 멍청한 짓이라고 생각할 것이다. 그러나 이 둘은 정확히 분리할 수 없다. 변증법이 이 둘의 조합의 발명자이다. 변증법은 자연적인 규정인 모든 것, 단일하고 조합되지 않는 것으로 완전히 보장되어야만 하는 모든 것에 적용된다. 조합된 것에서는 무언가 누락될 수 있지만, 단일한 것은 직접성이며, 완전해야 한다. 또는 같은 것이 되려면, 그때 그것은 완전해야 한다. 약간의 굴복은 그 자체로 보기 흉한 것으로 거부되어야만 한다. 완전한 안전 수단으로 인해, 진짜 굴복은 우선 무엇보다도 관객들을 진정시키는 효과가 있으나, 대부분의 사람들의 관심에서 망각된다. 사람들은 굴복이 자극적인 효과를 준다는 것에 동의한다. 하지만 그것은 거짓된 굴복, 혹은 약간의 굴복에만 해당된다.

변덕^{caprice}[15]에서 나오는 직접적인 코미디를 예로 들어보자. 저녁에 로젠킬데[16]가 무대에 오르는데 마치 무한에서 바로 나오는 듯하며 마치 이로 인해 모든 변덕의 영에 사로잡혀 있는 것을 볼 때, 그 장면을 보자마자 자신도 모르게 혼잣말로 "와, 오늘밤 그가 무대를 찢어 버릴 것 같아."라고 말할 때, 우리 모두는 형용할 수 없이 고요해진다. 우리는 마음을 가라앉히기 위해서 심호흡을 한다. 마치 오랫동안 같은 자리에 앉아 있으려는 듯 편안하게 자리를 잡는다. 우리는 음식을 좀 가져오지 않은 것을 후회할 뻔했다. 고요함으로 인도하는 신뢰성과 안전 수단^{safeguard}이 너무 크기에 극장에 겨우 한 시간만 있어야 함을 잊었기 때문이다.

우리가 웃고 또 웃으며 이 변덕에 굴복하여 은밀하게 기분을 만끽하는 동안, 한결같이 고요함을 느끼고, 형용할 수 없이 설득당하고, 아기가 자장가를 들었을 때와 같은 평온함을 느낀다. 말하자면, 완전한 안전 수단으로 말이다. 왜냐하면 그의 변덕으로 인해 이 시간이 꽤 오래 지속되리라는 인상을 받았기 때문이다.

반면, 즉흥적인 코미디언이 무엇보다도 먼저 분위기를 고요하게 만들지 못한다면, 그의 변덕이 얼마나 갈지 관객들이 조금이라도 불안해한다면, 즐거움은 사실상 사라진다. 보통 코미디언은 관객들을 웃게 할 수 있어야 한다. 아마도 코미디언은 자신이 무엇보다도 먼저 완전히 고요하게 만들 수 있어야 한다고 말하는 편이 더 맞을 것이다. 그러면 웃음은 저절로 따라올 것이다. 왜냐하면 진정한 웃음은, 가슴속 깊은 곳에서 나오는 웃음은, 자극에 의해서가 아니라, 고요함에 의해 생기는 것이기 때문이다.

굴복이 마치 이와 같다. 굴복은 무엇보다 완전한 안전 수단에 의해 고요를 만들어야 한다. 즉, 굴복이 여배우에게 진정으로 존재한다면, 첫 번째 효과는 완전히 고요를 만드는 것이다. 굴복은 이런 완전한 안전 수단과 신뢰성에 의해 유도되어, 이 고요 속에 존재한다. 그 결과 관객은 압도당한다. 굴복에 의해서. 자, 여기서 굴복과 신뢰성은 이상한 조합을 이루는 듯하다. 굴복이 믿을 만하다고 말하는 것은 이상한 화법이지만, 그것은 장난기에 대한 새로운 표현이며, 바른 표현이다. 왜냐하면 신뢰할만한 굴복이 바로 장난기이기 때문이다.

정의내릴 수 없는 그녀의 소유는, 그것을 정의하기를 조금이나마 시도해보자면, **영혼의 표현력**expressiveness of soul을 의미한다. 그것은 즉각적인 정열의 분위기에서 여배우가 이념idea과 생각에 조응하는 것이며, 아직 성찰되지 않은 내면성으로서 이상ideality과 필수적으로 조화를 이루는 것이며, 생각과 이념을 접할 때마다 독특한 감정을 일으키고 낭랑한 메아리를 일으킨다. 영혼의 표현력은 여배우가 가진 독창적이고 독특한 예민함이다.

따라서 여배우는 작가의 이야기와 영혼으로 관계한다. 그러나 매우 적절하게 대사와 공명을 이루고 등장인물 전체와 화음을 이루는 그 이상으로 그녀 스스로와 관계하고 있다. 그녀는 저자의 말을 단지 그의 입에서 가져올 뿐 아니라, 그의 말을 되돌려 준다. 장난기를 동시에 소리로 표현하고, 기발함에 대한 공동지식 속에서 그런 방식으로 작가의 말을 되돌려준다. 그것은 마치 여배우가 "당신도 나와 똑같이 이렇게 할 수 있습니까?"라고 말하는 것과 같다.

정의내릴 수 없는 그녀의 소유는 마침내 **그녀가 무대 위에서 적절한 공감대를 형성하고 있음**을 의미한다. 모든 긴장은 이중적인 방식으로 발생한다. 긴장은 변증법 자체의 변증법이다. 긴장은 노력을 드러낼 수 있지만, 그러나 또한 정반대로 노력을 숨길 수도 있다. 노력을 숨길 뿐 아니라 지속적으로 가벼움으로 전환시키고 탈바꿈하고 변형시킨다. 이 가벼움은 보이지 않게 긴장의 노력에 기반을 두고 있다. 그러나 이것은 보이지도 않고 심지어 아무런 낌새도 주지 않는다. 오로지 가벼움만이 드러난다.

무게는 무언가를 아래로 누를 수 있다. 그러나 역으로 누르고 있는 것을 숨길 수도 있다. 반대편에 의해, 무언가를 들어 올리는 것에 의해, 압력을 표현할 수도 있다. 일상의 대화에서 짐을 벗어던짐으로써 우리 자신을 가볍게 하는 것에 대해 말한다. 이러한 관점이 모든 진부한 인생관의 기초이다. 더 고차원적인 의미에서, 시적이고 철학적인 의미에서 그 반대도 성립한다. 즉, 무게에 의해서 가벼워진다. 높이 날아오르고 자유로워진다. 압력에 의해서 말이다.

예를 들어, 천체는 큰 무게에 의해 우주를 허공에 머물게 한다. 새는 큰 무게에 의해 날아간다. 믿음이 가볍게 공중 부양하는 것은 정확히 거대한 무게 때문이다. 소망의 최고의 비상(飛上)은 정확히 환난과 역경의 압력 때문이다. 하지만 무대 위의 환상과 모든 관객이 바라보는 눈의 무게는 한 사람에게 짓누르는 엄청난 무게다.

좋은 공감대가 부족한 곳에서는 아무리 최고도로 숙련되었다할지라도 부담의 무게를 완전히 숨길 수가 없다. 하지만 좋은 공감대가 형성되는 곳에서는 부담의 무게가 계속해서 가벼움으로 전환된다.

젊은 여배우도 그러하다. 그녀는 무대의 긴장 속에서도 자신의 뜻대로 할 수 있다. 더 정확하게 거기서 그녀는 새처럼 가볍다. 바로 중압감이 그녀를 가볍게 해 준다. 이 압력으로 인해 그녀는 솟아오르는 비상을 맛본다. 거기엔 어떤 불안의 흔적이 없다. 무대 옆에서는 불안할지 몰라도, 무대 위에서 그녀는 자유를 획득한 새처럼 가볍고 행복하다. 그녀가 자유로운 것, 자유를 획득했던 것은 바로 압력 아래에 있는 '지금' 때문이다.[17] 자신의 서재에서는 편한데, 무대 옆에서 불안이 드러나는 것은 능력의 부족이 아니다. 정반대로 그녀를 불안하게 만드는 것은 순응성^{elasticity} 때문이다. 이것은 그녀에게 압력을 가하는 무게가 없기 때문이다.

공연의 긴장 속에서, 이 불안은 매우 행복하게도 더 강화되는 것으로 변한다. 결국, 연기자는 불안해하지 말아야 한다는 것은 협소한 관점이다. 무엇보다 훌륭한 연기자는 불안해하지 않는다는 것이 보통 사람들의 표현이다. 그러나 실제로 능력이 많은 사람일수록 그가 긴장감 밖에 있는 한, 정확히 그의 능력에 비례하여 불안은 더 커진다. 천체를 지탱하는 자연의 힘을 의인화해서 말해 보자면, 자연의 힘이 천체를 지탱하는 임무를 제거하고서 그 임무를 맡도록 기다린다면, 자연의 힘은 극도의 불안 속에 앉아 있으리라. 천체를 짊어지는 이 짐을 어깨에 짊어지고 나서야 근심걱정이 사라지고 가벼워질 것이다.

그러므로 한 사람에게 최악의 고통 중에 하나는 그가 살고 있는 작은 세상의 긴장과 관련하여 너무 많은 순응성을 갖는 것이다. 그처럼 불운한 존재는 결코 완전히 자유롭지 못하다. 왜냐하면 자기가 짊어져야 하는 충분한 무게를 가질 수 없기 때문이다. 중요한 것은 불안이 한꺼번에 제대로 엄습해야 한다는 점이다. 그러나 연극 예술가$^{dramatic\ artist}$와 관련하여 이 불안은 언제나 무대 위에서가 아니라 무대 밖에 있다. 이것은 무대 밖에서 불안해하지 않는 사람에게 일반적인 사실이다.

그녀의 확실한 소유는 당연히 진술하기가 쉽다. 그녀는 타고난 매력뿐 아니라 훈련받은 것도 마찬가지다. 보조적인 요소로서, 그녀는 무용수가 갖추어야할 최고의 것을 갖추었다. 연극 대사를 말할 때 발음이 바르고 정확하다. 목소리가 좋고 교양 있어 보이며, 거슬리지 않고 매끈해서 완전하고 분명하게 대사를 포옹하기도 하고, 서투르지 않게 대사를 보이도록 발언하기도 한다. 발음이 정말로 좋아서, 속삭일 때조차도 선명하게 들린다. 목소리를 사용하는 법을 아는 사람이다. 무엇보다도 대화할 때 대사가 조금 빗나갈 때도 그것을 다룰 줄 아는 탁월한 자질을 갖추었다.

여배우는 17살에 데뷔했다. 첫 번째 대중 공연은 당연히 대성공이었으며, 그와 동시에 그녀의 삶은 국가적인 사건이 된다. 연대장의 딸[18]을 전체 연대가 딸로 여긴 것처럼, 그녀는 나라의 딸이 되었다. 그녀를 보기만 해도, 한 세대에 한 명 나올까 말까하는 특출하고도 독특한 여성적 재능을 가졌다는 것을 누구에게나 확신시키기에 충분하다.

따라서 이 희귀한 식물을 보호하는 것은 국가적인 관심사요, 찬양하는 것은 국가적 의무가 되었다. 아아, 이것을 정확하게 의무라 부를 수 없어도, 인간의 나약함의 불가피한 결과로서, 여배우가 이제 얼마나 오래 버틸 수 있을지 보는 것은 호기심의 관심사이다. 그렇다. 희귀한 것에 대한 인간의 기쁨은 이상하다. 최초이자 최고의 환희의 순간에, 호기심의 암살이 시작된다. 이것은 질투가 아니다. 질투와는 전혀 다른, 감탄하는 편에서의 일종의 당혹감이다. 말하자면, 감탄은 기뻐서 어찌할 바를 모르는 것이다. 첫 해에 이 해로운 긴장을, 순수하게 찬양하면서도 의심하며 찬양하는 긴장을 만들어 내는 것을 생각해낼 때까지 말이다.

자주 언급되었던 것을 다시 상기해보자. 만약 그 당시 위대한 미학자가 살았고 그에게 이 여배우와 연기를 평가하도록 요청했다면, 틀림없이 이렇게 평가할 것이다.

"아니, 그녀의 전성기는 아직 오지 않았습니다."

III

14년이 지났고 그녀는 이제 31세이다. 이 몇 년 동안 그녀는 끊임없이 찬양을 받는 인정의 대상이었다. 이 막간의 시간을 사용하여 시간의 경과에 대한 몇 가지 의견을 제시하고자 한다.[19]

외모로 판단하여 그 여배우의 특권에 대한 대략적인 평가에 속지 말자. 그런 평가에 이끌려 그녀가 찬양받는다는 사실에 부당하게 질투하지 말자. 대신에 그 여배우에 대한 진부한 인정이 범람하는 가운데 얼마나 많은 잘못이 뒤섞여 있는지 명심하자. 무엇보다도 지난 14년 동안 동시대인들이 그녀를 존경하는 것이 실제로 습관이 되었다는 것이 무엇을 의미하고 왜 중요한지를 잊지 말자. 우리가 정확히 계산하고 싶다면, 이 찬양의 영광으로부터 그녀에게 불공평했던 이것을 빼는 것을 잊지 말자.

오, 한 세대는 말할 것도 없고, 습관의 속임수 the fraud of habit에 빠지지 않는 사람이 얼마나 보기 드문가. 표현은 변함이 없어도, 이 변함없는 동일한 표현이 습관을 통해 다른 것이 되고 만다. 그리하여 문자 그대로의 동일한 표현이 시간이 변하면서 의미가 약해지고, 기계적이고, 매우 밋밋하게 들린다. 똑같은 표현을 했는데도 말이다.

오, 세상엔 유혹자들과 여러 유혹에 대한 수많은 이야기가 있다. 그러나 얼마나 많은 사람들이 습관을 통하여 스스로 속고 있단 말인가. 사람들은 변함이 없어 보이지만, 속사람inner being[20]은 수척해 보인다. 그들은 동일한 사람들을 사랑한다고 하지만, 그러나 매우 무미건조하고, 매우 미약하게 사랑을 한다. 동일하게 부드러운 표현을 사용하지만, 약하고, 무기력하고, 영혼 없다.

왕이 비천한 가족을 방문한다고 가정하면, 그 가족은 얼마나 영광스럽고 자랑스럽겠는가. 그 가족은 이 행운으로 인하여 압도당할 뻔했다. 그러나 폐하께서 매일 그 집을 방문한다면, 얼마 지나지 않아서 그 가족들이 동일하게 감사하다는 말이 진정성이 떨어지는 것을 알게 될 것이다. 그 가족은 변함없이 "폐하, 성은이 망극하옵니다."라고 왕에게 인사를 해도 진정성이 떨어지게 된다. 이게 습관의 속임수이다.

모든 소피스트[21] 중에, 시간이 가장 위험하다. 모든 위험한 소피스트 중에, 습관이 가장 교활하다. 세월이 흐르면서 조금씩 변한다는 사실을 깨닫기란 매우 어렵다. 사람은 동일하게 변함없이 말하는데도 전달되는 의미가 퇴색된다. 똑같은 말을 하는데도 완전히 변한다. 이것이 습관의 속임수이다.

바로 그러한 이유로, 모든 무익한 종^{unyttig}²²에게, 즉 이타적인 진리의 종에게, 그들의 삶은 존재의 궤변과의 순전한 싸움이다. 그들의 관심사는 어떻게 하면 이 싸움에서 빠져나올 수 있을까가 아니라, 어떻게 하면 진리를 섬기고, 진리 안에서 사람들을 유익하게 할까 하는 것이다. 다시 말해, 그들은 사람들을 시험하기 위하여 착각^{illusion}을 사용하는 법을 알고 있다.

예를 들어, 한 저명한 사람이 아주 한적한 곳에 살면서²³ 거의 모습을 드러내지 않을 때, 사람들은 그를 본다 해도 버릇이 없지는 않다²⁴. 그러나 거기서 이 유명한 사람이 매우 비범한 사람일 것이라는 화려하고도 편리한 착각이 발전한다. 왜 그럴까? 사람들이 그의 화려한 특성^{qualities}을 평가하는 법을 알기 때문에 그럴까? 아, 아니다. 사람들이 그를 거의 볼 수 없기에, 드물게 본다는 그 사실이 환상적인 효과가 발생시켰기 때문이다.

과거의 경험을 통해 이것이 가능하다는 것을 알 수 있다. 이 방법은 셰익스피어가 헨리 4세의 책임을 헨리 왕자에게 돌릴 때 훌륭하게 묘사한 것이다.[25] 수많은 왕과 황제, 성직자, 예수회, 외교관, 책략가들이 이 방법을 성공적으로 사용하고 있다. 그들 가운데 의심할 나위 없이 훌륭한 사람들이 많았다. 일부는 진리를 위해 봉사하고 싶어 한다. 그러나 이들 모두는 예외 없이 모두 다 착각의 도움을 활용하여 영향을 미친다는 점에서 공통점이 있다. 군중에게 **흥행[놀라움]**을 일으켜서 이익을 얻으려 하든, 경건하게 어쩌면 영리하게도 진리를 보다 보편적으로 확실하게 전파하려 하든, 착각의 도움으로 말이다.

그러나 무조건적으로 이타적인 진리의 종들은 항상 사람들과 상당히 친밀한 관계를 맺어왔다. 그들은 놀라게 하는 놀이[26]를 하기 위해서 결코 대중과 숨바꼭질 놀이를 한 적이 없다. 그들이 대중 앞에서 경탄의 놀라운 대상[27]으로 나타나는 것은 드문 경우다. 반대로, 그들은 항상 일상복 차림으로 정기적으로 등장하고, 일반인과 함께 살고, 도로와 샛길에서 이야기를 나누며, 모든 명성을 포기했다. 군중들이 매일 그 사람을 보면서, "우리와 다를 게 없네?"라고 말한다. 아아, 그렇다. "세상은 속고 싶어 한다.^{Mudus culti decipi}"²⁸ 하지만 이타적인 진리의 증인들은 결코 이러한 착각에 빠지고 싶어 한 적이 없다. 진리의 증인들은 다음의 부분에서 대중과 입장을 공유하려 한 적이 없다.

"그래 속아 보자.^{decipiatur ergo}"

그들은 정반대로 행동함으로써 속였다. 다시 말해, 그들은 중요하지 않게 보임으로써 세상을 심판했던 것이다.²⁹

만약 풍부한 이념도 없고 전혀 부지런하지도 않은 작가가 오랜 공백 끝에 우아한 책자를 발간했다고 치자. 그 책자는 장식이 화려했고 빈 공백들이 많았는데, 군중들은 놀라움과 감탄으로 이 우아한 현상을 바라보면서, "그 책을 저술하는데 그토록 오랜 시간이 걸렸는데도 책에는 공백이 많고 내용이 적다면, 틀림없이 내용이 대단함에 틀림없어"라고 생각한다.

반면에 이념이 풍부한 작가가 보다 고상한 생각을

가지고 착각의 유익을 활용하여, 부지런히 노력해서, 비범한 속도로 작업했다면, 군중들은 이내 그것에 익숙해져서 "틀림없이 되는 대로 쓴 쓰레기"일 것이라고 생각한다. 물론 군중은 어떤 작품이 잘되었고 어떤 작품이 잘못된 것인지를 판단할 능력이 없다. 다만, 착각에 집착할 뿐이다.

예를 들어, 베를린 왕실의 탁월한 재능이 부여된 설교자였던 고 테레민^{Theremin} 목사[30]가 해야 할 설교를, 어떤 목사가 8주마다 설교하거나 12주마다 폐하와 전체 황실이 참여한 격조 높은 자리에서 설교한다고 가정한다면,[31] 그런 왕실의 담당목사^{Oberhofprædikant}[32]와 관련하여 즉각적으로 착각이 발전된다. 그는 여전히 동일한 존재인데도 탁월한 재능이 부여된 자가 되어버린다. 대중들의 눈에 그는 왕실 담당목사일 뿐 아니라, 도시를 대표하는 목사가 되거나 훌륭한 왕실 담당목사, 또는 훌륭한 표본이 되어 마치 일 년에 몇 차례 볼 수 있는 왕의 황금 마차[33]같은 존재가 되어버린다.

[34] 군중은 놀랄 것이다. 군중이 자신의 지혜로 생각해 볼 때, 설교자가 설교 한편을 작성하고 외우는데 3개월이 걸렸다면, 그것은 대단한 설교임에 틀림없다고 생각

한다. 보라, 왕실 담당목사가 8주째나 12주째 주일마다 설교할 때 호기심을 가지고 오랫동안 기다리던 인파가 너무나 많이 몰려와 설교자가 강단에 오르기 힘들 정도이다.

그가 일 년에 한 번만 설교했었더라면, 인파가 열광하여 강단에서 내려오기도 힘들었을 것이고, 무장한 경호대와 경관들을 배치해서 고귀한 왕실 담당목사의 출입[35]을 보좌할 필요가 있었으리라. [36] 사람들이 너무나도 열광한 나머지 누군가 인파 속에서 밟혀 죽는 일이 일어났다면, 다음번에는 인파를 이룬 사람들은 더 열광할 것이다. 왜냐하면 '순교자들의 피는 교회의 씨앗$^{sanguis\ martyrum\ est\ semen\ ecclesiae}$'[37]이라는 말은 진리에도 적용될 뿐 아니라 호기심에도 적용되기 때문이다.

이제 14년 동안 끊임없이 감탄의 대상이 되어온 여배우의 경우를 보자. 물론 이쯤 되면 사람들은 그녀를 매우 자주 보게 되고 그들이 감탄하는 것도 잠잠해지게 되었다. 그들은 물론 그녀가 이 나라에 머물 것이라는 것을 알고 있다. 그녀가 유럽을 여행하는 사람들 중 한 명이었다면, 여전히 착각의 도움을 받을 수 있다는 희망을 가질 수 있을 것이다. 덴마크에는 도시와 극장이 하나밖에 없기 때문에 그들은 당연히 그녀가 여기 남아야 한다는 것을 알고 있다. 물론 그들은 그녀가 계약을 맺고 있기 때문에 무대에 서야 하리라는 것을 알고 있다.

많은 사람들은 그녀에 대하여 감탄해 마지않으면서도, 그 여배우가 생계 때문에 무대에 **서야만 하리라**는 것을 알기에 충분히 무례하다. 그들은 물론 일주일에 두 번 정도나 그녀를 볼 수 있다는 것을 알고 있다. 그들이 여전히 감탄하고 있다는 것은 말할 나위도 없지만, 14년의 감탄이 지속될 때 그녀가 보존했던 동일한 독창성으로 그녀를 볼 수 있을 정도로 열정과 감사의 경계를 보존하는 법을 아는 사람이 얼마나 많겠는가!

아니, 이런 점에서 인류는 시장의 아이들을 닮았다.[38] 그들이 무언가를 가지고 있고 그것을 소유하도록 허락을 받았을 때, 그들은 배은망덕하게 되고, 명백하게 배은망덕하지 않을지라도 최소한 감탄하며 좋아하는 습관에 게을러진다. 따라서 사람들이 하나님께 감사할 줄 모르는 것처럼 사람들에게도 역시 감사가 없다. 그들은 하나님을 항상 가질 수 있다고 생각하는 게으른 관념을 가졌기 때문이다. 아, 하나님은 죽음으로 사람들이 무엇을 상실했는지를 느끼게 할 수 없다. 오, 인간의 감탄이여, 그대는 얼마나 순전한 허영인가! 그대가 한결같다 생각할 때조차도 그렇다.

그때, 감탄과 인정의 표현에는 어떤 변화도 일어난 적이 없다. 다만, 억양에서만 변화가 있다. 첫인상에 대하여 격하게 찬미하는 소리$^{spiritus\ Asper}$는 사그러들기 쉽고, 습관적인 부드러운 감탄의 호흡으로 변질된다. 그 여배우에 대한 축적된 감탄은 공시가격에서 변하지 않았지만, 전혀 견고하지는 않다. 엉큼하고, 불안하며, 기본적으로는 좋은 의미이지만, 호기심이 가득 찬 반역적인 반성^{reflection}은 그녀가 늙어가고 있다고 속삭이기 시작했다. 아무도 그런 말을 했다고 인정하지 않을 것이지만, 그런 말은 나돌고 있다. 그러나 아무도 그 말을 했다고 인정하지 않을 것이다.

이런 어색한 상황으로 인한 긴장감은 더욱 뼈아프다. 단지 그녀의 존재가 국가적인 사안이 되기 때문이다. 사람들은 그녀가 잘 되기를 바란다.(우리는 그러한 의견의 초창기에 개인의 질투가 만들 수 있는 부분은 이야기하지 않기로 하겠다.) 사람들은 시간에 대해 분노한다. 그 여배우가 언제나 18세에 머물러 있어야만 한다는 생각 속에서 습관을 좇아 감탄을 하는데 익숙해졌으나, 시간이 그녀를 더 늦게 만들고 있기 때문이다. 하지만 그들은 그녀가 점점 더 나이가 든다는 생각에 마음이 편할 수 없다.

그들은 배은망덕하게도 어떻게 그녀의 변모를 점점 더 어렵게 만드는지 아무도 생각하지 않는다. 결정적인 순간에 기억을 항의^{opposition}로 바꾸어서 배은망덕하게 되갚고 있다는 것을 아무도 아는 사람이 없다. 적어도 미학적인 면에서는 이 모든 것이 완전히 부적절한 허튼 소리인지를 아무도 아는 사람이 없다. 왜냐하면 그녀의 시대는 정말로 변모와 함께 시작되기 때문이다.

IV
(최종 기사)

 자 이제 변모에 대하여 얘기해보자. 이 여배우의 본질적인 요소는 보통 여성스러움이라고 불리는 것이 아니다. 그런 의미에서 이 젊음은 세월의 먹잇감이다. 시간이 아무리 사랑스럽게, 아무리 조심스럽게 빼앗아간다 해도, 이런 시간적인 특징^{quality}만을 빼앗아간다. 하지만 이 여배우에게는 이념과 스스로와 관계하는 본질적인 천재성이 존재한다. 즉 여성적 젊음이다.

 이것은 하나의 이념이다. 이념은 열일곱 살 먹은 외재성과는 완전히 다른 것이다. 이 나이는 열일곱 먹은 대다수 이념이 부족한 소녀에게도 사실이다. 천재성이 이념과 무관했었다면, 변모는 불가능했을 것이다. 하지만 단지 이것이 사실이고 이념이 바로 이것이기 때문에, 변모는 진귀한 발생이라고 할 수 있다.

 자연이 예지력^{foresight}과 회상하는 뒷궁리^{hindsight}에 의해 연속성을 보존하듯(자연과학자들은 이를 프로메테우스적이고 에피메테우스적[39]이라고 아름답게 불렀다.), 영혼의 영역에도 실제로 변모를 구성하는 것은 처음부터 존재해야 한다. 하지만 변모는 어느 정도 시간이 흐르기 전에는 결정적으로 사용되지 않거나, 결정적으로 그 모습을 드러내지 않는다. 이것이 바로 변모이다.

단순한 의미에서만 여성적 젊음을 갖춘 사람은 변모가 일어날 수 없다. 왜냐하면 이런 의미로 여성적 젊음은 본질적으로 변증법적이지 않고, 하나의 삶에 불과하기 때문이다. 그런 삶은 변증법의 발생으로 나뉘거나 분리될 수 없고 단순히 소멸될 뿐이다. 시간은 외부에서 오는 변증법적인 요소이다. 따라서 시간은 변증법적이지 않은 젊음을 빠르게 또는 느리게 소멸시킨다. 그러나 하나의 부가적인 생명이 있는 곳에, 거기에서는 시간이 단순한 젊음으로부터 무언가를 빼앗아 갈 때, 시간은 천재성을 점점 더 부각시킨다. 천재를 이상^{ideality}과 이념^{idea}과의 순전히 미학적인 관계 속에서 드러낼 것이다.

물론 정육점 조수들과 대중들이 지독히 앙증맞은 젊은 처녀를 말하는 그런 터무니없는 의미에서, 그녀는 다시 젊어지지 않을 것이다. 다만, 이상적인 면에서 그녀는 젊고 더 젊어질 것이다. 이제 그녀는 적절하게 필수적 비판을 위한 주체이다. 두 번째로, 두 번째 능력으로 올라갈 때, 그녀는 자신을 동일한 이념과 관계시킨다. 더 정확히 표현하자면, 이것이 두 번째이기 때문에 그녀는 자신을 순수하게 이상적으로 이 이념과 관계시킨다.

이 문제는 단순하다. 질문은 다음과 같이 제기할 수 있다.

"여성적인 젊음이라는 이념을 가진 천재와 본질적으로 일치하는 배경은 무엇인가?"

불행하게도, 이에 대하여 대부분의 사람들은 이렇게 대답할 것이다.

"그것은 여성스러운 젊음 또는 열일곱 살이 되는 것입니다."

그러나 이것은 확실히 변증법적인 것에 대한 독특한 사고 과정과 충돌하는 오해다. 순전히 이상적이고 변증법적으로, 요구조건은 이 배경이 이념과 거리를 둔 상태에서 이 이념과 자신을 관계시키는 데 있다. 모든 자연적 규정과 관련하여, 첫 번째가 최고이며, 절정이라는 것은 사실이다. 이상^{ideality}의 의미에서, 두 번째가 최고라는 것이 사실이다. 왜냐하면 이상이란 다름 아닌 '두 번째'이기 때문이다.

과제로서의 젊음에 대한 이념과 자신이 젊다는 것은 이상에 대한 이해에서 서로 정확히 일치하지 않는다. 미학적이지 않은 관객이 반대 의견을 갖고 있는 한에서, 그것은 미스 제인 도우의 외적인 젊음에 대한 기쁨과 그 여배우의 본질적인 이상과 혼동하는 착각에 의해 관객들이 속았기 때문이다.

다른 예를 들어보자. 젊음의 서정성^{lyricism}라고 부를 만한 서정성이 존재한다. **천부적인 재능을 가진**^{erectioris ingenii} 모든 젊은이들은 그것을 조금 가지고 있다. 그러나 그때 젊은이로서 젊음의 서정성도 있을 뿐 아니라 천재성도 있는 청년이 있다. 천재성의 이념이란 젊음의 서정성이다.

자, 질문은 이것이다. 그가 언제 최고의 서정시를 만들어낼 것인가? 20대일까? 절대 아니다. 그의 최고의 서정시는 더 늦은 나이에 나올 것이다. 그가 자신을 그의 이념과 순수하게 이상적으로 관계시키고, 그런 다음 **그런 이념에 봉사하며,** 더욱 심오한 의미에서 자신을 이념과 관계시킬 수 있도록 시간이 그의 젊음의 우연한 행운들을 빼앗았을 때 말이다. 저 첫 번째 젊음의 우연한 행운에 대한 감각만을 가지고 있는 사람들은 미학적인 교양^{esthetic culture}이 부족하다. 따라서 이 행운이 우연이고 결국 사멸된다는 것을 발견하지 못한다. 반면, 천재와 이 이념과의 관계는 영원한 것이고 본질적인 것이다.

가장 서정적인 능력까지 끌어올린 여성스러운 젊음에 대한 이념과 자신을 관계시키는 여배우에게 주어진 가장 중요한 과제는 단연 '로미오와 줄리엣'의 줄리엣 역할이다. 17세의 여배우가 줄리엣을 연기할 수 있다고 미학자가 실제로 생각한 적이 있는지 의문스럽다.

거기에는 대소동이 있는 것이 사실이다. 권력자들, 이 화염, 이 불꽃, 그런 종류의 많은 것들이 연기로 펼쳐진다. 하지만 그런 것들에 대한 이야기는 사실상 관객의 범주이며, 그런 범주는 줄리엣의 개념을 판단하기에는 부적합하다. 객석이 보고자 하는 것은 물론 이상적인 공연, 이상의 재현이 아니다. 객석은 줄리엣 양을 보기를 원한다. 그 줄리엣 양은, 줄리엣 배역을 맡은 또는 줄리엣으로 행세하는, 18세의 악마같이 사랑스럽고 지독하게 앙증맞은 어린 소녀이다. 객석은 이 사람이 미스 제인 도우라는 생각으로 즐거워한다.

그러므로 줄리엣을 재현하기 위해서 여배우는 본질적으로 줄리엣과는 나이 차이가 있어야만 한다는 것을 객석은 결코 이해하지 못한다. 하지만 이런 식이고, 그토록 찬미를 받는 18세에 있는 능력의 과잉은 미학적인 관점에서 보면 오해이다. 왜냐하면 이상에서 가장 훌륭한 능력은 본질적인 능력을 사용하는 법을 아는 의식과 투명성이기 때문이다. 그러나 주의하라. 이념에 봉사할 때 그렇다.

의심할 여지없이 18세의 여배우에게 요구되는 $^{quod\ desideratur}$ 과제가 있지만, 그러한 과제는 확실히 탁월한 것은 아니다. 첫 번째 젊음의 능력의 과잉을 매력적인 게임으로 활용해야 할 과제들이 있다. 그런 여배우가 이러한 과제를 맡을 수 있다. 이것을 아름답고 의미 있는 오락으로 여길 수 있다. 그녀가 본질적인 능력으로 탁월한 과제를 맡을 수 있을 정도로 성숙하게 될 때까지 말이다.

프랑스 연극에서 16세의 어린 소녀로 연기하는 것이 적절한 과제일 것이다. 그러나 이 피상적이고, 놀이하는 연약함을 견디는 것을 줄리엣의 강렬한 복잡성의 무게를 짊어져야 하는 것과 비교하면 아무것도 아닌 것으로 여겨질 수 있다. 한 때 개략적인 인물만을 묘사할 수 있었던 모든 사람이 곧바로 이 탁월한 과제를 맡을 수 있으리라고 생각하는 것은 오해임은 자명하다. 결코, 그럴 수가 없다. 그러나 바로 그런 이유로 계속해서 활기차고 원기 왕성했던 자가 찰나적인 바다 요정들[40]의 가벼운 인물을 연기하여 성공적으로 인기를 끌었을 때 그것은 희귀하다. 때가 차서 그녀가 자신을 탁월한 실체^{hypostasis}로 변신했을 때 말이다.

그렇다면, 이 변모는 탁월한 의미에서 그녀의 첫 번째 상태로 복귀가 될 것이다. 이것은 변모의 변증법적 결정요인을 가리킴으로써 어느 정도 상세하게 설명될 것이다. 이미 언급되었듯이, 시간은 외부에서 오는 변증법적인 요소이다. 그러나 그녀는 스스로 본래 변증법적인 요소가 있기에, 바로 그 이유로 시간에 저항할 수 있다. 따라서 이 변증법만이 그녀 안에서 변증법적인 것을 드려낸다. 즉, 이 변모에서 그렇다.

시간은 그 권리를 주장해왔다. 시간은 즉각적인 것, 첫 번째 것, 우연적인 젊음으로부터 무언가를 빼앗아갔다. 그러나 그렇게 함으로써, 시간은 도리어 그녀의 천재성을 더 본질적으로 드러나게 할 것이다. 관객의 눈에서 그녀는 잃었지만, 이상의 의미에서 그녀는 얻었다. 정체성에 대한 관객의 혼란의 시간은 끝났다.

그녀가 줄리엣 배역을 연기한다면, 그것은 더 이상 줄리엣 역으로서 센세이션을 창조하는 문제일 수 없다. 그녀가 그 역할을 연기한다면, 그것은 탁월한 연기가 되어야만 한다. 혹은 더 정확히 말해, 탁월한 의미에서 공연이 되어야만 한다. 바로 이것이 변모이다. 세력에 대항하는 세력이라고 흔히 하듯이, 여기서는 변증법에 대항하는 변증법이다. 그렇다면 시간은 실제로 빼앗아 갈 능력이 없다. 시간은 오히려 드러내도록 섬기는 봉사의 능력일 뿐이다.

시간은 권리를 주장했다. 시간은 우연한 행운이나 저 첫 번째 젊음이라는 우연적 행운으로부터 무엇인가를 빼앗아갔다. 그러나 모양을 갖추고 세련되게 하면서, 시간은 그녀를 발전시켰다. 자 이제, 완전히 의식적으로,

그녀의 본래적 능력을 습득하고 그 명령에 헌신할 정도가 되어, 그녀는 참으로 자신의 이념의 종이 될 수 있었다.

이것이 본래의 미학적인 관계이다. 17세와 뚜렷한 젊음과의 직접적인 관계와는 본질적으로 다르다. 이 이념에 봉사하는 이런 관계가 사실상 절정이다. 이 이념에 의식적 자기 복종self-submission이 바로 공연에 대한 탁월하게 고양된 표현이다. 열일곱 살의 젊음은 가장 깊은 의미에서 봉사하기에 너무 수줍다. 너무 자신만만하고, 행복하다. 또한 가장 고차원적인 의미에서도 마찬가지이다.

그러나 전적으로 봉사하는 것은 **내면성**inwardness이다. 열일곱 살의 내면성은 본질적으로 외면을 향한 갈망이다. 이것은 아무리 행복하다 하더라도 결코 이런 저런 우연한 사건 앞에서 안전할 수 없다. 혹은 우연의 출현을 피하더라도, 매번 "운이 좋았습니다. 그것은 언제나 가능하니까요."라고 말해야 한다. 이념에 완전히 봉사하는 관계에서만 우연한 것은 완전히 불가능하게 된다.

시간은 권리를 주장했다. 과거의 것이 되어버린 무언

가 존재한다. 그러나 그때 결과적으로 회상recollection의 이상이 전체 공연을 생생하게 조명할 것이다. 첫 번째 젊음의 시절에조차 존재하지 않았던 그런 성육신incarnation을 조명할 것이다. 오직 회상 속에서만 완전한 평온함[41]이 존재한다. 따라서 영원한 것에 대한 고요한 불길, 불멸의 광채가 있다.

그녀는 본질적인 천재성의 영원에서 차분해졌다. 그녀는 불타오르는 사라져 버리는 것에 대한 유치하고 애처로운 갈망을 하지 않을 것이다. 그렇게 하기에 그녀는 이 변모에서 너무나도 따뜻하고 부유해졌기 때문이다. 이상적인 빛처럼, 이 순수하고 차분하며 원기를 회복시키는 회상은 전체 공연을 투명하게 조명할 것이다. 이 조명에서 전체 연기는 완전하게 투명해질 것이다.

이런 것들이 변모의 요소이다. 다른 측면에서 변모의 독특성을 조명하기 위해, 결론적으로 비교하기 위해 다른 변모를 나란히 놓아 보자. 우리는 질적으로 다른 것을 선택한다. 이 자체로 비교에 대단한 흥미를 줄 수 있다. 동시에 좀 더 탁월한 것에 대하여 모든 호기심 어린 수량화를 막는다. 다른 이 변모가 연속성의 변모

the metamorphosis of continuity다. 좀 더 정확하게 정의하자면, 과정이고, 연속^{succession}이고, 세월에 따른 지속적인 변혁이다. 그리하여 여배우는 점점 나이 들수록 영역을 바꾸고, 나이든 배역을 맡는다. 젊었을 때 그녀가 젊은 배역을 채운 것과 동일한 완전함을 가지고 수행한다.

이 변모를 정직한 완전성$^{straightforward\ perfectibility}$이라고 부를 수 있다. 이 변모는 특히 윤리적 관심을 갖고 있다. 따라서 말하자면, 윤리학자를 지극이 즐겁게 하고, 납득시키기까지 한다. 자신의 인생관을 위해 싸워온 윤리학자는 그러한 변모를 자신의 승리로 자랑스럽게 가리킨다. 또한 조용하게 진심어린 감사를 표하면서, 그러한 여배우를 자신의 전능한 협력자라고 부른다. 왜냐하면, 그 여배우는 그보다도 더, 그리고 정확히 가장 위험한 지점에서 그의 이론을 증명해보였기 때문이다.[42]

하지만 우리가 말하고 있는 변모는 상승^{potentiation}[43]의 변모다. 혹은 점점 **더 강화된 처음으로의 복귀**다. 이 변모가 완전히 미학자를 사로잡을 것이다. 상승의 변증법은 미학적-형이상학적 변증법이기 때문이다. 아르키메데스보다 더 행복하게, 그는 이 현상을 가리키면서 열광적으로 '유레카!'[44]를 외칠 것이다. 감탄에 도취되어 있으면서도 변증법적인 냉철함속에서 정신이 멀쩡한 그는 이것만을 보는 안목이 있을 것이다. 이런 놀라움을 볼 수 있는, 그 자체로 감탄할 수 있는 여유를 창조하는 것을 그의 소명으로 이해할 것이다.

세월이 흐르면서 연속성의 변모는 여성성에 대한 이념 속에서 본질적인 범위의 과제로 고르게 퍼질 것이다. 세월이 흐르면서 상승의 변모는 동일한 이념과 더 강화된 관계에 서게 될 것이다. 주의하라. 미학적으로 이해하자면, 이것은 있는 가장 탁월한 의미에서$^{\text{sensu eminentissimo}}$ 여성성의 이념이다.

연속성의 변모에 걸맞는 여배우에 대하여 시간적인 의미에서 나이가 들었지만 나이 들지 않았다고 이상의 의미에서 말한다면, 다른 이 여배우에 대하여, 그녀는 더 젊어진다고 말해야 한다. 그러나 이 두 명의 여배우에 대해 시간은 그들에게 힘을 발휘할 수 없다고 말할 수 있다. 즉, 세월의 힘에 대한 하나의 저항이 존재한다. 그것은 완전성^{perfectibility}이다. 완전성이 발전하는 것은 명확히 세월 때문이다. 세월의 힘에 대한 다른 저항이 존재한다. 그것은 상승potentiation이다. 상승이 명확히 드러나는 것은 세월 때문이다.

두 현상 모두 본질적으로 희귀하다. 두 현상 모두 여기에서 공통점이 있다. 즉, 이 둘은 매년마다 희귀해진다는 점이다. 이 둘은 변증법적으로 복합되어 있기 때문에, 그들의 존재 역시 매년마다 변증법적으로 남아있을 것이다. 매년 세월의 힘에 대한 논제를 증명하려고 시도하겠지만, 완전성과 상승은 세월의 논제를 의기양양하게 반박할 것이다. 이것은 다시 관객을 완전히 조용하게 만들 것이다. 17세의 젊음은 여전히 깨지기 쉽지만, 완전성과 상승은 완전한 신뢰성이기 때문이다.

세월에 지남에도 불구하고, 내가 이 작은 기사로 본질적인 여배우의 미래가 얼마나 안전한지를 분명히 하는데 기여한다면, 그것은 나에게 소중한 만족이 될 것이다. 왜냐하면 나는 많은 면에서 여배우의 미래에 대한 적절한 개념에 대한 충분한 오해가 있다고 확신하기 때문이다. 실수로, 미학적 감각이 부족하여, 시작을 과대평가했던 동일한 오해가, 실수로, 미학적 감각이 부족하여, 이후에 나오는 것에 대한 잘못된 관점을 취한다. 더 올바르게 말해, 최고의 것에 대한 잘못된 관점을 갖는다.

1847년 여름
인터 엣 인터[45]

역자 해제

역사적 맥락에서의 작품 해석은 정당한가?

《위기 및 여배우의 삶에서의 한 위기》(덴마크어: Krisen og en Krise i en Skuespillerindes Liv)는 키르케고르가 1847년에 조국fædrelandet이라는 신문에 실은 일련의 기사였습니다.

키르케고르는 '위기'를 출판할지 많은 시간을 고민했습니다. 마침내 '이 작은 심미적 소론'의 출판이 유익할 뿐 아니라 필요하다는 결론에 이릅니다. 그는 또한 이것이 본질적으로 종교적인 것으로 여기고 있습니다.[46] 아래의 일기에서 확인하다시피, 그는 이 작품이 없었다면, 작가가 나이가 들어감에 따라 종교적으로 변했을 것이라는 착각이 생길 것이라고 말합니다. 이것은 충분히 직설적으로 말한 것처럼 보입니다.

맞다. 결국, 이 작은 기사를 출판하는 것은 좋은 일이다. 나는 《이것이냐 저것이냐》와 《두 개의 건덕적 강화》로 시작했고, 마침내 건덕적인 것의 발전은 이 작은 심미적 기사로 끝을 맺고 있다. 이것은 건덕적인 것, 종교적인 것이 제시되어야 하는 것임을, 이것들은 서로 역으로 일치함을 보여주는 것이다. 심미적인 작가가 세월이 지나감에 따라 점점 나이 들어가면서 종교적이 되어 버린 것이 아닌 것을 보여주기 위해서 말이다.[47]

작품 해석의 문제

이 작품의 해석은 조금 복잡할 수 있습니다. '위기'에 대해 출판되지 않은 이 설명은 그럼에도 불구하고 문제를 피상적으로 다루고 있습니다. 연속적인 이 짧은 신문 기사는 작가로서 키르케고르가 없었기 때문이 아니고, '인터 옛 인터'라는 가명의 연극 비평가로서 키르케고르가 있기 때문입니다.

이 작품에는 여배우가 누구인지 분명하지 않습니다. 이 여배우는 끝까지 익명으로 남아 있습니다. 하지만 그 당시 이 기사를 읽었던 사람들은 이 여배우가 누구인지 알 수 있었답니다. 문제의 여배우는 요한 루드비그 하이버그$^{\text{Johan Ludvig Heiberg}}$의 부인인 요한 루이즈 하이버그$^{\text{Johanne Luise Heiberg}}$였습니다. 그녀는 당시 덴마크 무대의 유명하고 지도적인 여성이었으며, 키르케고르의 예술에 대한 통찰력에 찬사를 보냈습니다. 그녀의 남편이었던 하이버그는 그 당시 사회의 지도적인 인물로, 대학 교수로, 작가로, 비평가로, 신문 편집자로 명성을 떨쳤습니다. '위기'는 본질적으로 여배우의 인물을 제시하면서 천재의 본질에 관한 고찰입니다. 이 여배우는 처음으로 16살의 나이로 셰익스피어의 작품인 「로미오와 줄리엣」 역을 연기했었습니다. 그 당시 덴마크 사회에서는 큰 반향을 일으켰다고 합니다. 그 후, 나이가 들어 31세의 나이에 다시 이 배역으로 돌아온 것입니다. 하지만 저자인 인터 엣 인터는 이 작품의 여배우를 익명으로 남겨 놓습니다. 도대체 왜 익명으로 남겨 놓았을까요?

이 작품을 읽는 사람들은 너무 쉽게 실존 인물인 루이스 하이버그와 연결지어 해석하려는 경향이 있습니다. 뿐만 아니라, 하이버그 교수는 그 당시 키르케고르와 일종의 사상적 대립관계에 있는 인물이었는데, 키르케고르가 그를 골탕 먹이기 위해 부인의 연기에 대한 기사를 썼다는 것이지요. 하지만 이런 해석은 결국 이 작품이 담아내려는 종교적 측면을 담아내지 못하는 굉장히 협소한 해석이라 생각합니다. 가명의 저자 인터 엣 인터는 다른 미학적 작품을 쓴 가명의 저자와는 다릅니다. 키르케고르의 작품 중에 희극 비평에 관한 작품은 전부 7편이 있습니다. 이 작품들과 비교해 볼 때, '위기'에 대한 비평은 근본적으로 방향이 다르다는 것을 알 수 있을 것입니다. 더 자세한 연구를 원하는 분들은 웨스트필Joscph Westfall의 논문을 참고하시면 됩니다.[48]

저는 이 작품이 단지 이런 역사적 맥락에서 작품을 해석하면 이 작품이 담고 있는 본질적 의미에 도달할 수 없다고 확신합니다. 왜냐하면 이 작품은 미적 영역을 다루는 듯 하면서도 종교적인 영역을 떠안고 있기 때문입니다. 또한 연기의 문제를 다루면서도 비평의 문제를, 그러면서도 여성의 변모를 핵심적인 주제로 다룹니다. 그런데 이 작품이 익명의 배우를 다루는 이유는 인터 엣 인터가 다루고자 하는 이 주제가 역사적 맥락의 인물을 다루려 한 것이 아니고, 더 보편적인 주제를 다루기 위함입니다. 즉, 배우의 변모의 문제는 연기의 문제라기보다, 우리의 삶의 문제이고 실존적인 책임의 문제로, 이상 혹은 이념과 이것을 실현해야 하는 '삶의 무대'의 문제입니다.

연기

자, 그러면 본격적으로 작품에 대해 말씀드려 보겠습니다. 이미 말씀드렸다시피, 이 해제는 이 작품을 역사적 맥락에서 풀어내려는 것이 아닙니다. 오히려, 역사적 맥락을 다루다 보면 전하고자 하는 작품의 의미는 사라지고 지엽적인 문제에만 매달리게 됩니다. 이런 해석은 그냥 '약이 아니라 독'이 될 뿐입니다. 따라서 이 작품에서 전달하고자 하는 미학적이면서도 그 속에 담겨있는 실존적이고, 종교적 특징을 포착해 봅시다. 이런 면에서 본다면, 배우의 무대는 우리가 살아가는 삶의 현장으로, 배우의 연기는 삶 자체로 이해할 수 있습니다. 조금 더 구체적으로 생각해 보면, 배우의 연기는 진리와 삶 사이의 관계를 나타냅니다.

여기에서 문제가 되는 것은 '불안'입니다. 무대 위에

서가 더 불안할까요, 무대 옆에서가 더 불안할까요? 이 작품은 무대 옆에서가 더 불안하다고 결론을 내립니다.

자신의 서재에서는 편한데, 무대 옆에서 불안이 드러나는 것은 능력의 부족이 아니다. 정반대로 그녀를 불안하게 만드는 것은 순응성 때문이다. 이것은 그녀에게 압력을 가하는 무게가 없기 때문이다.(본문 247쪽)

서재가 의미하는 것은 객관적 진리입니다. 그냥 객관적으로, 학문적으로 공부할 때는 아무런 불안이 생기지 않습니다. 아직 나와는 아무런 상관이 없기 때문입니다. 하지만 내가 알았던 진리를 삶에 실행하기 직전 단계에 불안이 나타나는 것이지요. 바로 이것이 연기 앞에서 공연의 긴장이고, 불안감입니다. 그런데 여기에서 희한한 일이 발생합니다. 불안 속에 있던 연기자가 무대 위에 오르면 마치 새처럼 가볍습니다. 관객이 보기에는 그는 어떤 압력이나 불안을 느끼지 않는 자와 같습니다. 이유가 무엇일까요? 인터 엣 인터는 다음과 같이 말합니다.

천체를 지탱하는 자연의 힘을 의인화해서 말해 보자

면, 자연의 힘이 천체를 지탱하는 임무를 제거하고서 그 임무를 맡도록 기다린다면, 자연의 힘은 극도의 불안 속에 앉아 있으리라. 천체를 짊어지는 이 짐을 어깨에 짊어지고 나서야 근심걱정이 사라지고 가벼워질 것이다.(본문 247쪽)

이런 그의 설명에 따르면, 무대 옆에서는 불안의 무게가 한꺼번에 짓누르지 않기 때문에 불안한 반면, 무대 위에서는 불안이 한꺼번에 제대로 엄습하기에 이 무게에 의해 오히려 가볍게 된다고 해석해야 할 것 같습니다.

따라서 저는 이런 해석을 통해 이 작품이 그저 무대 위에서 일어나는 일을 다루려 했던 것이 아니고, 인간 본연의 문제, 즉, 이념과 이념의 실천, 진리와 삶의 문제를 다루고 있다고 확신합니다. 이런 점에서 무대는 우리의 삶의 현장입니다.

변모

여러 다룰 주제들이 많이 있으나 가장 중요한 주제로 이번에는 '변모'를 다루겠습니다. 이 작품의 핵심적인 주제이기도 합니다. 여기에서 먼저 고려해야 할 것은 일반 대중들이 말하는 변모란 결국 여배우의 젊음의 변화입니다. 시간이 지남에 따라 결국 젊음은 상실하고 말 것입니다. 그때, 이 여배우의 능력도 세월과 함께 상실하고 맙니다. 이것은 참으로 서글픈 일입니다. 그리고 바로 이것이 대중들이 이해하고 생각하는 방식입니다.

하지만 가명의 저자 인터 엣 인터의 관심은 이런 변모가 아닙니다. 세월과 함께 상실하는 그런 아름다움, 그런 여성스러움이 아니라, 세월과 함께 외모가 변한다 해도 변하지 않는 이념, 본질적 천재성이 존재한다는 것이지요. 바로 이것이 여성적 젊음입니다.

"자 이제 변모에 대하여 얘기해 보자. 이 여배우의 본질적인 요소는 보통 여성스러움이라고 불리는 것이 아니다. 그런 의미에서 이 젊음은 세월의 먹잇감이다. 시간이 아무리 사랑스럽게, 아무리 조심스럽게 빼앗아간다 해도, 이런 시간적인 특성만을 빼앗아간다. 하지만 이 여배우에게는 이념과 스스로와 관계하는 본질적 천재성이 존재한다. 즉, 여성적 젊음이다."(본문 261쪽)

인터 엣 인터는 이상과 관계한 그녀의 젊음은 나이 들어가면서 쇠락하는 것이 아니라, 시간이 더욱 이 천재성을 부각시킨다고 말합니다. 여배우가 이상과 관계하여 연기를 수행하는 것을 고려한다면, 시간이 지나면서 오히려 점점 더 젊어진다고 말해야 한다는 것이지요. 그는 이것이 본래의 미학적 관계라고 말합니다.

이미 알다시피, 이 작품의 가명의 저자 이름이 인터 엣 인터입니다. "인터^{Inter}"라는 말은 라틴어 '인테르'로 '사이와 사이'라는 뜻으로 해석할 수 있습니다. 저는 이 말이 이런 변모에 있어서 젊었을 때와 나이 들었을 때의 '시간성'을 의미한다고 봅니다. 시간이 아무리 자신의 권리를 주장한다 해도, 이념과 관계한 그녀의 천재성을 감소시킬 수는 없습니다. 오히려 점점 더 젊어진다는 것을 주의 깊게 생각해 보시기 바랍니다. 그 이유는 바로 이것이 크리스천의 본질적인 삶이기 때문입니다.

키르케고르는 1848년 《다양한 정신의 건덕적 강화》 제3부 고난의 복음에서 역시 '젊음'에 대해 이야기하고 있습니다. 크리스천이 그리스도를 닮아 순종하는 삶을 살다가 죽으면 천국에서는 어떤 모습일지 질문합니다.

그는 이런 고찰에서, 영적으로 이해한다면 크리스천의 삶은 결코 늙지 않는다고 이야기 합니다. 점점 더 젊어지는 '회춘'이라는 것이지요.[49] 따라서 이 지상에서 살다가 죽어서 천국에 가면 가장 젊은 모습으로 천국에 있다고 말합니다. 이와 같이 그의 작품과 관련하여 해석한다면, 결코 이 작품은 무대 위에서 펼쳐지는 이야기로 한정하여 해석할 수 없습니다.

참고자료

01 ad usus publicos. 훌륭한 예술가, 작가, 학자 등의 지원을 위한 기금 또는 재단

02 예를 들어, "기억 속에서 되살아나는 삶(Et Liv. Gjenoplevet I Erindringen)", I-IV, 편집. Aage Friis(Copenhagen: Gyldendal, 1944, 1944), I, pp. 168-69.

03 시편 149편 3절, "춤추며 그의 이름을 찬양하며 소고와 수금으로 그를 찬양할지어다."

04 오시플랭기우스(Rosiflengious)는 루드빅 홀베어 Ludvig Holberg의 희극 <행복한 난파선 Det Lykkelige Skibbrud>(1731)에 등장하는 인물, 그는 수치를 모르며, 지나가는 말로 '찬양함으로써' 행복을 전하는 직업적 시인이다. 이에 대해 돈을 받을 수 있다면 말이다. 하지만 그는 위선자라는 것이 들통 나고 형벌을 받는다. 이 연극은 1840년대 왕립 극장에서 여덟 번 공연되었다고 한다.

05 최종본에서;

바뀐 것: 저밖에, 비평가와 글쟁이들이 일을 척척 해내는 곳에, 신성모독은 일상적이다. -Pap.VIII2 B 90:4 n.d., 1847

06 '친절한 사교클럽(Det Venskabelige Selskab)'은 당시 코펜하겐에 있는 어떤 사교클럽이었다.

07 원래 이 말은 덴마크어로 '추출', '발췌'라는 뜻이다. 하지만, 여기에서는

회화적인 의미로, 첫 번째 공연에서 변모가 나타났다는 의미로 해석할 수 있다. 따라서 이 단어는 이해를 돕기 위해, '공연'으로 옮겼다.

08 뤼벡(Lübeck)에서 루이스 하이베어(Luise Heiberg)가 '행운'이라고 부른 성공을 말한다. 루이스 하이베어 <생활(Et Liv)> 1권, 34-35쪽.

09 최종본에서 삭제된 것;

이미 말했듯이, 본질적인 미학자는 이런 종류의 과업을 회피하곤 한다. 동시대인과 관련하여, 그는 확실히 그녀의 탁월성과 타고난 자질에 대해 기뻐했으나 다음과 같이 말했을 것이다.

"그녀를 조금 더 성숙하게 하자. 그때 그녀의 시대가 올 것이다."

보라, 이것이 미학자와 대중이 구별되는 점이다. 그는 16세가 그 여배우의 전성기라고 전혀 믿지 않는다. 반대로, 그녀의 시대가 올 것이라고 믿는다. -Pap. VIII2 B 90:6 n.d., 1847

10 플루타르크 <영웅전> '카이사르 편'을 참고하라. Lives; plutarchi vitae parallae, I-IX, ed. Gottfried Henrich Schaefer(Leipzig: 1829; ASKB 1181-89); Plutarch's Lives, I-XI, tr. Bernadotte Perrin (Loeb, Cambridge: Harvard University Press, 1968-84), VII, pp. 535-37; 「플루트라코스 영웅전집 II」이성규 역 (파주: 현대지성, 2020), 352:

"선장! 용기를 내시오. 당신은 카이사르와 그의 운명을 쥐고 있는 사람이란 말이오."

11 Miss Jane Doe: 제인 도우, '보통 여자'를 뜻함.

12 '요동침(restlessness)'에 대하여는 키르케고르, <자기시험을 위하여> 이창우 역 (서울: 샘솟는 기쁨, 2018) 1장 '말씀의 거울 앞에서 자기 자신을 보려면?'을 참고하라. 여기서 키르케고르는 '믿음은 요동침이다'라고 말한다.

13 요한복음 5장 2-9절에 나오는 '베데스다 연못에서 38년된 병자가 치유되는 기적'을 보라.

14 다음을 참고하라. Gotthilf Heinrich v. Schubert, Die Symbolik des Traumes (Bamberg: 1821; ASKB 776), p. 38 (ed. tr.): ". . . 자연의

소리, 실론에서의 공기의 음악, 이것들은 깊이 애처롭고 비통한 소리에 맞춘 놀랍고도 명랑한 미뉴에트를 노래한다."

또한 다음을 참고하라. The Concept of Irony, with Continual Reference to Socrates, p. 254, KW II (SV XIII 329); Fragment, p. 108 and note 43, KW VII (SV IV 269); Postscript, p. 333, KW XII. 1, p. 333 (SV VII 287)

15 키르케고르 <반복>(1843)년의 작품에 자주 언급된다. '광상'(caprice, 변덕)는 키르케고르 <철학의 부스러기>의 3장 '절대적 역설(하나의 형이상학적 광상)'에 나오는 제목이기도 하다.

16 덴마크 배우인 크리스티안 니만 로젠킬데(1786-1861)는 왕립극장에서 J. L. 하이베어의 보드빌 작품에서의 역할로 특히 잘 알려진 남자배우이다.

17 이 부분은 키르케고르의 '순간' 개념과 맥을 같이 하는 것처럼 보인다.

18 Gaetano Donizetti의 오페라 <왕립극장의 레퍼토리, 연대의 딸>을 암시한다.

19 쇠얀 키르케고르 <철학의 부스러기>(표재명 역), 제4장 동시대의 제자의 관계, '간주곡' 139쪽부터. 시간의 경과와 막간의 시간에 대하여 언급한 바 있다.

20 고린도후서 4:16을 암시한다. "그러므로 우리가 낙심하지 아니하노니 우리의 겉사람은 낡아지나 우리의 속사람은 날로 새로워지도다."

21 기원전 5세기부터 기원전 4세기까지 그리스를 중심으로 활동했던 철학 사상가들이다. 그들을 궤변론자라고 부르기도 한다. 대표적 소피스트로는 프로타고라스(Protagoras), 고르기아스(Gorgias), 프로디코스(Prodicos), 히피아스(Hippias), 트라시마코스(Thrasymachus) 등이 있다.

22 이 부분은 다음 구절을 암시하고 있다. 누가복음 17:10, "이와 같이 너희도 명령 받은 것을 다 행한 후에 이르기를, 우리는 무익한 종이라. 우리가 하여야 할 일을 한 것뿐이라 할지니라."

23 최종 본문에서 삭제된 것;

"일상생활 및 군중과 귀족적인 거리를 두면서 배타적인 그룹 안에 (살면서)" -Pap.VIII2 B 90:10 n.d., 1847

24 최종본에서 바뀐 것;

"그때 결국 엄숙할 때만 사람들 앞에 인상적으로 나타난다. 그들은 그를 본다고 해서 버릇이 없지는 않다." -Pap.VIII2 B 90:11 n.d., 1847

25 다음을 참고하라. 셰익스피어, 「존 왕/에드워드 3세/리처드 2세/헨리 4세 제1부/헨리 4세 제2부/헨리 5세」 신상웅 역 (서울: 동서문화사, 2019), 311쪽. <헨리 4세> 1부 [제3막 2장]:

헨리 왕 . . . 내가 너처럼 평민들과 지나치게 가까이 지내며, 천박한 무리들과 스스럼없이 어울렸다면, 나를 왕위에 앉혀준 민심은 아직도 선왕 리처드 편에 서 있을 게다. 그랬다면 나는 명예도 지위도 얻지 못한 채 추방자의 삶을 살았겠지. 그러나 나는 대중 앞에서 모습을 드러내는 일을 피해 왔기에 나를 만난 사람들은 혜성이라도 본 듯 경탄하는 것이란다. 백성들은 나를 보면 자녀들을 붙잡고, "저기 그분이 계신다!" 말하며, 서로 "이디? 누가 볼링부룩이시지?" 묻곤 한다. 그들 눈에 나는 하늘보다 위대한 존재임에도 늘 겸손하게 행동하니, 마침내 그들의 마음을 얻어내어 그들 입에서 경탄을 자아내게 한 거란다. 선왕이 살아 있을 때부터 그래 왔지. 그게 바로 내가 늘 경이롭고 신선하게 여겨지는 까닭이다. 나는 대주교회의 화려한 미사복과도 같은 존재이다. 쉽게 볼 수 없어 더욱 값지게 여기지는 거지. 나는 대중 앞에 좀처럼 나타나는 일이 없지만, 그들 앞에 나설 때만큼은 누구보다도 위엄 있는 모습을 보인다. 흔히 볼 수 없는 물건은 그로 인해 가치가 올라가는 법이다. 그러나 강박했던 선왕은 천박한 광대들, 쓸데없는 재담꾼들과 나돌아 다닌 탓에 그 인기가 빠르게 타오른 만큼 어느새 사그라들어 버리지 않았느냐. . . .

26 한 사람이 동그라미 한 가운데 있는 의자에 눈을 가리고 앉아있고, 다른 한 사람은 조용히 돌아다니면서 "그것"인 그 사람에 대하여 궁금한 점이 무엇인지 묻는 게임이다. "wonder tool", "wonder game"이라고 부른다. 남들이 궁금해하는 것이 무엇인지를 듣고, 그는 각각의 경우의 출처를 추측하려 한다. 다음의 경우도 비슷한 맥락으로 쓰였다. <죽음에 이르는 병>의 서문에서 "세계사라는 놀라운 장난감을

가지고 장난을 하는 따위는 결코 그리스도교적인 영웅주의가 아니다.";
<철학의 부스러기> 제3장 절대적 역설, 부록에서 '실족와 역설'의 주제를 다루는 본문도 살펴보라.

27 최종본에서 삭제된 것;

"그들은 속물같은 생활을 감추고 신비 전략을 써서, 진리에 봉사하고 싶지 않았고, 또는 군중을 속이고 싶지도 않았다." -Pap. VIII2 B 90:13 n.d., 1847

28 이것은 옛 속담이다. 다음을 참고하라. Irony, pp. 253-54, KW II (SV XIII 328), Stage, p. 340, KW XI (SV VI 318); The Point of View, KW XXII (SV XIII 544); JP V 5937-38; VI 6680 (Pap. VII1 A 147-48; X3 A 450)

또한 다음을 참고하라. Augustin Eugene Scribe, [Puf eller] Verden vil bedrages, tr. Nicolai Christian Levin Abrahams, Repertoire (1949); JP VI 6395 (Pap. X1 A 320)

29 미행 또는 속임수는 '진리의 증인'의 실존양식이라면, '환상' 또는 '착각'은 추상적 군중의 실존양식이다. 미행은 무리 속에 자기를 숨기는 것이며 환상과 대조를 이룬다.

최종본에서 삭제된 것;

몇 년 전 베스터브로(Vesterbro)에서 숫양 한 마리가 전시 중이었는데, 입장료는 8실링이었다. 그것은 오후에만 전시되었다. 바로 그 숫양은 아침에는 가멜 콩에바이(Gammel Kongevej) 들판에서 풀을 뜯고 있었다. 그 때 숫양에 주목하는 사람이 한 사람도 없었다. 그러나 오후에 8실링을 지불하고 겨우 몇 시간 동안 진행되는 전시회에 갔을 때, 사람들은 놀라움으로 그 숫양을 바라본다. -Pap. VIII2 B 90:14 n.d., 1847

30 프란츠 테레민 박사(1780-1846). 왕실의 담당목사로서 말년에 지병으로 인해서 설교횟수를 제한했던 인물이다.

31 최종본에서 삭제된 것;

". . . .교회에 있는 사람들이 그를 들을 수 없는 자리에 앉아 있는 한,

그가 비유적인 의미에서만 그들에게 설교한다 해도. . . "-Pap. VIII2 B 90:17 n.d., 1847

32 'Oberhofprædikant' 이 말은 독일어의 접두사를 갖고 있는 덴마크라고 한다. 이 말은 코펜하겐 대학의 신학부 교수였던 마르텐센(Martensen)을 암시하고 있다. 그는 1845년 왕실의 설교목사였고, 1854년에는 뮌스터(Mynster)가 그의 후계자였다. 이 부분에 대하여는 다음을 참고하라. JP III 6239 (Pap. IX A 229): "게다가, 이 기사(article)는 미약하게나마 마르텐센을 암시하고 있다."

33 최종본에서 삭제된 것;

"황실의 말을 목욕시키는 마부는 전혀 놀라지 않는 반면. . . "-Pap. VIII2 B 90:19 n.d., 1847

34 최종본에서 바뀐 것;

비단옷을 입은 왕실 담당목사나 도시를 대표하는 목사가 동등하게 재능을 부여받고 살고 있다면, 일반적인 옷을 차려입은 전혀 다른 재능을 부어받은 목사가 있다면, 훨씬 더 훌륭한 설교자로서, 대체로 능력 있고 훨씬 더 필수적인 능력을 가지고 주일마다 한 번씩, 심지어는 두 번씩 야단법석 없이 설교를 하는 목사가 있다면, 첫 번째 목사는 역사를 만들 것이다. 착각을 통해서. 두 번째 목사는 그늘아래에서 설 것이다. 탁월함(competence)의 도움을 받아서 말이다. 그러므로 왕실 담당목사와 더불어 특별히 재능을 부여받은 테레민 목사의 경우처럼, 정의로운 자가 비범한 재능이 있기에 모든 면에서, 모든 자기희생으로 그것을 진리를 섬기기 위한 그의 임무로 여겼다면, 그때 예를 들어, 그는 3개월의 기간 동안에 매 주일마다 두 번씩 설교하는 짐을 자신이 떠안았을 것이다.-Pap. VIII2 B 90:20 n.d., 1847

35 세례예식을 할 때, "하나님이 너의 출입을 지키시리라."라고 한다. 다음을 참고하라.

시편 121:8, "여호와께서 너의 출입을 지금부터 영원까지 지키시리로다."

사무엘하 3:25, "왕도 아시려니와 넬의 아들 아브넬이 온 것은 왕을 속임이라. 그가 왕이 출입하는 것을 알고 왕이 하시는 모든 것을 알려

함이니이다 하고"

36 이후의 문장은 다음을 참고하라. 최종본에서 바뀐 것;

> 제안된 방법을 통해 그는 확실히 무장경관이 공간을 확보해주지 않더라도 출입할 수 있을 것이다. 아뿔싸, 하지만 많은 이들이 그의 설교를 듣기를 포기했을 것이다. 왜냐하면 매주 일요일마다 두 번 들을 수 있는 설교라면, 그 설교를 들을 타당한 이유가 확실하지 않기 때문이다. Mundus vult decipi(세상은 속고 싶어 한다)는 말이 있다. 그가 정기적으로 매 주일마다 교회에 나가는 신자라고 생각했다면, 이 방법이 누군가 착각으로부터 빠져나오도록 도왔을 것이다. 왜냐하면 누군가 내게 말했던 것처럼, 그는 매 주일마다 교회에 나갔기 때문이다. 데레민이 설교할 때 말이다. Mundus vult decipi(세상은 속고 싶어 한다)라고 말했듯이, 모든 정직한 사람은 그의 모든 힘과 기발함을 발휘하여 그에게 세속적인 이익을 가져다 줄 수 있는 속임수를 막아야 한다. 그러나 동시에 영원의 관점에서 이로 인해 그는 사기꾼이 되고 만다. 세상이 아무리 속기를 원한다 해도, 시대가 속기를 요구한다 해도, 기회가 이 기회를 이용하는 사람을 사기꾼으로 만든다. 우리가 기회가 도둑을 만든다고 말하듯이 말이다. 혹은 이것이 사실이 아니라면, 그가 너무 순진하고, 이 진실한 사실을 발견하기에 세상에 대하여 무지하다면, 그때 이 상황이 아이러니하게도 자신을 반영하고 있다. 그는 자신이 진리를 위해 그토록 많은 일을 하고 있다고 순진하고 행복하게 생각한다. 속이는 것은 세상의 욕망임을, 실제로는 그를 바보로 만들고 있는 것이 착각을 위한 세상의 탐욕임을 의심하지 않는다. -Pap. VIII2 B 90:23 n.d., 1847

37 테르툴리아누스의 <호교서> I-IV. Alexander Roberts and James Donaldson(Buffalo: Christian Literature Publishing Co., 1885-97) 편저 The Ante-Nicene Fathers, I-IX를 보라.

38 마태복음 11:16-17, "이 세대를 무엇으로 비유할까 비유하건대 아이들이 장터에 앉아 제 동무를 불러 이르되, 우리가 너희를 향하여 피리를 불어도 너희가 춤추지 않고 우리가 슬피 울어도 너희가 가슴을 치지 아니하였다 함과 같도다."

39 프로메테우스와 에피메테우스는 그리스 신화에 등장하는 형제이다. 형

프로메테우스는 '선각자(先覺者)', '먼저 생각하는 사람'이란 뜻인데 비해 에피메테우스는 그 반대인 '후각자(後覺者)', '뒤늦게 깨우치는 사람, 나중에 생각하는 자'란 뜻이다. 신화에서 프로메테우스는 똑똑하고 영리한 사람으로 묘사되는데 비해 에피메테우스는 어리석고 뒤늦게 후회하는 사람으로 묘사된다. 에피메테우스는 최초의 여자인 판도라의 남편으로, 인류의 질병과 번민을 담고 있던 판도라의 상자를 열도록 허락한 인물이다.

40 바다 요정들(Bølgepige)는 통상적으로 인어(Havfrue)가 아니다. 다음을 참고하라.

JP IV 4394 (Pap. I A 319), 여기에서 키르케고르는 바다 요정들을 Wilhelm Vollmer의 동판화에 재현된 것으로 논의한다. Vollständies Wörterbuch der Mythologie aller Nationen, I-II (Stuttgart: 1836), II, placte CXV. Fairy Legends and Traditions of the South of Ireland; London: 1825), tr. Grimm Brothers (Leipzig: 1826; ASKB 1423), p. 193.

41 이 경매 카탈로그(ASKB)에는 다수의 영국 낭만주의 시인들(바이런, 셸리, 용, 오시안 등)의 작품이 나열되어 있지만 워즈워스의 것은 어떤 것도 실려 있지 않다. 그럼에도 불구하고, 이 구절과 전체 단락은 시가 "평온함에서 회상한 감정에서 그 기원을 취한다."는 유명한 진술을 연상시킨다. 워즈워스의 <서정가요집(Lyrical Ballads, with Other Poemsi) '서문', ed. Paul M. Zall (Lincoln: University of Nebraska Press, 1866), p. 27.

42 키르케고르 <인생의 여러 단계들>에서 VI 126-127에서 윌리엄 판사가 안나 헬렌 도로티아 닐슨(Anna Helene Dorothea Nielsen)에 대하여 논의한 점을 참고하라. 안나 닐슨은 루이스 하이베어(Luise Heiberg)와 동시대의 여배우이다. 안나 닐슨은 1821년부터 그녀가 죽을 때까지 왕실 극단의 멤버였다. 비평가들이 가장 좋아하는 여배우인 그녀는 특히 어린 소녀에서 할머니에 이르기까지 모든 연령대의 덴마크 여성을 묘사했다.

43 덴마크어 'Potensationen'은 영어 'potentiation'에 해당하는데, 약제의 '강화 작용' 혹은 '상승작용'을 의미한다. 번역은

'상승(相乘)이라고 했는데 이는 '두 가지 이상의 요소가 서로 효과를 더하는 일'이기 때문이다. 상승의 변모는 "첫 번째 상태로의 복귀"라고 말한다. 복귀의 핵심은 첫 번째 직접성을 소멸하는 변증법적 요소인 시간을 이기고 천재성이 분명히 드러나게 된다는 뜻이다. '상승'에는 이처럼 변증법적 운동을 포함고 있다.

44 아르키메데스가 중력의 원리를 발견하고, 목욕하면서 외쳤던 말이다. 키르케고르 <불합리> pp.291-92, SV XIII 362); Two Ages: The Age of Revolution and the Present Age, A Literary Review, p. 66, SV VIII 62.

45 최종본에서 삭제된 것;

　　　　　　　　[삭제된 것: 인테르 에트 인테르　　　존 도우]

1847년 여름

　　　　　　　　　　　　　　　　　　　　인터 엣 인터

삭제된 것: 이 기사는 훨씬 더 오래되었으나, 정확히 기억하지 못한다."

하이베어 여사는 1829년 10월에 했던 동일한 줄리엣 배역을 18년 후에, 1847년 1월 23일 줄리엣 배역을 맡아서 공연하였다.

46 이 부분은 키르케고르의 모든 부분에서처럼, 이 부분에서도 논쟁의 여지가 있다. 이런 사실에서, 의견의 차이는 작가로서뿐 아니라 자신의 작품의 비평가와 해석가로서 그의 신뢰성에 달려 있다.

47 JP, 6:6238. 이것은 반전의 대립과 같다.

48 Joseph Westfall, International Kierkegaard Commentary vol.17, Robert L. Perkins, ed. (Macon: Mercer University Press, 2007), 321-43.

49 Søren Kierkegaard, Upbuilding Discourses in Various Spirits, trans. Howard V. Hong and Edna H. Hong (Princeton: Princeton University Press, 1993), 261.

부록

스키피오 대장 역의 피스터

프로쿨^{Procul} 저

스키피오 대장 역의 피스터[24]
(코믹 오페라 '루도비치[Ludovic][25]'에서)
회고[recollection]과 회고를 위하여

피스터와 같이 널리 알려진 배우가 이런 단 하나의 연기를 맡아서 하는 것은 우연하고 이상해 보일 수 있다. 단 하나의 연기를 수행한다면, 결국 다시 특별하게 스키피오 대장 역을 선택한다는 것은 우연하고 이상해 보일 수 있다. 자, 당연히 후자는 우연하거나 그 속에 어떤 우연한 것이 존재한다. 그러나 그것은 당연히 우연하고 또한 그렇게 되어야 한다. 이 역이 최고의 역이고, 가장 훌륭한 역이라 말하는 것이 어리석은 개념이라는 어떤 암시도 없다. 아니, 그 속에는 어떤 우연한 것이 있다. 다시 말해, "스키피오 대장"은 피스터의 가장 위대한 능력인 반성[reflection]이 무엇인지에 대해 알 수 있는 눈에 띄는 연기다.

따라서 이 역을 비평의 주제로 삼는 것은 본질적으로 적절하다. 반성에 적합한 비판적인 비평의 특징은 세부적인 것에 집중하고, 세부적인 것을 조사하는 것이다. 따라서 피스터와 관련하여, 단 하나의 연기를 비평의 주제로 삼고, 거기에 세부적인 비평을 하는 것이 본질적으로 적합하다. 여기에서는 일반적인 논의는 거의 말하지 않는 것이 더 낫다.

우연한 측면을 살펴보면, 이 역이 명확히 저자에게 호소력이 있다는 점이다. 그러나 모든 진정한 연애[love affair]에는 어떤 우연한 것이 있다. 사랑스러운 소녀는 파란색 줄무늬나 빨간색 체크무늬 등과 같은 드레스보다는 몇 가지 더 값비싼 드레스를 갖고 있다. 애인은 처음으로 이 드레스를 입고 있는 그녀를 보았다. 그때 이 드레스는 그에게 특별한 가치를 지닌다. 그녀가 잘 차려입고 그와 함께 파티에 간다. 다시 말해 다른 사람을 위해서도 잘 차려입은 것이다. 그래, 그때 그녀는 실크로 된 것과 같은 옷을 입은 것이다. 그러나 완전하게 차려입을 때, 다시 말해, 오직 그를 위해서만 차려입을 때, 그때 그녀는 그 드레스를 입는다.

여기에서도 이와 마찬가지다. 가장 부한 젊은 소녀가 드레스로 아무리 잘 갖추어 입는다 해도, 피스터의 레퍼토리가 가장 다채롭고 값비싼 복장으로 차려입는 것만큼 잘 차려입을 수가 없다. 그러나 그 복장들 중에 하나는 한 관객에게는 어떤 우연한 가치를, 다른 관중에게는 다른 복장 하나가 우연한 가치를 지닌다. 다시 말해, 그는 말하자면, 그 복장과 사랑에 빠진다.

그는 말해야 할 때, 이 복장에 대해 말하는 것을 선택한다. 혹은 더 정확하게 말해, "그가 말해야만 할 때"가 아니다. 하지만 복장에 대해 말하는 것은 그에게 기쁨이요, 쾌락이요, 만족이다. 게다가, 그는 사랑에 빠지는 모든 것은 근본적으로 자기애$^{self\text{-}love}$라고 약간은 이해하고 있다. 왜냐하면 어떤 거장다운 연기를 완전하게 이해하기를 바라는 것에는 확실히 자기애가 있기 때문이다. 혹은 어떤 면에서 적어도 다른 사람이 이것을 이해하고 있는 것과는 완전히 다르다. 대략적으로 예술가 스스로 이것을 이해하고 있을 때와 다르다.

그러나 이것은 일반적인 논평이다. 피스터의 능력이란 "**반성**^{reflection}"이다. 바로 이런 이유로 무대 위에서 그만큼 근면한diligent 다른 배우는 없다. 그리고 근면이 무엇인지를 생각하는 배우가 그렇게 많지도 않다. 다시 말해, 여기에서 **근면**이 잉태한 의미를 말하자면, 그것은 공부study요, 고찰이요, 모든 세부적인 것, 심지어 가장 작은 것에 대한 반성의 돌봄이다.

그는 확실히 어느 정도는 공부했노라고 모든 배우에게 일반적으로 말한다. 가끔 그들 중에 한 명은 자신의 역할을 연구하지 않았다는 불평이 있기도 하고, 역할을 적절하게 연구할 만한 시간이 없었다고 핑계를 대기도 한다. 그러나 역할을 연구할 수 있고, 이 역이 무엇을 의미하는지 그 개념과 사상을 예술적으로 발전시킬 수 있는 사람이 얼마나 많은가? 아마도 그들 대부분은 트롭Trop이 '공부한studies'[01] 방법으로 공부한다. 따라서 그들이 특별한 경우에 그들의 역을 공부하지 않았다고 해서 비난하는 것은 경솔하다. 그러나 가끔 그들이 공부할 만한 시간이 없었다고 슬퍼하는 것 역시 그렇게 주목할 만한 것도 아니다. 트롭은 "공부하는 데" 걸린 시간의 길이가 정확히 결정적인 점이 아닌 예이기 때문이다.

피스터의 경우는 그렇지 않다. 때로는 그 역을 공부할 시간이 짧았어도, 그의 연기에서 그가 얼마나 공부했는지 필연적으로 보인다. '공부'는 필연적인 피스터의 강점이다. 그는 역을 공부하기 위해 가장 긴 시간을 사용할 수 있다. 그러나 가장 짧은 시간을 집중적으로, 반성적으로 사용할 수도 있어, 그것이 공부가 되기도 한다. 그리하여 말하자면, 각각의 특별한 연기를 수행함에 있어, 무대 위에서 그만큼 무게감이 느껴지는 배우도 거의 없다. 왜냐하면 명확히 그는 거의 직접성^{immediacy}이 없을뿐더러, 그런 정도로 중대한 반성^{reflection}을 하고 있기 때문이다. 다시 말해, 이 특별한 연기가 가장 엄밀한 의미에서 공부이고, 각각의 가장 작은 세부적인 부분조차도 철저하게 반성된 전체이기 때문이다.

그러나 이것 역시 무대 위의 다른 어떤 배우도 감탄 외에는 아무 것도 제공하지 못하는 가엾은 비평가들에 대해 그만큼 불평할 만한 이유를 가질 수 없는 이유이기도 하다. 직접적인 코미디언$^{immediate\ comedian}$도 비평가들이 해석자로 끼어들어, 때로는 예술가 스스로도 몰랐던 것이 비평가들에 의해 그 의미가 무엇인지 발견되기를 바랄 수 있다. 그러나 반성적인 코미디언$^{reflective\ comedian}$은 가장 작은 모든 요소들도 인식하고 있기에, 그의 연기는 그가 명확히 표현하려 했던 것을 다시 되찾기를 요구한다.

직접적인 천재$^{\text{immediate genius}}$는 감탄^{interjection}과 관계가 있으나 반성은 자발적으로 반성과 관계한다. 그리하여 정중하게$^{\text{si placet}}$ 비평가에게 놀라운 솜씨$^{\text{tour de force}}$를 요구한다. 그런 종류의 연기에서 모든 세부적인 것들을 분리하고, 각각의 세부적인 부분들을 분석하고, 다시 그 전체를 결합하도록 요구한다.

이와 관련하여, 피스터는 실제로 보통 사람들의 상황 속에서 고통당한다. 그의 각각의 연기는 대부분 결합되어 있다. 그러나 거시적인 범주^{denomination}의 반성과 의식에서 보자면, 지엽적인 비평가$^{\text{local critic}}$는 그것을 교환하려 헛수고하거나, 아예 시도조차 하지 않는다. 따라서 지방 도시에 살았던 저 영국인에게 일어난 같은 일이 예술가로서 그에게도 일어난다. 저 영국인은 지폐를 갖고 있었으나 아마도 현금화시킬 수 없었다. 따라서 재정적으로 곤경에 처했던 것이다.[02]

반성과 반성적인 연기에 관련하여, "브라보"나 "세계 최고야!"만을 말하는 것, 이것은 아무런 의미가 없다.

감탄의 대상인 반성을 지겹게 만들고 지치게 할 뿐이다. 폴 묄러^Poul Møller가 보존했던 일본인과 덴마크인 사이에 있었던 대화와 같은 것이다. 일본인이 "탕코팡코^Tanko-panko"라고 말하면, 그 선원은 이에 대한 반응으로 "엿이나 먹어라!"라고 대답했다.[03]

반성과 관련된 감탄^admiration은 직접성의 언어가 아닌, 반성의 언어로 표현되어야 한다. 반성이란 이런 "왜?-왜냐하면"이다. 전체가 왜 이런 식으로 구성되었는가?-왜냐하면; 이 작은 줄은 왜 여기에 있는가?-왜냐하면; 등이다. 모든 것은 의식이다. 결과적으로 감탄은 "왜?-왜냐하면"이라는 이 전체를 발견할 수 있고 이해할 수 있다. 따라서 반성과 반성 사이의 관계에서(같은 것만 같은 것을 이해한다.), 진정한 감탄이란 완전한 이해다. 그 이상 그 이하도 아니다.

그때 어떤 의미에서 반성과 반성 사이에서는 어떤 감탄도 존재하지 않는다. 반성 A는 수행하는 연기고 반성 B는 감탄하는 자가 끼어든 것이라 가정해 보라. 이것은 무엇을 의미하는가? B는 A를 완전히 이해했다는 것을 보여주려 애쓰고 있음을 의미한다. 그가 성공한다면, A는 대답할 것이다.

"훌륭하군. 그것은 정말 그렇지. 나는 이것을 잘 알고 있었지."

이것이 감탄의 문제라면, 반성 B가 반성 A를 완전히 이해할 수 있는 것, 이것은 정반대가 될 수 있다. 그러나 이것 또한 스스로를 제거한다. 왜냐하면 B가 다음과 같이 대답할 수 있기 때문이다.

"훌륭하군. 그건 그렇지. 나는 이것을 잘 알고 있었지."

다시 말해, 반성과 반성 사이의 이해는 의무로부터 해방된다. 거기에 비교 불가능한 어떤 것도 남지 않는다. 이 설명은 균형을 유지하고 있다. 바로 그런 이유로 반성과 반성 사이에 이상^{ideality}의 무한한 거리^{remoteness}가 존재한다.

그리하여 반성과 반성 사이에는 진정한 관계가 존재한다. 약간의 반성을 하는 사람들은 이것을 깨닫지 못한다. 그들은 감탄할 만한 직접성의 아름다운 열정을 상실했다. 따라서 그들의 약간의 반성은 그들 안에서 모종의 억압을 강화한다. 옹졸한 비판과 질투를 만드는 것이 바로 이것이다. 그러나 이것은 감탄하는 반성에서 본질적인 반성이 있는 곳에서는 사실이 아니다. 거기에서 감탄하는 반성과 감탄의 대상인 반성 사이의 관계는 적절한 관계다. 거기에는 저런 옹졸한 비판과 같은 것은 없다. 또한 즉각적인 감탄의 병리학적 징후도 없다. 즉, 심장의 두근거림도, 혈압이 올라가는 일도 없다.

이 관계에서는 서로의 손을 꽉 잡는 일도, 서로의 눈을 마주치는 일도, 포옹하는 일도, 무릎을 꿇는 일도, 팔짱을 끼는 일도, 친절하게^{gemütlig} 서로 뭉치거나^{Skjørnen} 단합하는 일도 없다. 이 관계는 가능한 한 무한히 멀리 있다. 정신^{spirit}이 정신과 구별되는 것처럼 장엄하게 멀리 있다. 그럼에도 이것은 감탄하는 사람들 사이의 관계다. 직접성에서 이것은 가장 비인간적인 것처럼 보인다. 직접성^{it}은 말할 것이다.

"두 명의 감탄자가 있지. 하지만 그들은 서로 술 마시기로 약속^{dus04}하지 않을 거야.

아니, 반성과 반성의 반성적 관계에서, 이런 서로의 술 마시는 약속^{dus}은 적절한 위치에 있지 않다. 거기에는 가장 장엄하게 가능한 약속^{De}이 우세하다.

사람들과 비평가들은 일반적으로 직접적인 것에 감탄하는 것에만 관련되기를 더 좋아한다. 직접적인 것이나 직접적인 사람은 어떤 것이 어떤 것이고, 무엇이 선이고 무엇이 악인지 모른다. 게다가, 그는 자기인식^{self-awareness}이 없기 때문에, 직접적인 사람은 이런 "브라보, 세계에서 최고야! 와우, 대단해!"와 것을 듣기 바란다. 여기에서 이런 종류의 감탄은 완전히 자발적이다. 이 감탄이 오해하여 경솔하고 두루뭉술한 것, 판단에서의 오류 같은 것을 감탄한다 하더라도 별 차이가 없다. 감탄받는 자조차도 뭐가 뭔지 잘 모른다. 그는 까막잡기 놀이에서 눈에 안대를 한 술래다. 한편 사람들이 그에게 감탄할 때, 더욱 기분이 좋아진다. 이런 관점에서 감탄하는 것은 참 쉽다.

반성적 연기와 반성했던 자와의 관계에서는 이와 같지 않다. 반성적 연기는 순수 의식이다. 따라서 이 경우 감탄한다는 것은 시험을 치르는 것과 유사하다. 이해했는지 못했는지, 아는 것과 모르는 것을 시험 치른다. 여기에서 두루뭉술한 것을 말한다면, '브라보'는 아무런 도움이 되지 않는다. 잘못된 자리에서 '브라보'는 바로 두루뭉술함으로 표명된다.

사람들과의 관계에서, 이런 의식은 실제로 모든 반성적 연기와 모든 반성적인 개성에게는 불행이다. 이 의식^{consciousness}이 사람들이 교만, 악의, 앙심, 아이러니라고 부르는 것이다. 그러나 직접성의 무의식^{unconsciousness}은 감탄의 외침을 격려하는 바, 그것은 선한 본성이요, 겸손이요, 호감이다.

스키피오
교황청 경찰대장

알려진 바에 따르면, 교황청 경찰은 적어도 화려한 제복으로 유명하다. 특별히 둥글고 은색 테두리를 갖고 있는 축제 복장이다. 내가 들은 바에 따르면, 피스터가 이 역할을 맡은 당시에, 이 복장으로 연기를 하겠다는 것은 그의 생각이었으나 금지되었다. 피스터는 이 복장이 왜 필요한지 열정적으로 피력했다고 들었다. 이것은 즉각적으로 그의 반성을 보여주는 것이었다.

스키피오는 술에 취하지 않은 사람이다. 그것과는 거리가 멀었으나 그럼에도 불구하고 마치 술 취한 것처럼 보이는 애매함이 있었다. 어딘가에서 말하듯, 계속해서 술 취하는 것보다 그 상태를 유지하는 것이 더 경제적이기 때문이다. 피스터는 술 취한 상태, 반쯤 술 취한 상태, 혹은 외교적 애매함 diplomatic fogginess이라 부를 수 있는 약간 더 품위 있는 상태가 가장 좋은 모습을 보여주는 것임을 올바르게 이해했다. 다시 말해, 제복이 더 화려할수록, 더욱 코믹하게 보인다. [05]이것은 꽤 옳았다. 왜냐하면 이 모순은 더욱 커지기 때문이다. 술 취한 것과 사람의 품위^dignity 사이의 모순이 커질수록, 사회에서의 그의 지위, 의복, 복장, 혹은 술 취한 것과 이 상황의 모순이 커질수록, 이 순간, 그가 술 취한 이 환경, 즉, 이 모순이 더욱 커질수록, 술 취함은 더욱 코믹하다.

술 취한 경찰은 코믹하다. 그러나 그가 근무 중이라면 더욱 코믹하다. 예를 들어, 그의 임무가 사람들이 곤드레만드레 술 취해 있는 곳인 술집을 소탕하는 것은 말할 것도 없다. 이 경찰이 권위의 이름으로 그들에게 해산하라고 명령한다. 이 코믹이 더욱 강해질수록, 그가 입고 있는 제복은 더욱 화려해진다. 화려한 제복은 어떤 요구^claim가 포함되어 있고, 어떤 생각^idea을 제시한다. 그때 술 취함^drunkenness이 삶의 불결한 측면으로 소개함으로, 그 밑면을 드러냄으로, 이를 무효화시킨다. 제복의 외적 측면이 더 화려할수록, 그 밑면의 대조는 더욱 강렬해진다. 하지만 한 번에 두 측면을 본다. 화려한 제복을 보면서 그 사람이 술 취한 것을 본다.

이 생각은 완전히 맞다. 그러나 피스터의 스키피오를 본 적이 없고 다만 그의 해석에 대해 이것을 듣기만 한 자는 이 연기의 본질과 부합하지도 않고, 코미디언으로서 피스터의 모습과도 일치하지 않는 개념을 얻을 수 있다. 그는 일반적인 방식으로 이 연기를 해석함으로서 피스터가 이 역할을 수행하는 데에 실패했다고 생각하고 만다. [삭제 된 것: 축제 때의 제복을 입고 있는 술 취한 군인] 다시 말해, 정장fuld을 한 제복을 입은 군인과 제복을 입고 만취fuld한 군인이다.

하지만 피스터를 본 적이 있고, 다시 그를 볼 때, 이런 생각은 전체 해석과 관련하여 한 측면의 문제일 뿐임을 올바르게 이해한다. 전체 해석에는 더욱 깊은 곳에 코믹함이 있는 것이고, 더욱 구체적이다.

스키피오 대장은 교황청 경찰 대장이다. 이것은 무엇을 의미할까? 그가 군복을 입은 사람이라는 뜻이다. 그는 군인들의 앞에서 진격한다. 권총을 갖고 있고, 군대를 사열한다. [06]군인으로서 군인 정신에 헌신해야 함을, 우호적이면서도 이성에게는 위험한 것에 헌신해야 함을 느낀다. 이것이 이 그림의 한 측면이다. 그러나 다른 측면에서, 스키피오 대장은 보여주어야 할 두 가지 측면을 갖고 있다. 이것이 정확히 코믹의 더 깊은 수준을 구성하는 것이다.

스키피오 대장은 애매하다. 다른 측면에서 그는 실제 군인이 아니다. 그는 경찰 대장이다. 이 측면에서 볼 때, 그는 거리의 판사요, 집행관^{Byfoged}이요, 소방국장 ^{Branddirecteur}이요, 도로의 검사관^{Veiinspekteur}이다. 요약하자면, 그는 공무원이다. 그의 그런 지위가 군인 말고 다른 무언가를 할 수 있게 한 것이다. 공무원으로서 그는 아마도 하수관 및 배수로가 잘 흘러갈 수 있도록 관리한다. 술 취한 자들을 체포하고, 길거리에서 장사하는 늙은 노파들을 감독하는 일과 같은 것들을 한다.

이것은 무엇을 의미하는가? 여기에 모순이 있음을 뜻한다. 자, 실제 상황에서, 교양이 있고 인격적인 사람은 가끔 이 모순을 해결했고, 이 모순으로부터 매력적인 특성을 살렸다는 것은 의심할 수 없는 사실이다. 그러나 모순은 거기에 존재하고, 또한 반성적인 진짜 코미디언은 이 모순을 찾고 한 사람 속에 이 두 개의 가면^{personae}이(군인과 시민) 어떻게 상충되는지를 올바르게 알고 있었다는 것 역시 사실이다. 하지만 이것을 과장하지 않으면서 말이다. 그때 이 코믹한 효과$^{\text{comic effect}}$는 값을 매길 수 없다.

더 심오한 의미에서 이것이 스키피오 대장에서의 코믹한 요소다. 이것은 피스터가 아주 훌륭하게 이해했던 것이고 따라서 코믹에 대한 좋은 의미에서, 익살스럽게 연기한 것이다. 그가 이 모순을 망각하지 않는 한 그렇다. 특별히 그의 화려한 제복에 적합한 품행을 유지하려는 것은 그에게 있어 무익한 싸움이다. 그는 끊임없이 하나의 부가적인 비교 불가능한 전환을 해야 하기에 무익하다. 택시 기사의 표현대로라면, 곧장 시궁창으로 이어지는 약간의 가속도 ^{momentum}이기에 무익하다.[07]

스키피오는 군인이다. 이와 관련하여 수행해야 할 많은 것이 필요하지 않다. 물론 이것은 그의 제복에서 명확하고, 언제나 즉각적으로 구경꾼에게 나타나는 것이다. 그러나 다른 측면에서 스키피오는 시민이다. 코믹한 효과는 지금 이 군인이 갖고 있는 것에 의해, 이 화려한 제복에 의해 만들어진다. 이것은 순수하게 우발적인 빛으로 나타난다.(우발적으로 반쯤 술 취한 상태에서) 더욱 주요하게 그가 거리의 판사가 되면서 나타난다.

따라서 이 모순이 무르익는다. 매 순간마다 시민의 우연한 특징에 의해 군인의 제복은 우스꽝스럽게 보인다. 그가 걷고 서 있는 태도와 그의 몸짓 등은 아마도 그 자체로 우스꽝스럽지만 더 심오하게 코믹하다. 왜냐하면 이런 태도가 시민의 태도인 한, 어느 정도는 진실하기도 하고, 어느 정도는 덜 우스꽝스럽기 때문이다. 그는 군인 제복을 입었으나, 시민으로서 비즈니스에 분주하다. 우연히 움직이고 accidental movements 있으나, 시민으로서의 자부심이 있고, 이성에게 우호적이면서도 위험한 방식으로 살고 있다.

이것이 스키피오 대장에게 있는 더 본질적으로 코믹한 요소다. 여기에 일반적으로 제시된 대로, 이것은 다음에 나오는 것을 위한 토대가 될 것이다.

1
서 있는 스키피오 대장

스키피오 대장은 덩치가 크고 뚱뚱한 사람이다. 그는 용인할 수 있을 만큼 토실토실할 뿐 아니라, 특별히 군인으로서는 용인할 수 없을 만큼 배불뚝이다. 군인과 관련하여, 특별히 화려한 제복을 입고 있을 때, 모든 우연한 요소는 즉각적으로 코믹한 효과를 유도한다. 키가 크고 정력적인 남자가 되는 것, 그것은 당연히 그래야 한다. 약간 뚱뚱한 것, 이것도 그렇게 나쁘지 않다. 뚱뚱한 것, 이것도 어느 정도는 괜찮다. 그러나 이 정도를 넘어 선다면, 군인답지 않은 것처럼, 이것은 군인에게는 코믹하게 된다. 그런 모습은 기껏해야 대다수의 민방위national guard[08]에서는 용인될 수도 있다. 하지만 더 엄밀한 의미에서 민방위는 군인이 아니다.

스키피오 대장의 뚱뚱함, 특별히 그의 배가 더욱 불뚝한 것, 이것은 이 정도를 넘어설 뿐 아니라, 지금 서술된 것을 훨씬 뛰어넘는다. 헨리Henry 왕자는 상당히 뚱뚱했던 팔스타프Falstaff에게 "너는 네 무릎을 볼 수 없어."라고 말했다. 이미 잘 알려진 대로, 팔스타프는 이에 대해 다음과 같이 대답했다.

"그래 맞아. 내가 젊었을 때, 정말이지 호리호리했지. 그러나 슬픔과 걱정으로 인해 내가 부풀어 오르고 말았지."[09]

스키피오 대장이 슬픔과 걱정으로 인해 부풀어 오른 것인지 내가 결정할 문제가 아니다. 그러나 사실 그는 부풀어 올랐고, 자신의 무릎을 볼 수 없다.[10] 그가 우리 앞에 서 있다. 이 사람이 군인이다! 코믹한 것은 이미 그의 모습에 의해 시선을 사로잡고 있었다(N.B). 그러나 지금 그는 어떻게 서 있는가? 대쪽같이 꼿꼿한 군인의 자세를 곧추 서 있는 것 혹은 완전히 곧추 선 것$^{staae\ paa\ Heel}$이라 부른다면, 스키피오는 반쯤 곧추 서 있는 자세$^{staae\ paa\ Halv}$였다. 그는 상체를 앞으로 구부린 다음, 튀어나온 배 아래로 안쪽으로 구부러진 다리를 당긴 것처럼 서 있었다.[11] 그의 전체 모습은 마치 활과 같았다. 그는 공손하고, 상냥하고, 몸이 구부정했으나 제복을 입고 있었다. 마치 촌티 나는 공무원과 꼭 닮았다. 그는 땀을 닦으려고 샤코^{shako} 모자를 벗는다. 물론 군인들이 땀을 흘리는 것은 자주 볼 수 있다. 그러나 스키피오에 관한 한, 겨우 200미터[12]만 걸어도 땀을 흘릴 것 같고, 시민 방범대가 하는 것과 똑같이 이마에 흐르는 땀을 닦을 것 같은 인상을 받는다. 그때, 이마에 흐르는 땀을 닦은 다음, 손을 빗처럼 활용하여 그의 반쯤 벗겨진 대머리를 깔끔하게 정돈하는 동작을 취한다.[13]

자, 이 사람이 군인인가? 오, 정말로 그렇다. 결국 그는 화려한 제복을 입고 있는 대장이다. 그러나 다른 모든 것은 민간인이다. 그의 전체 인격, 공무원으로서 온갖 잡일들, 지속적으로 약간 취한 상태, 어쨌든 이런 것들로 인해 그는 군인다운 인상을 풍길 수 없었다. 그의 태도 역시 군인다움에 가까워지는 것이 아니라 점점 더 멀어지는 것이었다.[14]

이런 자세에서 그는 자신을 임시 숙소로 보낼 '친절한 농장주'와 대화한다. 다시 요점은 이원성을 유지하는 것이다. 즉, 민간인과 군인이다. 여기 이 둘에 정신의 부가물이 결합된다. 스키피오 대장은 상냥하면서도 전형적으로 군인다움을 보여준다. 하지만 또한 민간인이자 군인인 양서류[15]이다. 제복, 화려한 제복 그리고 여성적인 것이 본질적으로 함께 묶여 있다. 다시 말해, 화려한 제복에 반대되는 여성적인 것은 태도와 관련하여 특별한 것을 요구하는 요청^{claim}이다.

군인이 제복을 입고 있다는 것을 잊는다면, 여성과 반대되는 모습으로 서 있기에, 이 제복이 그에게 무엇을 요구할지 그에게 계속해서 생각나게 해줄 것이다. 결국 스키피오 대장은 군인이다. 그는 할 수 있는 일을 수행하지만^{præstere} 마땅히 해야 할 일^{præstanda}을 확실히 수행하지 않는다. 정중한 자세를 취하지만 그의 몸 전체에 담겨 있는 친절한 희롱, 손을 만지작거리는 것, 머리를 헝크는 것, '친절한 숙녀'에게 갑자기 다가가 애정을 표현하는 것 등. 이 모든 것들은 그 자체로 터무니없을 수 있다. 하지만 이것은 이중적으로 터무니없다. 왜냐하면 그는 이 화려한 제복을 입고 있기 때문이고, 그의 모습 자체가 이미 가장 단순한 군인다운 요구를 조롱하기 때문이다. 즉, 안으로는 그의 배가, 밖으로는 그의 가슴이 조롱한다.

2
걷는 스키피오 대장

그리하여 스키피오는 그의 파견대를 이끌고 행진한다. 이것이 그의 첫 번째 모습이다. 요점은 배우가 올바르게 군인이자 민간인의 터무니없는 애매함을, 이런 이중성을 인지하고 전달해야 한다는 점이다. 스키피오 대장은 무대에 어떻게 올라가야만 하는가? 군인다움의 관점에서, 그는 병사들 앞에, 혹은 그들과 함께 올라가야 한다. 하지만 그렇지 않다. 피스터는 자신의 예술을 잘 이해하고 있다.

병사들이 먼저 올라가서 한 줄로 선다. 다음으로 스키피오가 나온다. 그가 허둥지둥 나온다 해도, 정확한 인상은 그가 뒤에 따라 나온다는 점이다. 하지만 이뿐 아니다. 그가 군인다움과 관계할 때 언제나 적절하게 코믹한 효과가 있다. 그러나 더 있다. 생리학이 가르치듯, 인간의 걷기는 지속적인 추락falling이다.[16] 이것이 특별히 명확하게 스키피오 대장에게서 보인다.

민법 공무원으로 분주하게 그는 뒤를 따라온다. 걷는 것도 아니고, 추락하는 것도 아니다. 그는 한쪽으로 구부린 채 걷고 있다. 따라서 우리가 말하듯, 그는 자신의 R--의 왼쪽으로 걷는다. 한쪽 다리가 2인치 쯤 짧은 것처럼 걷고 있다. 이렇게 극도로 부산하면서도, 반쯤은 뛰기도 하며, 옆으로 걷는 걸음걸이로, 그는 뒤에서 서둘러 들어온다. 이 무슨 민간인의 비교 불가능한 부산함의 상징인가! 뒤에서 가장 허둥지둥하면서 도착한다! 이제 그는 병사들이 서 있는 줄을 살펴본다.

우리 모두가 알다시피, 자연은 인간에게 꼬리를 갖지 못하게 할 정도로 예의바르다^{chivalrous}. 하지만 우리는 생리학을 통해 마지막 척추 뼈에서 꼬리의 희미한 흔적을 알 수 있다. 스키피오 대장이 무대 위에 올라올 때, 우리는 원치 않게 이 모습에서 꼬리를 상상하는 유혹을 받는다. 그때 그로 인해 우리는 옛날에 꼬리가 칼에 베인[17] 열병식에 쓰인 말을 완벽하게 상기한다. 이 말은 승마용 말로, 조금 더 빠르게 걷는 것처럼 믿게 만드는 효과가 있다.

이렇게 민간인의 꼬리가 잘린 부산하면서도 터벅터벅 걷는 걸음걸이로, 그는 병사들이 서 있는 줄을 살펴본다. 이 지점에서 피스터는 경박하면서도 행복한 영감을 얻는다.(이 영감은 본질적으로 그의 과업에 대해 전체적으로 코믹한 효과에 기여한다. 즉, 상충되는 군인다운 것과 민간인다운 것을 설정한다.) 결국 군인이면서, 칼을 뺀 채로 이 줄을 살펴보고 있는 일종의 돌발적이면서도 바보 같은 개념을 부가한 스키피오 대장을 얻는 영감이다. 이는 병사들이 줄을 직선으로 나란히 서 있는지를 보기 위함이다. 훌륭하다!

게다가 언제나 약간 줄에서 벗어난[18] 일반적인 시민군 사령관은 비교 불가능할 정도로 코믹한 효과가 있다. 스스로 줄에서 벗어난 자는 다른 사람을 바로잡는 데 가장 적합하지 않다는 것은 분명하다. 그의 노력은 반드시 실패한다. 옛날에 병사들에게 몸을 구부린 채 똑바로 서 있으라고 가르쳤던 시도보다 더 실패한다.[19] 앞서 말했듯이, 저 권총^{calibre}을 갖고 있는 시민군 사령관은 코믹한 효과가 있다. 그러나 여기 스키피오 대장에서의 민간인은 완전하게 부산한 효과를 만든다.

삭제된 것: 스키피오 대장을 더 오래 볼수록, 그는 더욱 공기 중으로 증발되어 버린다. 혹은 그의 코믹한 무^{nothingness}가 점점 더 명확해진다.

3
스키피오 대장이 실제로 술에 취한지는 주님만 아신다.

어떤 의미에서 어떤 미학자도 아는 것처럼, 술 취한 자를 표현하는 것은 가장 쉽다. 따라서 어떤 배우도 어느 정도는 이 역할을 연기할 수 있다. 다시 말해, 술에 취했다는 것은 비교가 불가능하다. 이 역을 정확히 연기하는 특별히 지정된 자세나 행위 같은 것은 없다. 임의성^{randomness}이 가장 크게 작용할 수 있다.

한편으로는 미학자가 술주정꾼을 표현하는 배우를 비판적으로 관찰하는 것은 어려울 수 있다. 왜냐하면 여기에서 모든 것은 합법이기$^{lyst\ i\ Hævd}$ 때문이다. 어떤 특별한 인물로 무대 위에 오를 수 있고 그 인물에 인사할 수 있는 배우는 어느 연극에서도 극히 드물다. 이것은 배우가 되려고 하는 자를 테스트 하는 데 활용될 수 있는 역이다. 거의 어떤 배우도 어느 정도는 술주정뱅이 역을 연기할 수 있다. 왜냐하면 이 역은 그 정도로 정의가 안 될뿐더러 정의할 수도 없기 때문이다.

그러나 스키피오 대장은 술주정뱅이가 아니다. 그는 이른 아침부터 하루의 어느 시간이더라도, 심지어 한밤중에 그를 부르더라도, 항상 약간은 술에 취해 있다. 하지만 그 이상은 아니다. 그는 일반적으로 그의 일을 감당할 수 있는 만큼 잘 관리하고 있다. 그는 스스로를 술 취했다고 생각하지도 않는다. 심지어는 그럴 기회가 있더라도 그렇다. 오히려 그는 술 취할 수 없다고 말하는 편이 더 낫다. 도덕적인 사람은 그가 죄를 지을 수 없다고 말하는 곳에서 최고에 이르는 것처럼, 스키피오 대장도 그가 술에 취할 수 없는 곳에서 최고에 이르렀던 것이다.[삭제된 것: 그러나 한 편, 그는 지속적으로 아주 약간은 비틀거린다.]

따라서 우리는 이것이 그의 상태라고 완전히 확신할 수는 없다. 왜냐하면 이것은 처음에는 즉각적으로 보일 수 없기 때문이다. 게다가, 스키피오 대장은 수많은 세월을 경험하면서 다른 사람은 기껏해야 추측할 뿐임을 알았고, 예절, 위엄, 공손하면서도 매력적인 태도를 유지하는 것도 경계를 늦추지 않았다. 이 대장(그의 생각에 그는 세상 물정에 밝은 사람이다. 그는 우아함, 품위, 그리고 숨겨 있는 미묘함을 혹평했던 자이다.)은 완전히 착각에 빠져 그것을 숨기는 데 비상하게 성공하리라 생각했던 것이다. 그럼에도 불구하고 정확히 이것, 숨기기 위한 그의 신중함이 오히려 그것을 드러낼 것이다.

이것을 표현하는 것은 완전히 다른 종류의 어려움을 가진 역할이다. 이 역을 수행하는 것은 더 미묘한 코미디언이 되는 것을 요구하는 것이고, 어떤 희극에도 거의 희박하다. 어떤 의미에서 직접성은 무효화된다. 그가 술에 취했다는 것은 직접적으로 보이지 않는 것이 틀림없다. 그는 그렇게 술 취하지 않았기 때문이다. 따라서 이 역할은 모순이다. 다시 말해, 술 취했지만 술에 취하지 않는 자를 표현하는 것이 모순이다. 다시 여기에 모순이 있다. 왜냐하면 '표현하는 것'은 외재성과 관련이 있기 때문이다. 그는 줄에서 벗어났으나 민간인이면서도 군인으로서 그것을 숨겨야 함을 잘 알고 있다. 코믹의 교묘한 면은 그것을 얼굴 표정으로 telegraphisk 나타내고, 진짜 상황을 숨기기 위해 대장이 숨긴 비밀을 은밀하게 폭로하는 데 있다.

피스터는 훌륭하게 이 역할을 수행한다. 이것은 피스

터를 위한 역할이다. 이것이 반성의 과업이다. 우리는 어느 때라도 직접적으로 대장이 술 취한 것을 알 수 있다고 생각하지 않는다. 그러나 우리는 의심한다. 주님만이 스키피오 대장이 실제로 술 취했는지 아신다. 이와 같은 역할을 이해하는 것은 코미디언에게 상당한 재능이 요구된다. 연기를 수행하는 것은 말할 것도 없다. 다시 말해, 만취상태가 전적인 비밀이기에 그것을 폭로하는 것인 실마리는 은폐하기 위한 시도이다.

그리하여 스키피오 대장은 술 취하지 않았다. 진혀. 한편, 그는 변동이 심한 발열 상태^{feverishness}로 고통을 겪는 것처럼 보인다. 이는 약간의 기침 혹은 마른기침으로 나타나기도 하고, 머리까지 올라오는 피(홍조)로 나타나기도 한다. 자, 그것은 따뜻한 날씨일 수도 있다. 혹은 대장이 우연히 너무 긴장한 탓일 수도 있다. 그러나 아니다. 그것은 이런 식으로 설명될 수 없다. 이런 발열 상태는 언제나 그와 함께 하는 것처럼 보이고, 만성적인 것처럼 보인다. 우리가 어떤 상황이든 그를 만날 때마다, 그는 열이 나는 것처럼 보인다. 그러나 진짜 상황을 알고 있는 유일한 자, 스키피오 대장도 계속해서 이것을 숨기는 법을 아는 자이다.

따라서 그의 손을 가끔 머리까지 움직이는 것, 손으로 부채질하는 것, 이런 것들이 그의 머릿속을 둘러싸고 있는, 그가 두려워하는 망상들을 부채로 내쫓으려 하는 것은 아닌지 우리는 잘 이해할 수 없다. 따라서 그는 자주 샤코 모자를 벗고 계속해서 머릿속에 공기를 불어넣기 위해 세련되게 손가락으로 머리를 빗을 수밖에 없다. 특별히 누군가 그에게 다가올 때 말이다.

그가 행한 일에 대한 진짜 이유를 누구도 의심하지 않도록 그는 이 모든 것을 한 것이다. 그러나 결국 모든 사람을 따돌렸고, 대장을 볼 때마다, 먼 길을 걷다가 막 돌아온 것으로, 고된 일을 하다가 돌아온 것으로 생각하게 만든다. 혹은 그는 대단한 멋쟁이^{coxcomb}라고 생각하게 만든다.

그리하여 스키피오 대장은 확실히 술 취한 자가 아니다. 그의 상태를 아는 유일한 자인 그 역시 진짜 상황이 무엇인지 의심하지 않게 하는 방법을 안다. 따라서 그는 안전을 위해 이따금 그의 손을 입에 댄다. 이런 움직임이 의미하는 바가 무엇인지는 즉각적으로 분명하지는 않다. 게다가, 대장은 자신 속에 진짜가 숨겨 있는 다양한 해석의 내용들을 남겨둔다.

그가 남자와 이야기한다면, 이 움직임은 입에 있는 것이 아니라 입에서 나오고, 공손한 제스처이다. 그가 여자와 이야기한다면, 이 제스처는 세 손가락으로 정중하게 키스를 던지는 것으로 바뀐다. 그럼에도 불구하고 진실은 입에서나 입 앞에서의 손의 움직임이 아마도 대장이 술 취했다는 것이 폭로되지 않도록, 입에서 나오는 트림을 억누르고 은폐하기 위한 밸브로 손바닥을 사용하기 위함인 것이다. 어쨌든 그는 술 취하지 않았다. 그럼에도 너무 많은 것이 쉽게 폭로될 수 있다. 혹은 대장에게 있어 폭로되는 것이 너무 많다.

그리하여 스키피오 대장은 술 취하지 않았다. 확실히 아니다. 그가 비틀거리지도 않는데, 하물며 쓰러지겠는가. 전혀 아니다. 그의 상태를 아는 유일한 자, 대장은 역시 이 사실을 정확히 숨기는 법을 아는 자이다. 이런 이유로, 그의 자세를 통해 직접보다는 간접적으로 그에 대해 의심할 수 있다. 우리는 술 취한 자들에 대해 그의 눈이 고정되고 경직되어 있다고 말한다. 이것은 스키피오 대장에게는 사실이 아니다. 그의 자세에는 의심할 만한 어떤 경직성이 있다. 술 취한 자는 비틀거리고 휘청거린다. 하지만 약간 불안정하게 비밀리에 걷는 이 존경받을 만한 사람은 명확히 그의 자세에서 이런 의심할 만한 경직성이 있다.

대장의 걸음걸이는 모순이다. 말하자면, 자기 자신과 자신의 몸을 가다듬을 때, 마치 신사가 춤을 추는 것처럼 술을 마실 때, 그는 최선을 다해 발을 내딛는다. 하지만 더 이상 전진하지 않는다. 완전히 이 예식의 행위를 달성하지 않는다. 그가 노력했던 이 자세를 완전히 끝낼 수 없다.

이미 언급했던 대로, 그는 최선을 다해 발을 내딛는다. 그러나, 그러나 그가 '한 발짝 더 내딛을 때', 바로 그 다음 발짝에 한 걸음 앞으로 갔다. 전체 인상은 어떤 불확실한 것이 있다. 그러나 한 발짝 내딛는 것은 다시 시작되고 그는 최선을 다해 한 발짝 내딛는다. 과음한 채, 그가 최선을 다해 두 번째 발짝을 내딛는 순간에, 우아하게 앞으로 몸을 구부린다. 그렇다. 이것은 최고로 잘한 일이었다. 그는 훌륭하게 많이 과음했던 것을 약간 숨긴 것이다. 그럼에도 불구하고 같은 자세로 서 있을 수가 없다.

그 다음 발짝에서 의심할 수밖에 없다. 그러나 그것은 다만 의심일 뿐이다. 왜냐하면 그는 다시 한 번 최선을 다해 한 발짝 내딛으며 같은 자세를 취하기 때문이다. 우리는 의심한다. 스키피오 대장이 술 취했는지는 주님만 아신다.

그리하여 스키피오 대장은 확실히 술 취하지 않았다. 한편, 그는 훌륭한 제복을 입은 군인이다. 게다가, 그는 경찰이다. 결과적으로 어떤 제한된 의미에서, 그는 세상 물정에 밝은 자이다. 그는 좋은 모습으로 행동할 수 있다. 자신의 진짜 상태를 숨기는 법을 안다. 이와 같이 인물을 표현하는 것은 영리한 코미디언을 위한 과업이다. 이것이 피스터를 위한 과업이라 미리 말할 수 있다. 또한 이 연기를 보고 난 후, 우리는 이것이 피스터를 위한 과업이었다 말할 수 있다.

4
연극 2막에서 스키피오 대장은
더 이상 술을 마시지 않는다.

연극의 2막에서, 스키피오 대장은 우연히 술에서 깬다. 주의해야 할 것은 그것은 우연히 그랬다는 점이다. 그것이 본질적으로 더 깊은 어떤 의미가 있었다면, 예를 들어, 도덕적인 이유로 그가 술을 끊었다면, 코믹한 효과는 상실되고 말 것이다. 이 상황은 다음과 같다.

스키피오 대장이 아무리 분주하다 해도, 범죄자를 체포하기 위해 사람을 보냈으나 결국 체포하는 데에는 성공하지 못했다. 그는 열정이 불타 그 죄수를 체포하는 데 성공하기 전, 절대 와인이나 브랜디를 마시지 않기로 맹세한다.[20] 그가 포도주 외에는 심지어 물도 마시지 않는 은둔자의 집을 조사할 때, 우리는 더욱 그와 그의 열정이 가득한 대사에 동정한다. 그가 버럭 소리를 지른다.

"물 외에는 아무 것도 마시지 않겠다고 스스로 맹세했거늘, 와인 외에는 아무 것도 마시지 않기로 맹세했던 은둔자의 집을 조사해야 하다니 얼마나 큰 고통인가."[21]

피스터는 1막에서 스키피오 역을 아주 훌륭하게 해 냈기에, 1막과 2막에서의 스키피오의 행위 사이에 본질적인 차이가 없다는 것도 올바르게 이해했다. 이것은 이상한 것처럼 보일 수 있으나 사실이다. 사람은 마셔야 할 너무 많은 것이 있기에 정신을 잃을 수가 있다. 하지만 마셔야 할 것이 아무 것도 없기에 비슷하게 같은 상태에 있을 수 있다.

실제로 술 취하지 않은 채 술 취하게 하는 음료를 지속적으로 마신 나머지 술에 중독된 자가 갑자기 술을 끊으면, 필연적으로 잠깐 비슷한 상태가 된다. 그것은 혼수상태 때문이다. 그는 분명 술을 마실 때보다 더욱 술 취한 것 같다. 이런 종류의 사람은 일반적인 양의 술을 마시면 완전히 술 깬 것처럼 보인다. 어느 날 그가 완전히 술 깰 때, 그는 거의 술 취한 것처럼 보인다.

따라서 스키피오 대장의 1막과 2막 사이에서의 차이점은 2막에서 그는 이 강력한 긴장을 덜 갖는다는 점이다. 대신에 어떤 우울한 무기력, 슬픔^{tristitia}이 그의 모습에 녹아들어가 있다. 이제 처음으로 그는 더욱 술 취한 자와 닮았다. 그의 걸음걸이는 불안정하고, 구부정하다. 그의 팔은 축 쳐져 있고, 그의 눈은 멍하니 바라보고 있다. 비틀거리며, 그의 다리가 풀려 그를 지탱할 수 없다. 그는 최소한의 자세를 취하기 위해 더 이상 최선을 다해 한 발짝 내딛지 못한다. 왜 그럴까? 지금 그는 술 깨어 있기 때문이다.

피스터는 다시 이것을 올바르게 이해했다. 즉, 이 역할에서의 재치는 1막에서 은폐된 것에 있고, 간접적으로만 스키피오가 약간 술에 취했다는 것을 의심받게 한다. 또한 2막에서의 재치는 그를 거의 술 취한 사람처럼 보이게 하는 데 있다. 왜냐하면 그가 술 깨 있기 때문이다.

이 작은 기사는 회고록recollection이다. 저자가 루도비치를 본 후 많은 세월이 흘렀다.[22] 이 연극이 공연된 지도 벌써 많은 세월이 흘렀다. 따라서 나는 무심코 논평하고 싶은 유혹이 생긴다. 일반적인 연극 비평가들은 새 연극이 공연되는 첫날 저녁에 간다. 한 번만 공연을 보는 것으로도 그들이 연극과 각 배우들을 판단하기에 충분하다. 피스터Phister, 오센킬러Rosenkilde, 닐슨Nielsen, 비이Wiehe, 하이베아Heiberg 부인, 닐슨Nielsen 부인 등이 있다. 이 사람들은 때로는 이 역할을 연습하기 위해 수개월을 보냈고, 그들의 천재성, 성찰력과 근면성을 최대한 발휘해야 했다.

이 작은 기사는 그렇지 않다. 이것은 피스터에게 도움이 되지 않는다. 그가 우리에게 제공했던 것을 충실하게 재생산하기 위해 노력할 뿐이다. 따라서 그의 것을 재생산한다. 그러나 이 기사는 고도로 분별할 수 있는 특성이 있다. 그리고 피스터는 사려 깊은 분별을 요구할 수 있다.[삭제된 것: 그리고 확실히 그것에 가치를 부여하는 법도 알 것이다.] 이것은 이 기사가 생겨난 이유다. 이 기사의 저자는 완전히 자기 영역 밖에 있는 연극 비평가들과는 다른 과업을 갖고 있다. 그러나 덴마크처럼 작은 나라에서,[23] 이 과업을 행할 수 있는 자는 의무가 있다. 그리하여 이것은 자신의 영역 밖에 있는 것이 아니다. 그가 즐기고 쉴 때조차, 가능하다면 위대한 연극 예술가들에게 진 빚을 약간이나마 갚기 위해 인색하게 측정되고, 거의 허용되지 않는 여가조차 사용해야 할 의무가 있다. 할부로 지불하기 위해 일반적인 신문 비평을 쓰는 시도를 통해 이 빚은 지속적으로 증가하기만 한다.

1848년 12월

프로쿨

누가 술 취한 자인가?

이 작품의 주제는 코믹 오페라 루도빅^{Ludovic}에서 '대장 스키피오'역에서 덴마크 배우 요아킴 피스터$^{Joachim\ L.\ Phister}$의 연기입니다. 이 문제의 인물은 코믹한 술주정꾼입니다. 혹은 오히려 등장인물이 술 취했으나 술 취하지 않은 자입니다. 술 취한 것인지 아닌지 항상 애매합니다. 이 연기가 키르케고르의 관심을 끌었습니다.

가명의 저자 프로쿨

이 이름은 비평의 요소만큼이나 중요합니다. 왜냐하면 이 이름의 의미가 베르길리우스의 《아이네이스》에 나오는 "procul o procul este profani"의 의미를 담고 있기 때문입니다. 대표적으로 키르케고르의 작품 중에 《그리스도교의 훈련》의 모토에 이 말이 등장합니다.[26] 우리말로 옮긴다면, "물러가라. 물러가라. 깨끗함을 받지 못한 자들이여."가 될 것입니다. 따라서 가명의 저자 프로쿨은 '물러가라'는 의미를 담고 있습니다.

키르케고르는 어떤 의미에서 이런 가명을 선택했을까요? 그는 가명의 이름에 대해 자세히 설명한 것이 없으므로 책을 읽고 이 가명의 의미를 생각해 보아야 합니다. 이런 가명의 의미를 살펴 볼 때, "물러가라! 악한 영들은 물러가라!"라고 말하는 것 같습니다. 또한, 이 말은 마치 스키피오 대장처럼 군중을 통제해야 하는 경찰의 전형적인 말투 같습니다. 독자 여러분들도 이 가명의 의미를 나름대로 생각해도 좋을 것 같습니다.

다루고 있는 주제

이 작품은 한 마디로 말해, 술 취함의 변증법입니다. 우리는 이 작품을 끝까지 읽으면서도 누가 진짜 술 취한 자인지, 어떤 상태가 술 깬 것인지 발견하기가 애매합니다. 뿐만 아니라, 우연성과 반성의 문제가 내재되어 있습니다. 따라서 이 작품은 한 번 읽고 그냥 덮어 버리기에는 중요한 철학적 이슈들이 곳곳에 숨어 있습니다.

저는 이 작품 역시 단지 연기의 문제로, 무대에서 벌어지는 일로 해석하면 안 된다는 입장입니다. 여기에 다 쓸 수는 없으나, 키르케고르는 그의 논문 《아이러니의 개념》을 쓸 때부터 술 취함의 개념에 대해 관심이 많았고, 그의 작품의 많은 곳에 이 주제에 대해 다루고 있습니다. 그 중에서 대표적인 작품이 《스스로 판단하라》입니다. 이 작품은 아예 처음부터 술 깸과 술 취함의 관계를, 사도행전 2장 13절과 베드로전서 4장 7절을 대조하여 설명하고 있습니다.[27]

(행 2:13) 또 어떤 이들은 조롱하여 이르되 그들이 새 술에 취하였다 하더라.
(벧전 4:7) 만물의 마지막이 가까이 왔으니 그러므로 너희는 정신을 차리고 sober 근신하여 기도하라.

베드로전서의 구절을 보면, '정신을 차리고'라는 말

이 헬라어 원어로는 '술 깨다'는 뜻으로 옮길 수 있습니다. 이 두 구절을 비교한다면, 사도행전의 말씀은 세상 사람들이 성령에 취한 사람들을 보고 '술 취했다'고 보는 것이고, 베드로전서의 말씀은 마치 세상 사람들에게 '술 깨라'고 말한 것과 같습니다. 그렇다면, 어떤 관점이 맞는 것일까요? 누가 정말로 술에 취한 것일까요?

프로쿨 역시 동일한 주제를 다루고 있습니다. 스키피오 대장은 술에 취한 것 같기도 하고 그렇지 않은 것 같기도 하면서 애매합니다. 그런데 가명의 저자 프로쿨은 명확히 말합니다.

스키피오는 술에 취하지 않는 사람이다. 그것과는 거리가 멀었으나 그럼에도 불구하고 마치 술 취한 것처럼 보이는 애매함이 있었다.(본문 308쪽)

따라서 프로쿨의 주장에 따르면 그는 술에 취하지 않았으나, 술에 취한 것처럼 보였다는 것이지요. 이러한 애매한 점이 어디에서 나왔는지 분석하고자 그는 스키피오 대장 역의 피스터의 연기를 분석합니다. 결국 이것은 주인공의 코믹한 특징이기도 합니다. 그렇다면, 이것이 왜 이렇게 코믹한 것일까요?

프로쿨은 코믹한 효과를 갖는 세 가지 요소를 제시합니다. 첫째, 스키피오 대장의 복장, 둘째, 지속적으로 반쯤 술에 취한 것 같은 상태, 셋째, 군인과 시민 사이의 그의 신분의 모순입니다. 게다가, 이 복장이 화려할수록, 그러면서도 반쯤 술 취한 것 같은 상태가 지속될수록, 더욱 코믹해진다는 것이지요.

여기에서 프로쿨이 무엇보다 피스터의 연기가 '반성적 연기'라고 주장한다는 점에 있습니다. 다시 말해, 그가 우연히 아무런 생각도 없이 즉흥적으로 연기한 것이 아니라, 처음부터 끝까지 어떻게 연기하고 어떻게 행동할지 세부적인 것 하나까지 기획하고 행동으로 옮겼다고 프로쿨은 분석합니다. 그래서 비평가적인 입장에서 프로쿨은 그의 연기 하나 하나를 분석하고, 반성적으로 이 연기를 성찰하려고 하는 것입니다. 때로는 스키피오 대장이 서 있는 모습을, 때로는 걷는 모습을 분석합니다.

마지막 결론부는 더 모호합니다. 프로쿨은 일종의 중독된 상태를 언급합니다. 술에 중독된 사람이 어느 날 술을 끊으면 어떤 일이 벌어질까요? 프로쿨은 다음과 같이 서술합니다.

이제 처음으로 그는 더욱 술 취한 자와 닮았다. 그의 걸음걸이는 불안정하고, 구부정하다. 그의 팔은 축 쳐져 있고, 그의 눈은 멍하니 바라보고 있다. 비틀거리며, 그의 다리가 풀려 그를 지탱할 수 없다. 그는 최소한의 자세를 취하기 위해 더 이상 최선을 다해 한 발짝 내딛지 못한다. 왜 그럴까? 지금 그는 술 깨어 있기 때문이다.(본문 331쪽)

결론

저는 글을 마무리하며, 독자 여러분에게 프로쿨처럼 열린 질문으로 남겨 놓습니다. 세상이 성령에 사로잡힌 제자들에게 술에 취했다고 말합니다. 하지만 성령에 사로잡힌 제자, 베드로는 세상을 향해 "술 깨라!"고 말합니다. 과연 누가 술에 취한 걸까요? 프로쿨은 스키피오 대장이 술에 취한 것은 아니라고 말합니다. 그렇다면, 술에 취한 것은 아니나 중독된 상태였을까요? 그러나 그는 정말로 술을 끊었을 때, 마치 술 취한 자와 같았습니다. 그렇다면, 스키피오 대장은 언제 제정신이 든 것일까요?

우리는 가끔 기독교에서 '축귀하는' 것을 봅니다. 귀신을 내쫓는다는 것이죠. 귀신은 영어로는 'evil spirit'이라고도 부릅니다. '악한 영'입니다. 프로쿨의 이름이 마치 이런 악한 영을 내쫓는 이름인 것 같기도 합니다. 키르케고르는 《자기 시험을 위하여》에서 헤겔의 세계정신을 비판하면서, 이 정신이 귀신이라고 말합니다. 대부분이 이 정신에 사로잡혀 있다는 겁니다. 여기에서 대안으로 성령을 제시합니다.[28] 그렇다면, 성령에 사로잡히지 않은 상태에 있는 자들은 귀신에 사로잡힌 자들이고, 아직도 술 취한 상태에 있는 걸까요?

"술 취하지 말라 이는 방탕한 것이니 오직 성령의 충만을 받으라."(엡 5:18)

참고자료

01 덴마크어로는 'stodere'이다. 이 부분에 대하여는 다음을 참고하라. J. L. Heiberg, Recensenten og Dyret, 3, Skuespil, I-VII(Copenhagen: 1833-41; ASKB 1553-59), III, p.199-207. 트롭은 학생이 되고 싶어 했고, 계속해서 입학시험을 준비하고 있었으나 30년이 지나서도 법학 공부를 끝내지 못했다. 그는 이 시험을 이미 치렀다는 증거를 만들 수 있었다. 그는 이 용어를 사용하지는 않았다.

02 이 부분은 다음을 참고하라. Stages, p. 388, KW XI (SV VI 362); JP V 5738 (Pap. V A 52)

03 Poul Martin Møller, "Optegnelser paa Reisen til China," Efterladte Skrifter, I-III (Copenhagen: 1839-43; ASKB 1574-76), III, p. 159.

04 이것은 우정을 약속하는 의식이다. 복수형은 De이고, 이인칭 단수는 du인데, 여기에서는 일반적인 형태의 2인칭 단수를 사용한 것이고, 복수형 De는 최근에는 사용하지 않는다고 한다.

05 이후의 구절은 다음을 참고하라. 원고에서;

이것은 꽤 옳았다. 사람이 탁월하고 더 구별될수록, 그의 모습(Erscheinung)이 더 화려할수록, 혹은 이 사건이 더욱 엄숙할수록, 술 취하거나 반쯤 술 취하는 것은 터무니없다. 예를 들어, 술 취한 경찰이 근무 중에 술을 진탕 마시고 카드놀이를 하고 있는 곳에 들어간다. 그들을 쫓기 위해서다. 반쯤 술에 취한 경찰이 경비원에 붙잡혀 체포되는 것은 말할 것도 없다. 화려한 제복을 입은 경우도 이와 같다. 즉, 약간 정신이 없는 사람이다. -Pap. IX B 70:10 n.d., 1848

06 이후의 구절은 다음을 참고하라. 원고에서;

.... 칼의 술(port'épée)을 차고 있는 자, 따라서 군대에 의해 군대의 명예를 보여주는 자, 그는 군인으로서 이성에게 우호적이면서도 위험한 것에 헌신해야 함을 느낀다. 이성에게 군대의 용맹함을 보여준다. 군인의 태도로 그의 명예(parol' d'honneur)에 대해 말한다. 그러나 이것이 실제 군인가? 아니, 그는 아니다. 그는 경찰의 대장이다. -Pap. IX B 70:12 n.d., 1848

07 다음을 보라.

오늘 나는 한 택시 운전사가 매우 빠른 속도로 달리는 술에 취한 운전사에 대해 다음과 같이 말하는 소리를 들었다: "그는 시궁창으로 곧장 인도하는 무언가를 찾았군." -JP V 5870 (Pap. VII1 A 1)

08 덴마크어로는 Borgermajor이다. 부르주아 계급의 무장한 남자들이 18세가 되자마자 입대하기로 되어 있던 방위군인 코펜하겐 시민군의 장교를 의미한다. 그러나 그들은 자원하여 봉사했다고 한다. 역자는 이해하기 쉽게 '민방위'로 옮겼다.

09 다음을 참고하라. William Shakespeare, 「존왕/에드워드 3세/리처드2세/헨리 4세 제1부/헨리 4세 제2부/헨리 5세」 신상웅 역 (서울: 동서문화사, 2019), 297쪽을 참고:

헨리 왕자: 여기 말라깽이 잭이 돌아왔네. 뼈밖에 안 남았군그래. 허풍쟁이 친구, 자네 무릎을 본 지가 얼마나 됐지?

폴스타프: 내 무릎 말인가? 헬, 내가 자네처럼 젊었을 때에는 내 허리도 독수리 발톱처럼 날렵하고, 높으신 나리들이 엄지손가락에 끼고 있는 반지도 지나갈 수 있을 만큼 날씬했다네. 그런데 이 빌어먹을 한숨과 비탄 때문에! 자꾸 한숨을 쉬다 보면 사람은 방광처럼 부풀어 오르게 돼 있어.

10 이 부분은 다음을 참고하라. 원고에서;

.... 부분적으로는 그의 뚱뚱함 때문이다. 하지만 이 뚱뚱함은

폴스타프만큼 눈에 띄지 않는다. 또한 역에 속한 움직임에 방해가 된다. 그러나 부분적으로는 다른 이유들 때문이다. -Pap. IX B 70:18 n.d., 1848

11 이 부분은 다음을 참고하라. 원고에서;

> 자기 자신의 아래에서. . . . . 한쪽 다리를 다른 다리 앞에 반 발짝 놓는 대신에, 밖을 향해 있는 무릎을 약간 굽힌 채, 그는 뒤로 휜 모습인데, 마치 활 모양과 같았다. 그리하여 그의 전체 형태는 곡선 혹은 문자 C와 닮았다. -Pap. IX B 70:19 n.d., 1848.

12 이 부분은 덴마크어로 Fjerdingvei로 길이의 단위로 1880m이다. 원문은 이 크기의 1/8로 되어 있고, 이것은 약 235m에 해당된다.

13 이 부분은 다음을 참고하라. 원고에서;

> . . . . 머리, 앞으로 구부린 자세에서 완전히 공손하고 상냥하게 되기 위해, 하지만 이 자세에서는 불안정함이 있기에, 이 모순과 더불어 우리는

14 이 부분은 다음을 참고할. 원고의 여백에서;

> . . . . 군인은 똑바로 서는 법을 배우기 위해서 구부정하게 서야 하는 것처럼. -Pap. IX B 70:21 n.d., 1848

15 양서류가 물과 육지에 산다는 의미에서 은유적으로 표현된 것이다.

16 다음을 참고하라. Either/Or, II, p. 360, KW IV (Pap. III B 181:2); Fragments, p. 37, KW VII (SV IV 204); JP III 3598 (Pap. II A 763).

17 옛날에 말이 꼬리를 더 높게 들게 하기 위해 말 꼬리의 밑면을 자르는 경우가 있었다고 한다.

18 이 부분은 술 취했다는 것을 의미하는 것으로 덴마크어로 '줄에서 벗어났다'는 것은 술에 취했다는 의미의 흔한 표현이라고 한다.

19 다음을 참고하라. JP I 1775(Pap. IV A 150)

20 이 부분은 2막 3번째 장면의 루도비치(Ludvic)를 가리킨다. 여기에서 스키피오의 죄수 루도비치는 칼에 찔리고, 스키피오는 갑자기 자신이

경건한 사람임을 드러낸다. 그는 "나는 물을 제외하고 더 이상 술을 마시지 않는다."라고 말한다. 이것은 그가 아팠기 때문이 아니라 약속을 했기 때문이다. 그는 다음과 같이 말한다.

"그래, 이것은 이상한 약속이야! 내 보스는 내가 가두었던 범죄자를 다시 잡을 수 있도록 8일을 허용했다. 그 기간 동안 그를 잡을 수 없다면, 나는 작별 인사를 해야만 하지. 나는 너무 두려운 나머지 도대체 어떤 성자에게 힘을 달라고 구해야 할지도 몰랐지. 그때 나는 물을 붙잡았어. 하늘이 내가 그 몸뚱이를 얻도록 돕는다는 소망에서 말이야."

스키피오는 8일 동안 술을 마시지 않았다.

21 이 부분은 2막 15번째 장면에서의 루도비치를 가리킨다. 은둔자의 집에 있는 스키피오는 루도비치를 찾자마자 말한다.

"아니, 내가 고백할 것이 있네. 물만 마시기로 약속한 사람이 와인만 마시기로 약속한 은둔자의 집을 조사하려면 끔찍하게 힘들지."

22 키르케고르는 아마도 이 연극을 1841년에 관람했을 것이다.

23 1850년 연구조사에 따르면, 덴마크 왕국의 인구는 1,407,747명이었다고 한다.

24 Phister(1807-96), 배우이자 가수. 1817년부터 왕실과 관련된 발레 학생으로 연극했다. 그는 1825년에 배우로서 획기적인 발전을 이루었고 나중에 희극적인 역할에 대한 특별한 재능으로 당대 최고의 배우 중 한 명이 되었다.

25 루도비치는 1834년 5월 24일 처음으로 왕실 극장에서 공연되었다. 1837년에서 1838년에 걸쳐 이 연극은 몇 번 공연되었고, 전체 13번 공연되었다고 한다. 그 후, 3년 이상 공연되지 않다가, 이 작품은 1841년 2월 4일 재개되었고, 1841년 10월 11일까지 일곱 번 공연되었다. 키르케고르가 레기네 올센과 약혼할 때였다. 이후 이 연극은 키르케고르 일생동안 한 번 더 공연된다. 1846년 6월 11일 여름 공연이었다. 따라서 키르케고르는 전부 21번 볼 수 있었던 것이다. 그러나 그가 어떤 공연을 보았는지는 알 수 없다.

26 Søren Kierkegaard,「그리스도교의 훈련」임춘갑 역 (서울: 다산글방, 2005), 10쪽.

27 Søren Kierkegaard,「스스로 판단하라」이창우역 (서울: 샘솟는기쁨, 2017), 15-20쪽.

28 Søren Kierkegaard,「자기 시험을 위하여」이창우역 (서울: 샘솟는기쁨, 2018), 131-2쪽.